金融制度改革与创新丛书

# 上海自贸试验区
# 金融改革体系构建探究

上海金融学院
国购·自贸区金融研究院
编

中国财政经济出版社

**图书在版编目（CIP）数据**

上海自贸试验区金融改革体系构建探究／上海金融学院，国购·自贸区金融研究院编. —北京：中国财政经济出版社，2015.4

（金融制度改革与创新丛书）

ISBN 978－7－5095－6103－4

Ⅰ.①上…　Ⅱ.①上…②国…　Ⅲ.①自由贸易区－金融改革－研究－上海市　Ⅳ.①F832.751

中国版本图书馆CIP数据核字(2015)第056997号

责任编辑：吕小军　　　　责任校对：黄亚青

封面设计：思梵星尚　　　　版式设计：兰　波

中国财政经济出版社出版

URL：http：//www.cfeph.cn

E－mail：cfeph@cfeph.cn



社址：北京市海淀区阜成路甲28号　邮政编码：100142

发行处电话：010－88190406　北京财经书店电话：010－64033436

北京中兴印刷有限公司印刷　各地新华书店经销

787×1092毫米　16开　11.5印张　249 000字

2015年1月第1版　2015年1月北京第1次印刷

定价：24.00元

ISBN 978－7－5095－6103－4/F·4919

（图书出现印装问题，本社负责调换）

本社质量投诉电话：010－88190744

**打击盗版举报热线：010－88190492、QQ：634579818**

# 前　言

中国经济增速回落的主导型因素是结构性的趋势下滑，凯恩斯主义的逆周期调控理论难以成为宏观调控的核心理论基础，需求导向的强刺激也难以成为当前宏观经济政策框架的合理选择。促进经济结构优化升级，发挥市场在资源配置中的决定性作用，推动创新驱动、转型发展的经济发展模式成为我国经济发展的主流方向，换言之，中国经济正迈入新常态。

作为经济发展的排头兵和改革开放的前沿阵地，上海责无旁贷地承担起为全国先行先试诸项改革试验和制度创新的重任。2013 年 9 月 29 日中国（上海）自由贸易试验区挂牌成立，2014 年 8 月明确了上海建设成全球有影响力的科技创新中心的战略目标，所有这些既需要冲破思想观念的障碍，又需要突破利益固化的藩篱；既需要自我革新的勇气和胸怀，又需要深化改革的决心和智慧。

上海金融学院顺应时代变化、把握发展大势，于 2013 年 11 月 25 日成立了国购・自贸区金融研究院，以自贸区金融改革与创新为主线，辐射到整个金融开放格局和相关配套制度改革的研究。研究院定位为学术型智库，即建立在学术研究基础上、以学术研究为支撑，以政府决策需要为落脚点，服务于上海经济社会发展和长三角洲区域联动发展。

研究院以协同共建方式联合政府部门、金融机构、行业协会、中介组织等各方力量，打破体制机制壁垒，实现多方资源整合，共同开展适应金融改革开放和自贸金融创新的课题研究，逐步形成系列成果，它们具有以下重要特点：

第一，坚持决策服务。研究院围绕国家和上海的战略需求，聚焦自贸试验区建设和金融改革开放进程中亟待解决的热点、难点和焦点问题，开展高层次的应用对策研究和战略咨询，服务政府决策。

第二，坚持调研为基。没有调研就没有发言权，研究院组织研究团队，深入政府、行业、企业进行实地调研，下大工夫掌握国家和地方改革发展动态，下大工夫了解行业企业发展需要。

第三，坚持开放合作。研究院汇集国内外智力资源，力求将国际视野与国内实践相结合，理论研究与应用研究相结合，前瞻研究与对策落地相结合，促使研究成果实现创新价值。

研究院汇集整理部分研究成果结集出版形成系列丛书，既旨在全面呈现研究人员的真知灼见，又期待促进研究成果的交流交锋，并达成更广泛传播扩大服务政府、社会发展的目的。

真心希望本系列丛书的出版，能为中国全面深化改革的新征程贡献一份应有的力量。

王洪卫

2015 年 1 月

# 综　述

2013 年 9 月 29 日，中国（上海）自由贸易试验区正式挂牌，成为目前境内唯一获得国务院批准设立的区域性自由贸易试验田，其最基本的功能在于最小化货物或商品流通障碍，建立符合国际化和法治化要求的跨境投资和贸易规则体系。从根本上说，自由贸易区的发展产生了金融自由化需求，而金融自由与金融开放反之也推动了自贸区的壮大与发展。本书首先从自贸区实体经济发展的特征出发，分析区域内企业及个人在投资、融资、风险管理、清算、支付等方面的需求，以此对比当前自贸区建设现有的金融制度供给，发现自贸区金融服务在实现供需匹配方面存在的三大主要障碍：（1）金融体系尚未形成、“负面清单”管理特征不明显；（2）资金价格市场化程度不高、金融改革任重道远；（3）金融基础设施建设薄弱，立法滞后、支付清算系统有待完善、协调监管机制尚未达成。

自贸区金融改革的目标在于建立自由、高效、稳定、一体化的金融体系。在此目标定位下，需遵循以下四项原则：服务实体经济、便利跨境投资贸易原则；发挥市场在资源配置中决定性作用的自由、开放原则；金融改革风险可控原则；金融改革成效可复制、可推广、可辐射原则。在发展路径上将遵循“区域性金融改革←→复制、推广、辐射区外←→金融一体化”这样非单向的、循环往复的基本路线。构建改革创新和管理模式先行先试、总体风险可控的区域性金融体系，是自贸区金融改革初步目标，即建立后 2—3 年内。基于自贸区金融服务需求与制度供给之间的匹配障碍，并依据以上目标、原则和发展路径，本书对自贸区金融改革初期金融体系的构建和金融基础设施建设提出以下六点政策建议：

第一，协调稳步推进资金价格相关的三大改革，有效控制金融风险。成熟一项、推进一项，保持必要的弹性、以应对突发性资本流向逆转对经济造成的冲击。具体在利率市场化改革方面，建议在自贸区引入大额可转让存单等创新产品形成利率发现机制，率先建立存款保险制度、防范利率市场化后中小型金融机构破产风险，加强区内金融机构信贷分析能力和风险管理能力，大力发展利率互换、利率期权等利率风险管理工具。在汇率市场化改革方面，可试行扩大人民币汇率浮动幅度；降低自贸区企业进入银行间外汇市场的准入门槛，增加外汇市场交易主体；增强外汇在产品、交易机制、服务模式的创新；外汇交易中心需借助自贸区平台发展成为集合交易、信息、监管于一身的全球化的“人民币产品交易平台和定价中心”。在资本项目开放方面，建议依次开放的顺序是区内企业具有真实交易背景的直接投资的彻底放开、有真实贸易背景的商业信贷管制、区内账户境内证券投资管制。

第二，“宽进严出”管理金融中介机构，加强税收优惠政策，构建高效中介服务体系。在银行牌照管理制度方面，建议在自贸区内先行构建全面牌照、有限牌照（批发牌照和零售牌照）、离岸牌照分类管理制度；在市场准入方面不区分本地与外资，对外资银行实行“国民待遇”；建立牌照升降通道，构建存款保险制度在内的破产退出机制；并以税收优惠政策作支撑，促进国际金融中心形成。在证券经营机构牌照管理制度方面，准入要求上坚持采用“产品（业务）×客户”的业务牌照定位方式，构建证券交易、证券投资顾问、资产管理、融资服务、其他的五大类牌照管理新方案；以信息化手段加强事中事后监管，搭建一整套从注册到监管电子化流程。在保险业管理方面，适时放开外资进入保险市场的股份限制，减少外资专业健康保险机构、再保险机构入驻自贸区保险市场的事前审批障碍；加大保险税收优惠力度，壮大保险市场主体；构建和完善复合型保险人才的培养与引进机制。在融资租赁行业管理方面，统一牌照管理，建立融资租赁保险担保体系，进一步扩大融资渠道、鼓励直接融资途径发展、扩大跨境人民币借款额度，同时加大税收政策优惠。

第三，建立具有辐射效应的功能性风险管理市场，助力上海国际金融中心建设。构建自贸区原油期货交易平台，吸引境外投资者加入、给予其国民待遇的投资条件，放宽其他企业的原油销售限制、壮大国内原油交易参与者，逐步丰富交易品种，完善配套制度和政策法规。发展自贸区金融期货市场，开发基于国内市场的金融衍生品、适时增加境外股票市场的股指期货产品，不区分内外资机构、实行统一的交易准证制度，加强与其他国际金融期货交易所的合作。设立自贸区黄金国际板，同时发展黄金期货交易、推出同业黄金拆借（租赁）和黄金租赁率等基础型产品，给予国际大型金商和商业银行适度的优惠和服务措施，吸引成熟做市商，加强与香港离岸人民币黄金市场的联动发展。

第四，完善金融立法，赋予驻沪金融监管部门更大的监管权。完善金融立法，根据自贸区金融改革的需要，梳理我国金融法律法规的空白及不完善之处；加快金融法律法规的修改频率，适应金融创新瞬息万变的节奏；授权上海在金融领域一定的立法权，赋予驻沪金融监管部门更大的监管权，实现金融较发达地区金融制度供给与需求相匹配；上海地方层面可就自贸区金融改革推进工作进行规制，为金融改革提供强有力的法制保障。

第五，成立自由贸易账户体系发展委员会，加快人民币跨境支付系统的研发与应用。央行上海总部可联合各监管部门和金融机构，成立自由贸易账户体系发展委员会，共同监测、跟踪、分析分账核算系统、信息资金检测系统、流动性检测系统和报表系统；加快人民币跨境支付系统的研发与应用，处理人民币跨境贸易和投资的清算、境内金融市场的跨境货币资金清算、人民币与其他币种的同步收付等业务，满足自贸区日益强大的人民币跨境支付和结算的需求。

第六，构建自贸区金融协调监管机制，建立和完善金融信息共享平台。由央行上海总部主导、与各专业监管机构及上海自贸区管委会、上海市政府联合，形成自贸区金融监管协调联席会议制度，强化协调监管；加大信息技术投入，建立和完善数据导入系统和信息共享平台，及时、有效、动态地跟踪、检测、评估和风险处理，提升监管效率；加强国际合作监管，实施对跨国金融机构和金融资本的联合监管，建立国家间的信息共享机制和风险预警体系。

本书主要创新之处在于：（1）研究依据的系统创新。系统研究自贸区金融体系建设的理论依据，并在理论指导下研究上海自贸区金融改革的整体方案。（2）研究视角独特。从供需角度推敲自贸区金融体系建设的目标定位和路径选择，正是基于金融为实体经济服务的根本。（3）研究内容的拓展创新。从自贸区构建金融体系的必要性入手，到自贸区金融服务需求和制度供给解剖，对上海自贸区金融体系构建进行全方位的探讨。

# 目　录

# 第1章 引 言

## 1.1 选题背景与研究意义

2013年9月29日，中国（上海）自由贸易试验区正式挂牌，成为目前境内唯一获得国务院批准设立的区域性自由贸易试验田，该试验田涵盖上海外高桥保税区、上海外高桥保税物流园区、洋山保税港区和上海浦东机场综合保税区4个海关特殊监管区域，总体面积28.78平方公里。中国（上海）自由贸易试验区（以下简称“上海自由贸易区”）将按照先试先行、风险可控、分步推进、逐步完善的方式，通过深化改革、扩大开放、制度创新，建设成为“具有国际水准的投资贸易便利、货币兑换自由、监管高效便捷、法制环境规范的自由贸易试验区”（摘自《中国（上海）自由贸易试验区总体方案》），并形成可复制、可推广的经验，促进各地区共同发展。

自由贸易区最基本的功能在于最小化货物或商品流通障碍，建立符合国际化和法治化要求的跨境投资和贸易规则体系。任何贸易的形成均是物流、货币、资金共同参与的，货币或资金的流通与物流相互作用。从根本上说，自由贸易区的发展产生了金融自由化需求，而金融自由与金融开放反之也推动了自贸区的壮大与发展。在自由贸易的环境中，价格的形成需要市场，对市场参与者提供必要的金融服务是自由贸易开展的重要前提。因此，自贸区必须建立适当的金融系统，提供适当的金融服务，建立必要的生产要素交易市场，通过安全高效的支付结算，在风险可控的范围内实现货物和商品流通的高效率。这也是本书的研究价值所在。

事实上，上海自贸区建立的重点不仅仅局限于贸易领域的特殊政策，金融领域的先行先试也是本次改革的重头戏和难点之一，“一行三会”（中国人民银行和中国银行业监督管理委员会、中国证券业监督管理委员会、中国保险业监督管理委员会）自上海自贸区挂牌以来，即出台各项支持自贸区金融改革的政策措施。中国人民银行在2013年12月出台的《关于金融支持中国（上海）自由贸易试验区建设的意见》中，确立了金融支持自贸区发展的指导思想，即“服务实体经济，便利跨境投资和贸易”，并着力在“探索投融资汇兑便利，着力推进人民币跨境使用，稳步推进利率市场化，深化外汇管理改革”

方面开放创新、先行先试。并先后出台了《关于支持中国（上海）自由贸易试验区扩大人民币跨境使用的通知》、《关于上海市支付机构开展跨境人民币支付业务的实施意见》、《关于在中国（上海）自由贸易试验区放开小额外币存款利率上限的通知》、《关于切实做好中国（上海）自由贸易试验区反洗钱和反恐怖融资工作的通知》、《中国（上海）自由贸易试验区分账核算业务实施细则》等政策文件，多维度探索自贸区金融改革的进程。

本书即是从自贸区实体经济和投融资贸易对金融的需求出发，基于现有在岸金融和离岸金融制度供给与需求之间的空间缝隙，并借鉴发达市场金融发展与改革的经验，针对性提出上海自贸区金融改革的政策建议，实现金融服务自贸区实体经济、便利跨境投资和贸易的目标。

## 1.2 概念界定与研究范围

### 1.2.1 自由贸易区

通常所说的“自由贸易区”（Free Trade Zone，缩写为 FTZ，也称 Export Processing Zone，Free Export Zone 或 Special Economic Zone，简称“自贸区”）具有两层含义：一是在区域一体化背景下，两个或两个以上国家或地区组成的区内取消关税和其他非关税限制、区外实行贸易保护的特殊的经济区域或经济集团，如北美自由贸易区（North American Free Trade Area，简称 NAFTA）、中国—东盟自由贸易区（China - ASEAN Free Trade Area，简称 CAFTA）；二是在一个国家或地区内部设立的置于海关管辖之外的特殊经济区域，该区域内货物的运输、储存、包装及加工制造等活动可自由经营，无须缴纳关税和其他相关税收，并豁免海关及其他出入境程序，如巴拿马的科隆自由贸易区、荷兰阿姆斯特丹港自由贸易区。本书以上海自由贸易区为主要研究对象，致力于为自贸区金融基础设施建设提供有效对策，因此，所述自贸区限定于第二种释义，所提到的“自由贸易区”、“自贸区”均是指第二种。

自贸区的基本特征包括：（1）完善的基础设施，包括但不限于土地、办公设施、公用设施、物流服务、商业服务及其他类似设施；（2）灵活的管理规则，自贸区内企业将涉及较少的官僚作风和繁文缛节，企业的日常管理也比自贸区外东道国更加灵活；（3）有利的地理位置，具有相对低廉的成本结构；（4）出口导向，自贸区通常比较迎合出口导向型企业的需要，他们的产品将运往东道国以外的其他国家；（5）激励因素，包括关税豁免或减退、本地人力资源丰富、营业税减免、其他税收优惠等。

自贸区的经济效益包括：（1）外汇收入，出口增加将积极影响汇率变化，并带来进口成本的下降及低成本进口量的增加；（2）创造就业和增加值；（3）吸引外商直接投资；（4）获得技术外溢。

### 1.2.2 自由贸易区的功能类型

根据功能设定，自由贸易区可分为自由港型自由贸易区、贸易型自由贸易区、出口加工型自由贸易区、工贸结合型自由贸易区、保税仓库型自由贸易区和综合型自由贸易区。

(1) 自由港型自由贸易区。这类自由贸易区的范围通常涵盖整个港口或者城市，将地区整体的发展目标与港口的作用功能相结合。这类港口在一国关境之外，境外商品进出口港口时免税，并可在港内加工、存储、销售，只有将货物转移到自由港所在国消费者手中时才需缴税。这类自贸区的典型代表有中国香港、新加坡、毛里求斯等。

(2) 贸易型自由贸易区。这类自由贸易区利用优越的地理位置、功能以国际贸易为主，典型代表有巴拿马科隆自由贸易区等。

(3) 出口加工型自由贸易区。这类自由贸易区主要从事以出口为导向的制造业，主要出现在亚太地区，如韩国马山，中国台湾高雄、台中，以及菲律宾、马来西亚、印度等国均有出口加工型自贸区。

(4) 工贸结合型自由贸易区。这类自由贸易区一般从事出口加工、转口贸易、国际贸易、仓储运输服务、加工制造等业务，典型代表为阿联酋自由贸易区、土耳其爱琴岛自由贸易区。

(5) 保税仓库型自由贸易区。建立保税仓库区的目的在于发展转口贸易，给予贸易商税收优惠和经营运输便利，使商品待机出售；在保税仓库区内，商品仍可以进行包装、分级、处理等活动。荷兰鹿特丹港、美国对外贸易区、英国自由贸易区等都是保税仓库型自由贸易区的代表。

(6) 综合型自由贸易区。这类自由贸易区通常在一国或地区之内，兼具国际贸易和出口加工，并鼓励其功能多样化，金融、旅游、交通、科教卫生等行业同样获得发展。该类自由贸易区的建立和发展被视为该国或地区重要的发展战略。该类自由贸易区的代表有德国汉堡港、韩国釜山—镇海经济自由区、台湾“一空四海”自由贸易港区、马来西亚自由贸易区。

从上海自贸区的建设初衷看，其不仅承载了加工、制造、贸易和仓储物流等功能，同时政府职能转变、金融制度、贸易服务、外商投资和税收政策等多项改革措施也将在自贸区试点实施，并复制推广。可见，上海自贸区定位于综合型自由贸易区，是中国经济发展战略中重要一笔。

### 1.2.3 金融与金融体系

尽管“金融”一词使用频繁，而其究竟何指，理论界尚未取得共识，实际应用中也各有不同。为了本书的研究需要，我们首先界定本书所指的“金融”及其相关概念。

《新帕尔格雷夫货币金融大辞典》中对 Finance（金融）一词的解释是：金融以其不同的中心点和方法论而成为经济学的一个分支，其基本的中心点是资本市场的运营、资本资产的供给和定价，其方法是使用相近的替代物给金融契约和金融工具定价。该释义接近于国内理解的“金融”的狭义的概念。诺贝尔经济学奖得主罗伯特·莫顿与兹维·博迪合著的《金融学》中，认为金融作为一种工具，可以充当交易中介，用于资源转让和风险控制，收益的不确定性更大；金融，是成本和收益在时间上的运动，由政府、企业和家庭三个决策者决定。实际上，国内对于金融的释义是在吸收海外经验并结合本土环境的基础上进行创新，包括中国人民大学的黄达教授在内不少国内学者认为，中文的“金融”与西方的“Finance”不能完全等同，中文的“金融”涉及内容非常广泛，是涉及货币、信用的所有经济关系和交易行为的集合，并由五个要素构成：货币制度规范的货币流通、金融机构、金融市场、金融工具、金融制度和调控机制。该概念基本符合国内市场的普遍认识，我们也以此为标准探讨自贸区金融的发展对策。基于以上“金融”释义，“金融体系”则是包含了金融各大要素及其相互关系的整体，“金融体系”与“金融”两者概念差异有限，在本书中也仅是用法、语境上使用的差异，其含义一致。

### 1.2.4 在岸金融与离岸金融

将金融分为“在岸金融”和“离岸金融”是以提供金融服务的司法管辖区为依据的。根据国际货币基金组织（International Monetary Fund，简称 IMF）的定义，离岸金融就是通过银行和其他机构向非居民提供金融服务，且不受东道国金融法规管制；而“在岸”与“离岸”是两个对立的术语，在岸金融则是指国家居民间利用本地货币进行的交易、贸易结算及其他一系列金融活动。

自贸区金融改革同样涉及在岸金融与离岸金融，且基于服务实体经济、便利跨境投资，并构成金融改革试验田，自贸区金融发展改革以在岸金融为主，但离岸市场与在岸市场之间存在互补关系和依赖关系，离岸金融的发展也不可忽视。

## 1.3 国内外研究现状

国外文献更多地讨论国家或地区间经济一体化背景下的“自由贸易区”，较少的关于国家内自贸区的研究主要集中于讨论两个问题：一是建立自贸区的原因与目标，如吸引外资、解决就业、出口更多的非传统工业制成品、取得外汇收入、技术外溢效应等；二是自贸区的成本—收益分析，研究初期学者们认为自贸区在国际资本进入后，减少了东道国的福利。而随着理论的完善和模型的改进，研究更多地表明自贸区可解决就业问题，且具有技术转移和示范效应。基于此，关于自贸区相关制度建设的讨论也越来越多，其中自贸区“自由金融”也是讨论的重点之一。

国内对自贸区和自贸区金融的研究均始于20世纪80年代前后，并起源于对保税区的研究，如刘克崮、王刚、李颖（1998）认为应明确保税区设立的目的、性质和功能并进行分类规划管理、统一保税区的税收政策、简化和加强海关监管；林汉川、高海乡（2000）认为我国保税区功能应定位为以高科技产业为主导的出口加工区的新模式；郭信昌（2000）着重探讨了保税区制定基本法、组建全国管理机构、调整微观管理模式、完善建设布局、合理确定功能等全局性的问题。

20世纪90年代后期，随着保税区的实践发展，学界对保税区的转型发展加大了研究，关于保税区向自贸区转型是理论界和实务界共同关注的话题。首先，多数研究认为，保税区必须向自由贸易区转型。成思危等（2003）针对我国的具体情况，对我国保税区向自由贸易区转型的指导思想、目标模式和实施步骤等问题进行了分析研究，提出了试点和立法的建议，这对于我国保税区的改革和相关立法将起到较大的推动作用。张世坤（2005）认为我国保税区与国外自由贸易区在管理体制、政策法规、海关监管等方面的差异，导致了现实中产生了诸多问题，尚未完全实现国外自由贸易区的功能及政策定位，因此为更好地发挥我国保税区的功能和作用，更好地建设和发展我国保税区，保税区向自由贸易区的转型势在必行。其次，不少学者谈到自贸区金融发展问题，张世坤（2004）、顾益民（2013）均认为应建立离岸金融市场，直到2013年上海自贸区总体改革方案面世，自贸区金融改革的方向才逐步清晰。正如前面所述，基于服务实体经济、便利跨境投资，自贸区金融发展改革以在岸金融为主。

## 1.4 研究内容与研究框架

在2013年9月中国（上海）自贸区正式挂牌后，区内实体经济的发展对金融服务的需求日益凸显，而当前区内金融制度供给也远不足以满足需求的发展。因此，对自贸区金融服务需求进行系统详实地分析，构建和完善自贸区金融体系，加强金融基础设施建设，是当务之急。本书即围绕以上话题，按照“发现问题—分析问题—解决问题”的逻辑，分10章展开。

第1章，从理论和实践角度论证课题的研究意义，并界定研究对象与研究范围，在回顾相关研究的基础上，提出本课题研究的创新之处，着重描述课题的研究框架和研究方法。

第2章，透过商品流通与货币流通理论、金融自由理论分析自贸区发展中金融自由的重要性和必要性，以及金融自由化对新兴市场经济发展的重大意义。

第3章和第4章，分别从需求和供给角度，系统剖析中国（上海）自贸区金融服务需求，并发现金融服务发展的制度障碍，为下一步解决问题做好铺垫。

第5章，经过问题的分析，提出上海自贸区金融改革的目标定位、基本原则和路径选择，为本书后续分析打下重要基础。

第6章、7章、8章，根据自贸区金融改革的目标定位、基本原则和路径选择，提出自贸区金融改革初期如何构建自贸区金融体系，具体从金融功能观角度提出构建自贸区资金市场、中介服务市场和风险管理市场三大体系。

第9章，金融基础设施建设是自贸区金融改革顺利进行的基础，也是金融风险防范的重要方面，提出自贸区金融基础设施建设的政策建议。

图 1-1 列示了本书的研究框架。

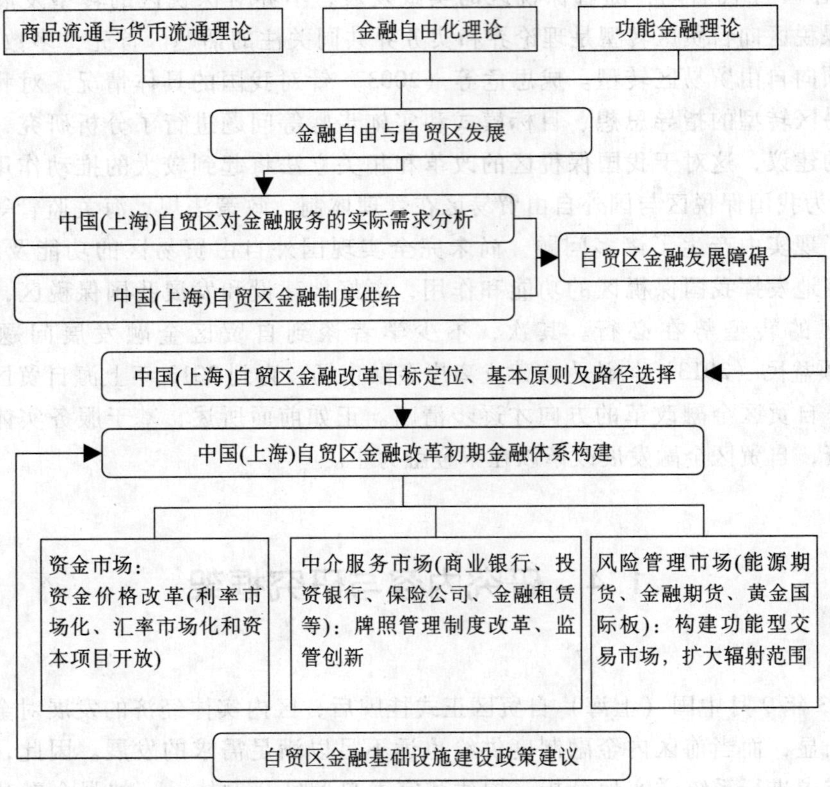


**图 1-1　本书框架**

第 10 章为全书结论与政策建议。

## 1.5　本书主要创新之处

本书主要的创新之处在于：第一，研究依据的系统创新。系统研究自贸区金融体系建设的理论依据，并在理论指导下研究上海自贸区金融改革的整体方案。第二，研究视角独特。从供需角度推敲自贸区金融体系建设的目标定位和路径选择，正是基于金融为实体经济服务的根本。第三，研究内容的拓展创新。从自贸区构建金融体系的必要性入手，到自贸区金融服务需求和制度供给解剖，对上海自贸区金融体系构建进行全方位的探讨。

# 第2章 理论基础：金融自由与自贸区发展

## 2.1 商品流通与货币流通理论：金融自由与自由贸易相互制约

从宏观角度来看，商品流通和货币流通是组成一个经济体系运动的两个基本方面，货币流通的基本职责就在于确保商品和服务实体经济的正常运转。市场总供给决定货币需求，实体经济体系拥有的生产资源所需完成生产、交换、分配和消费及再生产流程决定了经济体系对货币的需求量。当然，宏观层面的货币需求实际上也是通过微观主体对货币的需求来实现的，后者直接引出货币供给，并决定货币供给是否能够被实体流通所接受。因此，对于市场总供求均衡与货币均衡之间的关系，可以简要地这样理解：首先，市场需求以货币为载体，但并不是所有的货币供给都能成为市场需求，只有满足流通的那部分货币才能构成实际市场需求。其次，市场供给要实现出清，则必须有货币需求，但这方面的货币需求亦不是完整的货币需求，积蓄财富和价值保存所需货币则不取决当期市场供给。最后，市场总供求的均衡关系与现实流通状态中的货币供求一一对应，两者存在辩证统一关系。

一方面，商品流通决定货币流通，前者是后者的基础，后者是前者的产物，货币流通的最初动因和流转都源于商品流通，货币则充当商品流通的中介，两者反向运动。商品流通的速度和规模决定货币流通的速度和规模，在速度一定的情况下，可以根据商品流通的数量来计算对应的金属货币数量及纸币流通数量。另外，商品流通结构也决定了货币流通的形式和特点。另一方面，货币流通对商品流通又具有反作用。货币本身也是商品，在商品交换价值形态转变中逐步取得一般等价物的特殊地位，商品价值在货币流通过程中得以实现，同时货币流通也简化了商品交换过程，扩大了商品流通的范畴，并通过价格的方式来对商品流通施加反作用力，尤其是货币以商业信用或银行信用方式来充当支付手段同样能对商品流通时间、费用和价值总量施加影响，而在经济危机或商品销售全局性困难时期，货币流通同样对商品流通施加消极的反作用。

## 2.2 金融自由化理论

根据麦金农和肖（1973）的研究表明，第二次世界大战后发展中国家存在广泛的“金融压抑”（Financial Repression）现象，市场机制未能充分发挥功效，金融机构和金融资产形式单一，金融管制过多和金融效率低下现象普遍存在，与发达国家相比体制显得落后。造成这种现象的原因通常被归结于政策方面的过度管制，主要包括这样几个方面：首先，通过实施通货膨胀政策和法定存贷款利率来认为压低真实利率水平，有时甚至出现负利率，使得持有广义货币的实际收益严重偏低，从而降低了经济体对货币的需求并抑制了金融资产的实际规模扩张。其次，利用信贷配给来分配稀缺的信贷资源，对于信贷资金短缺的发展中国家往往选择通过信贷配给来引导资金流向政府偏好的行业，但这往往会滋生腐败并降低资金使用效率。再次，发展中国家往往会对金融机构的准入资格施加严格限制，同时还对金融机构的资金管理和流向加以严格控制。最后，人为地高估本币汇率，以降低进口设备的成本，结果促使进口需求更为偏高并导致严重的外汇短缺。

在此基础上，麦金农和肖提出了针对性的金融自由化改革方案，能够解除发展中国家对金融资产价格的不适当管制，加强金融深化，促进金融部门自身的发展并以此推动经济增长。具体而言，金融自由化改革包括这样几个方面的内容：（1）放松利率管制。官定利率方式会人为制造资金供求失衡和信贷低效率配给，并滋生出官商勾结、以权谋私等问题，发展中国家在自由化阶段均采取手段逐步减少对利率的管制。（2）缩小指导性信贷实施范围。与利率管制放松匹配，自由化改革还要求发展中国家相应地缩小信贷配给的实施范围，在20世纪70年代中期，大多数发展中国家均不同程度地缩减了指导性信贷计划的范围。（3）减少金融机构审批限制，促进金融行业竞争，优化金融行业结构。通常，发展中国家都面临金融机构数量不足以及不允许自由进入金融行业的情况，金融垄断派生的不合理信贷分配及僵化的利率势必造成金融体系运行的低效率，这也构成了发展中国家金融自由化改革的一个主要因素。（4）鼓励直接融资，发展证券市场。在放宽利率管制和行业准入管理的同时，鼓励民间资本进入金融行业，积极培育证券市场，增加可流通的金融工具的发行数量，完善一、二级市场。（5）放宽对汇率和资本流动的管理。相较于利率管制和金融行业准入来讲，发展中国家对于汇率和资本流动改革持有的态度相对谨慎，这方面的开放和改革都更加缓慢。

根据爱德华·肖的研究，金融自由化改革取消利率和汇率管制能够为经济增长提供一系列的正向刺激作用，包括储蓄效应、投资效应、就业效应、收入分配效应、稳定效应以及减少政府干预可以降低的贪腐行为和效率损失等。（1）储蓄效应。在利率自由化之后，管制取消导致的金融资产多元化和实际收益率上升会吸引大量资金流入，并提升私人部门储蓄积极性的提高。（2）投资效应。利率自由化后其作为有效价格能够更高效地引导资金流动和配置，投资规模和投资效率都将明显提升，金融中介能够在更大范围内发挥作用，便利企业更方便地融资，政府信贷配给的减少同样也有利于资金流向收益更高的项目。(3) 就业效应。金融压抑会抑制就业并使失业率高于自然失业率，自由化改革能够避免利率被人为压低，从而提升资金配置效率，从而增进就业。(4) 收入分配效应。金融自由化改革有利于促进收入分配改善，降低通过特权或垄断带来的收入，提升因就业增长带来的工资收入。(5) 稳定效应。适应的金融自由化改革，能够改善国内投融资运营状况和国际收支概况，使得经济对国际贸易、信贷等方面的波动都可以有比较强的承受能力，储蓄增加也能有助于改善财政收支，降低其对通货膨胀政策的过度依赖，从而使得货币政策稳定更加可行。(6) 减少因金融管制带来的贪腐行为和效率损失。

关于金融自由化各项改善效应对经济增长和金融深化的影响，大量研究得出的结论并不完全一致。首先，关于储蓄效应，马克斯维尔（1980）对 14 个亚洲国家从 1961 年到 1983 年的合并时间序列的储蓄函数进行了估计，结果显示储蓄与实际存款利率存在显著的正向相关关系，而艾尔伯特（1983）分析了 7 个亚洲发展中国家 20 世纪六七十年代的数据，结果并未发现实际利率具有储蓄效应。其次，关于投资效应，包括规模效应和效率改善两个方面。对于前者，部分研究表明提高实际存款利率能够有助于增加资本积累和投资数量，但也有研究表明实际利率与投资规模之间存在负相关关系。而对于投资效率改善，大量研究得出的结论则较为一致，金融自由化能够显著提升投资效率。再次，关于金融自由化和经济增长之间的关系，大量对 60～80 年代期间发展中国家自由化改革的实证研究表明，实际储蓄利率与 GDP 增长率之间确实存在显著的正相关关系，通常实际利率低于零的国家经济增长率偏低，而实际利率为正的国家经济增长率较高。此外，关于自由化改革是否能促进金融深化，诸多计量研究的结论基本一致，金融自由化改革能够通过各种渠道产生促进经济增长和金融优化的效果，但由于同时还伴随着其他经济改革措施，各样本国家的国情也千差万别，金融自由化改革政策的确切效果仍存在一些争议之处。

在麦金农和肖的金融深化框架基础上，后继大量学者也进行了许多重要的拓展，形成了大量新的成果。例如，卡普（1976）和马希森（1979）集中讨论了开放经济状态下的储蓄效应，并系统讨论了发展中国家金融自由化进程中经济增长、金融深化与经济稳定的关系，尤其是针对发展中国家如何选择恰当的经济政策和金融体制变革来同时实现经济增长和经济稳定。加尔比斯（1977）的投资效率模型则指出即便总的储蓄利率没有弹性，但自由化改革的高利率依然能够有效促进经济增长，因为资本存量质量会因此改善。此外，自 20 世纪 80 年代以来，内生增长理论将经济增长的基本原因归结于内生因素，罗默、卢卡斯等人掀起的内生经济理论讨论高潮重新强调了资本对经济增长的作用。这些研究对金融深化理论进一步发展注入了新的活力，但 80 年代上半期发展中国家金融自由化改革带来的金融危机则诱发了对麦金农和肖金融深化框架的质疑。其中，新结构主义理论认为，发展中国家存在明显的二元经济特征，非正规信贷市场与正规信贷市场并存，但后者需要缴纳法定准备金从而导致资金“漏损”，因此发展中国家应该保护好效率很高的非正规金融市场而无需金融自由化改革。金融约束理论则更加强调发展中国家普遍存在的不完全市场和信息不充分，斯蒂格利茨（1981、1996）指出这会致使发展中国家不具备帕累托效率，有限的政府干预反而能够提升经济体系运营的效率，这一观点在随后的东南亚金融危机期间颇受关注。新凯恩斯主义同样批评金融自由化改革，该理论从有效需求观点出发，认为高的实际利率会降低社会有效需求，从而限制经济增长率，同时伴随的贸易和资本自由流动都可能增加金融不稳定性。新制度主义者则辩称金融自由化理论忽视了制度的作用，金融国际和金融中介能够自动促进经济增长和工业化进程，在不发达国家尤其如此，金融抑制政策是否导致资金来源短缺和投资不足问题还取决于银行行为和市场结构，据此可以否定金融自由化改革的必然性。有鉴于此，麦金农对其理论重新进行了大幅修缮，并提出金融控制理论，重点强调发展中国家的金融自由化改革应适当控制节奏、循序渐进。对此并非所有的新古典主义学者都表示赞同，雷特和桑德勒简（1990）就质疑渐进式自由化改革可能导致自由化本身的扭曲，从而增加整个过程政治支持的难度。

从理论上来讲，麦金农的金融自由化理论通过导管效应来解释自由化改革与经济增长之间的关系。从货币和实物资本的互补性出发，发展中国家存款和投资货币的实际利率在一定条件下成正向关系。在存款货币实际利率低于投资的实际回报率时，真实利率上升会增强人们储蓄的意愿，内部储蓄增加将导致内源性融资主导型投资上升，这种情形下货币充当资本积累的一个导管，而不是实物资本的替代者。

随后，大量研究和理论模型都对金融自由化和经济增长之间的相互关系提出了新的解释。金和莱文（1993）从金融深度等四个方面对金融发展与经济增长之间的关系做了实证分析。拉詹和辛格莱斯（1994）则选择从微观视角出发，讨论了金融自由化和公司外部融资成本关系，并在此基础上进一步对金融自由化与经济增长的关系进行了剖析。亚历山大和钱（2005）则进一步使用一个整体均衡模型来研究内生金融中介在自由化改革之后的效率改善，结果表明减少国际资本流动能够改变中介机构效率。马汀和雷（2006）的研究进一步确认了这个结果，投资迅速增加和金融危机都源于股票市场自由化及摩擦的相互作用，这些研究均为金融自由化改革提供了理论支持。另外，法扎里等学者的研究还表明金融自由化能够改善资本配置效率来降低公司投融资的摩擦和限制，并有助于降低内部和外部融资成本。当然，也有研究表明金融自由化并非完美无瑕，自由化改革过程中的不完美市场和其他金融限制是导致金融危机的主要原因，尤其是信息不对称，斯蒂格利茨（1981）的研究就指出信息不对称对金融市场运行效率有显著影响，金融机构的投融资效率因此受限。布特（2000）则认为借款人可以在市场中寻求更低成本的融资机会导致金融自由化竞争愈发激烈，银行借贷占比下降，信息不对称更加强烈。

对于同时处在改革和开放双重背景下的发展中国家而言，金融自由化与经济转型、对外开放相叠加，反而容易导致其因风险积累而产生的金融脆弱性问题。根据世界银行1989年发布的《世界发展报告》，金融自由化改革的主要经验教训包括这样几个方面：首先，金融自由化改革必须在稳定的宏观经济背景下展开，如果在宏观经济面临不稳定因素时，高通胀通常容易导致高利率和汇率波动，从而引发资金的不规则流动，造成不必要的企业和银行破产。其次，金融自由化改革必须与价格改革或与自由定价机制相匹配，如若仍旧实施管制价格或保护价格，在价格信息扭曲的情形下推进自由化改革势必造成资金流动紊乱，从而出现新的资源错配和结构失调，乃至金融脆弱性堆积。再次，金融自由化改革主要是改变政府直接干预的方式，而不是完全取消政府的直接干预，在放松管制的过程中，如何建设一套适合本国国情的审慎监管制度，杜绝在信贷资源配置方面的贪腐配给和营私舞弊行为尤为重要。最后，在推行金融自由化改革政策的同时，当局还必须预先判断出相对价格变化对不同利益集团的影响，并出于公平或政治均衡的考虑来适当地采取补偿手段，适宜的过渡政策有助于减轻社会震荡。

# 第 3 章
# 自贸区实体经济对金融服务的实际需求分析

自贸区金融改革的原则是“在风险可控的前提下，在自贸试验区内创造条件稳步进行人民币资本项目可兑换、金融市场利率市场化、人民币跨境使用和外汇管理改革等方面的先行先试。鼓励金融要素市场、金融机构根据国家规定，进行自贸试验区金融产品、业务、服务和风险管理等方面的创新”。

我们首先简单就上海的实体经济状况作一个分析。上海近年的经济发展总体趋势在放缓，第三产业为经济转型提供了较大动力，而进出口在国民经济中的地位却逐年下降，显现出经济增长乏力且出口拉动效应减弱的特征（见图 3－1）。

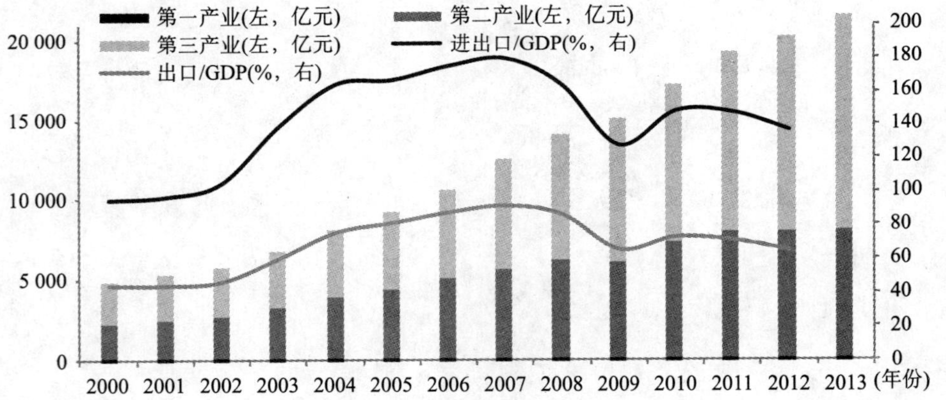


**图 3－1　2000—2012 年上海 GDP 规模、结构以及进出口所占比重**

资料来源：《上海统计年鉴（2013）》。

外向型经济特征明显的上海，在近年来的发展过程中却没有过于发挥出进出口的拉动效应，图 3－2 显示出进出口增速对 GDP 的贡献力度在减弱，而第二产业还是最根本的支柱。

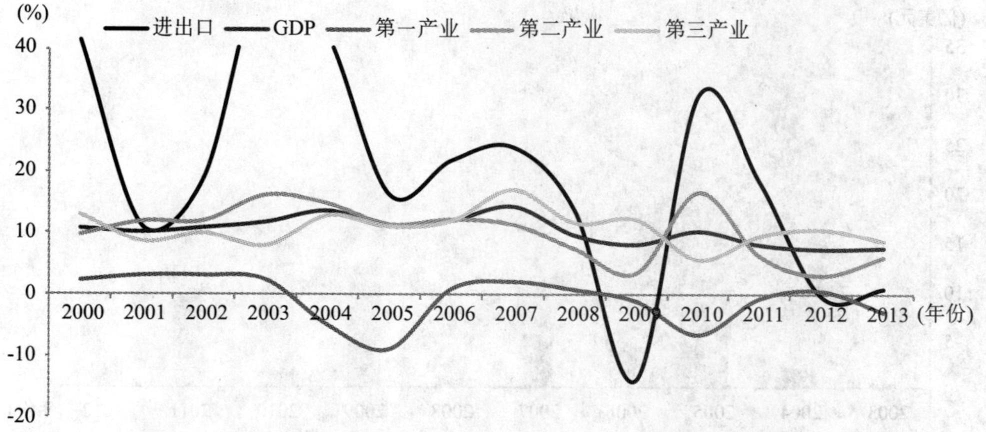


**图 3－2　2000 年以来上海 GDP、进出口及各产业同比增速**

资料来源：Wind。

FDI 的情况也验证了上述的经济特征，FDI 的投资规模上升速度减缓且合同项目数量在越过 2011 年的高峰后迅速下降，显示出上海吸引外资投资的环境并不乐观（见图 3－3）。

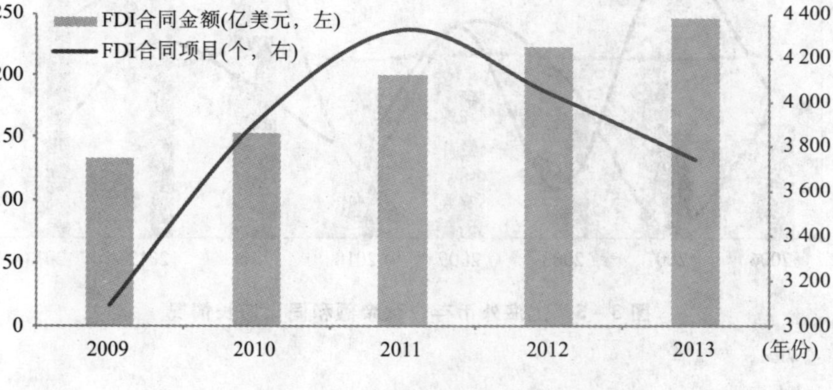


**图 3－3　上海 FDI 投资规模**

资料来源：Wind。

从另外一方面来看，非金融类的对外直接投资规模却在近年上升，特别是 2012 年跃上了一个新台阶。虽然绝对规模仍然不大、但显露出资本外流寻求新投资方向的意愿（见图 3－4）。

上海外币存款在全国保持在 15% 的比重水平，虽然近年增速放缓，但外向型经济在全国的地位仍然十分突出（见图 3－5）。

透过 R&D 经费的状况来考察实体经济的创造力以及产业能级提升的可能性，我们发现 R&D 经费/GDP 的比重以及科技经费/地方财政的比重逐年略有上升，但总体幅度并不大（见图 3－6）。

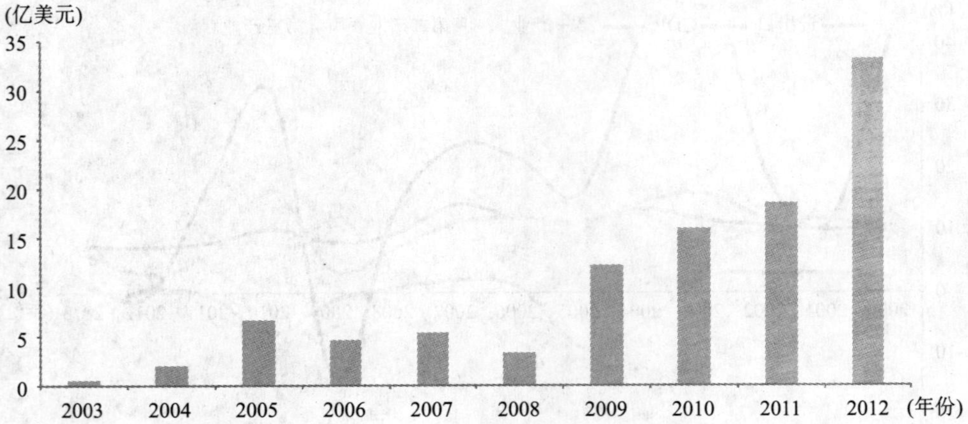


**图 3－4　上海非金融类对外直接投资规模**

资料来源：Wind。

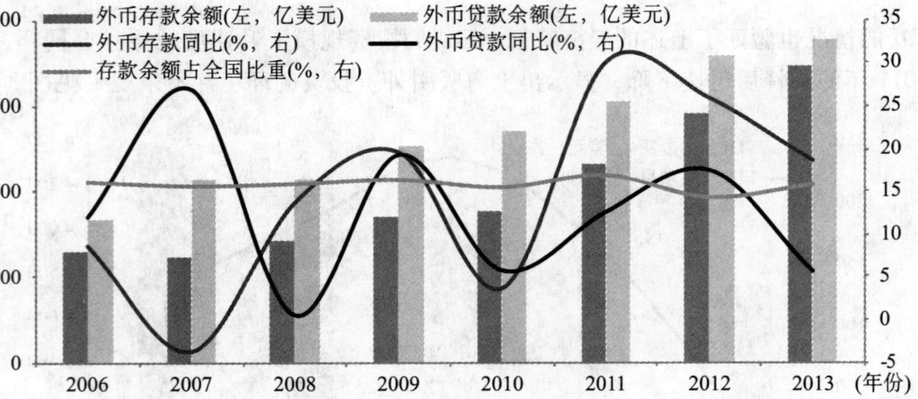


**图 3－5　上海外币存贷款余额和同比增长情况**

资料来源：Wind。

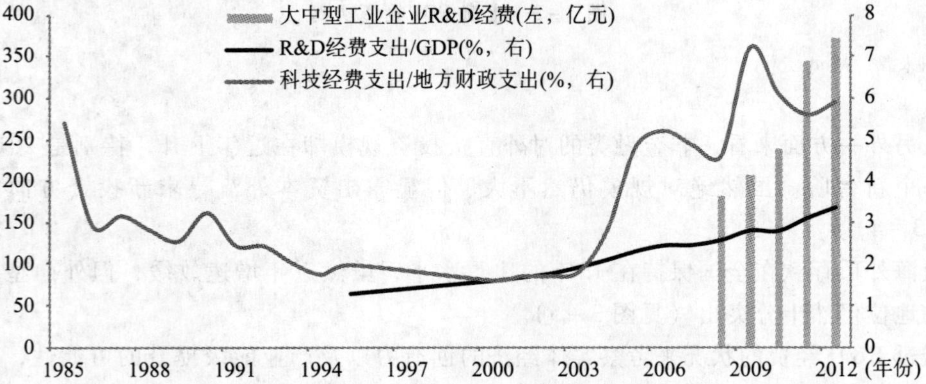


**图 3－6　上海科研经费支出情况**

资料来源：Wind。

开发区高新技术企业的状况显示，无论是企业数量、人员，还是企业收入和出口的规模都上升较快（见图3－7、图3－8）。

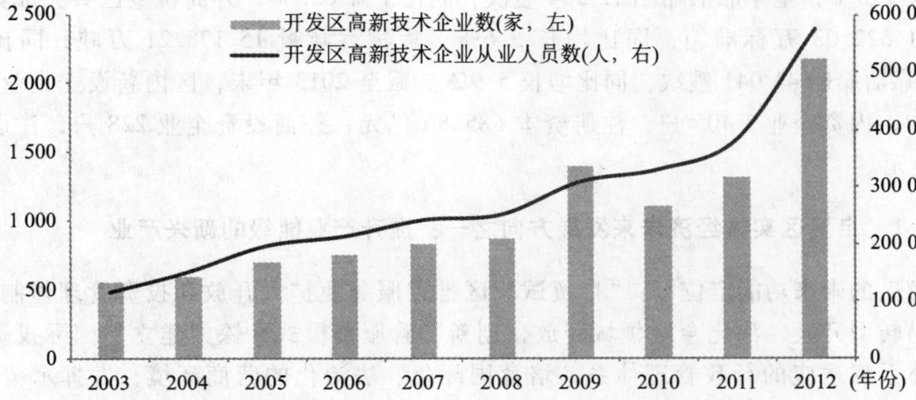


**图3－7　上海开发区高新技术企业数量和人员**

资料来源：Wind。

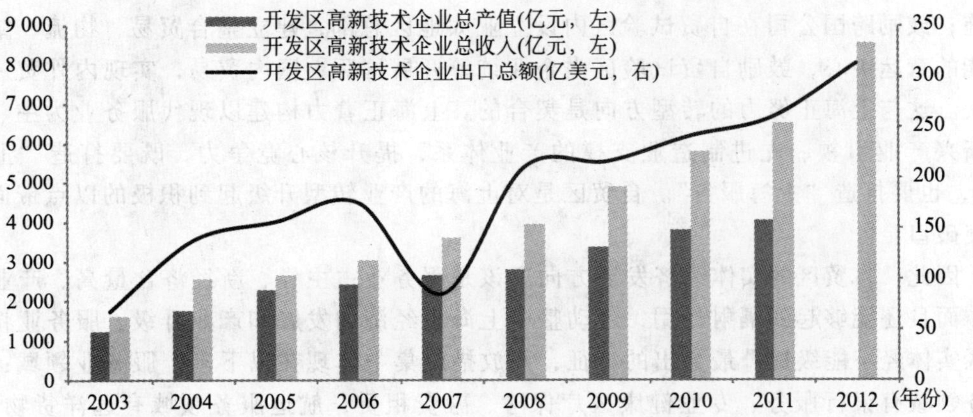


**图3－8　上海开发区高新技术企业总收入和出口状况**

资料来源：Wind。

## 3.1　自贸区实体经济发展方向

通过上述对上海实体经济状况的简单分析，我们可以看到几个特征值得关注：一是上海经济的空心化趋势显露，实体经济增长放缓、进出口对经济的拉动作用在减弱；二是"引进来"FDI投资规模和意愿减低的同时，国内企业和居民"走出去"对外的投资意愿在增强；三是科研经费的支出维持上升态势但停留在低位，而开发区高新技术企业的增长却呈现出较快格局，科技创新在局部较活跃。

当前自贸区的状况如下：2013 年度洋山港区共完成集装箱吞吐量 1 436.48 万标准箱，同比增长 1.5%；全年靠泊船舶 12 504 艘次，同比下降 6.8%。外高桥港区共完成集装箱吞吐量 1 622.03 万标准箱，同比增长 5.6%；货物吞吐量 15 178.21 万吨，同比增长 6.4%；靠泊船舶 41 041 艘次，同比增长 5.9%。截至 2013 年末，区内新设立企业 3 633 户。其中，内资企业 3 405 户，注册资本 685.86 亿元；外商投资企业 228 户，注册资本 9.8 亿美元。

### 3.1.1 自贸区实体经济未来发展方向之一：提升产业能级的新兴产业

自贸区的未来功能定位于："自贸试验区推进服务业扩大开放和投资管理体制改革，推动贸易转型升级，深化金融领域开放，创新监管服务模式，探索建立与国际投资和贸易规则体系相适应的行政管理体系，培育国际化、法治化的营商环境，发挥示范带动、服务全国的积极作用。"在这一功能定位原则的指导下，自贸区将形成一个开放型的经济体系，服务业包括金融服务、航运服务、商贸服务、专业服务、文化服务和社会服务等领域将扩大开放，暂停或者取消投资者资质要求、股比限制、经营范围限制等准入限制措施；鼓励跨国公司在自贸试验区内设立亚太地区总部，建立整合贸易、物流、结算等功能的营运中心，鼓励自贸试验区内企业统筹开展国际、国内贸易，实现内外贸一体化发展。这与上海正努力的转型方向是契合的。上海正着力构建以现代服务业为主、战略性新兴产业引领、先进制造业支撑的产业体系，提升核心竞争力，既要打造"上海智造"，也要打造"上海服务"。自贸区是对上海的产业转型升级起到积极的以点带面作用的突破口。

因此，自贸区的实体经济发展方向应该是服务业占主导、新经济含量高、产业能级高，而且还能够起到辐射作用，带动整个上海市经济的发展和产业升级。服务业将是自贸区实体经济能级提升最突出的特征，开放措施集中体现在以下多个服务业领域：金融服务领域有银行服务、专业健康医疗保险、融资租赁；航运服务领域有远洋货物运输、国际船舶管理；商贸服务领域有增值电信、游戏游艺机销售和服务；专业服务领域有律师服务、资信调查、旅行社、人才中介服务、投资管理、工程设计、建筑服务；文化服务领域有演出经纪、娱乐场所；社会服务领域有教育培训职业技能培训、医疗服务。在限制条框被打破之后，预计上述这些开放力度较大的领域将成为自贸区实体经济较活跃的部分。

### 3.1.2 自贸区实体经济未来发展方向之二：推动服务贸易的扩大

2013 年中国服务贸易进出口总额达到 5 396 亿美元、较上年增长 14.7%，占全球服务贸易总额的 6%，显示出我国服务贸易的突飞猛进。其中出口 2 105 亿美元、增长 10.6%；进口 3 291 亿美元、增长 17.5%，首次超过德国跃居第二位。技术、文化等领域的进出口贸易快速发展，不仅仅推动了科技进步和创新，也优化了外贸结构。而且在自贸区发布的文件中也明确有"支持国际贸易、仓储物流、加工制造等基础业务转型升级和服务贸易发展。鼓励离岸贸易、国际贸易结算、国际大宗商品交易、融资租赁、期货保税交割、跨境电子商务等新型贸易发展，推动生物医药研发、软件和信息服务、数据处理等外包业务发展”。

从上述两个角度来看，上海自贸区未来的实体经济发展方向也会更多地倾向于上述服务贸易领域和新兴产业领域。

### 3.1.3 自贸区实体经济未来发展方向之三：金融实体化

产业金融以日本和德国为典型代表，是以满足生产者的融资需求为主要功能；虚拟的商业金融以美国和英国为代表，是以满足储蓄者的投资效用为主要功能。两种金融体系有着本质的导向区别。

而中国的现实问题是，在资本缺乏时期，改革开放借助外资投资来发展经济；然而，金融危机的冲击给包括中国在内的“金砖”新兴国家带来了深重的教训，2008 年金融危机后 4 万亿元投资不但没有很好地起到金融对实体经济服务的作用，反而造成了流动性过剩而滋生了泡沫。因此，对虚拟泡沫经济的抑制和金融切实服务实体经济特别是成长中的中小科技型企业将成为我国生产力和竞争力提升的根本之路。除了我国现有的银行为主的金融体系会越来越多地向中小企业服务倾斜之外，产业资本的金融化或者说金融实体化会是一个趋势，随着政策的放开、越来越多的民间资本将涉足金融业，产业金融将更准确地把握中小企业的脉搏和需求、将过剩的储蓄转化为中小企业的创新动力。这种趋势将首先在政策的阳光下、在自贸区这块试验田里生根发芽开花结果。

## 3.2 实体经济与本外币清算、支付需求

目前我国没有专门的跨境人民币支付清算系统，资本账户外汇管制的背景下本外币清算支付需求是通过三种模式来实现的。一是通过香港、澳门地区人民币业务清算行来结算和清算；二是通过境内的商业银行代理境外商业银行进行本外币结算清算；三是通过境外企业在境内商业银行开立的人民币结算账户来办理跨境结算和清算。

而由于我国适应离岸资金运作的金融配套服务薄弱、业务限制过多，很多跨国物流和贸易公司即使进入保税区内运营，也仅局限在该区域内租赁仓库进行物流运作，其资金结算等金融服务却仍在新加坡、香港等其他金融市场进行。可见，在自贸区内建立完善的本外币清算和支付系统有着较强的迫切需求。

根据香港金融管理局披露的最新数据，2014 年 2 月通过经营人民币业务的认可机构进行的人民币兑换交易有 4.28 万亿元人民币被兑换为港元及其他货币，由香港汇至内地的人民币交易 31 650 宗、涉及金额 4 134 亿元人民币，截至 2014 年 2 月底开设的人民币活期及储蓄存款账户有 366.48 万个，人民币定期存款账户 97.27 万个（见图 3－9）。

**图 3－9　香港人民币业务量快速增长**

资料来源：香港金融管理局。

而根据中国人民银行上海总部的报告，2014 年上海市辖内 88 家 RCPMIS（中国人民银行建立的人民币跨境收付信息管理系统）用户银行中共有 75 家报送跨境人民币结算业务，业务量共计 3 987 亿元，其中 3 月增量为 1 625 亿元。以上两组数据形成了强烈鲜明的对比。

造成企业在贸易中本外币结算、清算障碍在于：一是人民币跨境业务开展不畅。众多因素制约下商业银行国际化程度不高、发挥作用不够充分，为贸易的实体经济国际化服务的功能较弱。二是配套的金融服务业务缺乏。本外币结算支付必然带动与之相关的投融资、资产管理和风险管理等产品和业务的发展，所需金融服务功能复杂，国内商业银行普遍缺乏这些配套服务，而香港、新加坡等地的人民币本外币结算服务不仅结算清算效率高且有配套的金融产品来实现投融资、保理、现金管理等各方面的需求，此外还有可能的利率和汇率套利投机机会，使得企业更愿意在这些地方结算支付，从而资金滞留在海外。三是我国外贸产品中出口加工占比较大、利润太薄，交易成本成为影响外贸企业利润很重要的因素，国内商业银行的结算成本较高是一个障碍。

因此，要满足自贸区实体经济的本外币结算清算支付等基本需求，就必须完善金融服务最基础的功能，使货物和商品流动的障碍最小化，货币流通与物流要有合理的配合效率。金融体系的稳定和效率关系到企业对资本的有效利用，自贸区的金融基础设施需提供相应便捷的支付清算功能来保证商品物流的速度与数量。

《“十二五”时期上海国际金融中心建设规划》强调：“按照到 2020 年基本建成与我国经济实力以及人民币国际地位相适应的国际金融中心的战略目标要求，瞄准世界一流国际金融中心，全面拓展金融服务功能，加快提升金融创新能力，不断增强上海金融市场的国际内涵和全球影响力，力争到 2015 年基本确立上海的全球性人民币产品创新、交易、定价和清算中心地位。”按照这一战略性目标，自贸区本外币支付清算功能的实现应该是提前一步有体系地进行，并且还应该有较高的前瞻性。应该通过宽松的监管环境，获得更加灵活的组织结构和业务方式；通过增加产品和服务品种，为进入国际信贷市场以及代理账户网络提供便利；通过竞争格局下的商业银行的中间服务，为贸易提供便利。

## 3.3 实体经济与本外币融资需求

自贸区实体经济对本外币融资需求主要体现在以下几个方面：

一是在跨境贸易融资的便捷性方面，贸易融资产品充当融资手段的同时兼具支付功能，在真实贸易交易背景下的贸易融资将支付结算、结售汇等链条有机地联系起来。实体经济在跨境贸易方面的融资主要是加快资金周转效率，可以将商品交易中的存货、预付款、应收款等资产作为有效抵押上的进出口押汇、进口代收融资、出口托收融资、进出口汇款融资、出口发票融资等多种融资方式。与此相应的融资产品还有信保项下融资、保理融资、供应链融资等贸易链条上的融资。

二是本外币贷款的融资需求主要体现为经营性贷款。自贸区内企业的项目推进、与进出口贸易期限匹配的流动资金补充等经营性贷款需求应是主要方面，其次还有“走出去”企业的对外投资和并购所需的本外币贷款融资需求。

三是借助货币市场和资本市场的融资需求。我们用图3－10来展示企业在香港如何借助活跃的市场实现融资需求的状况。

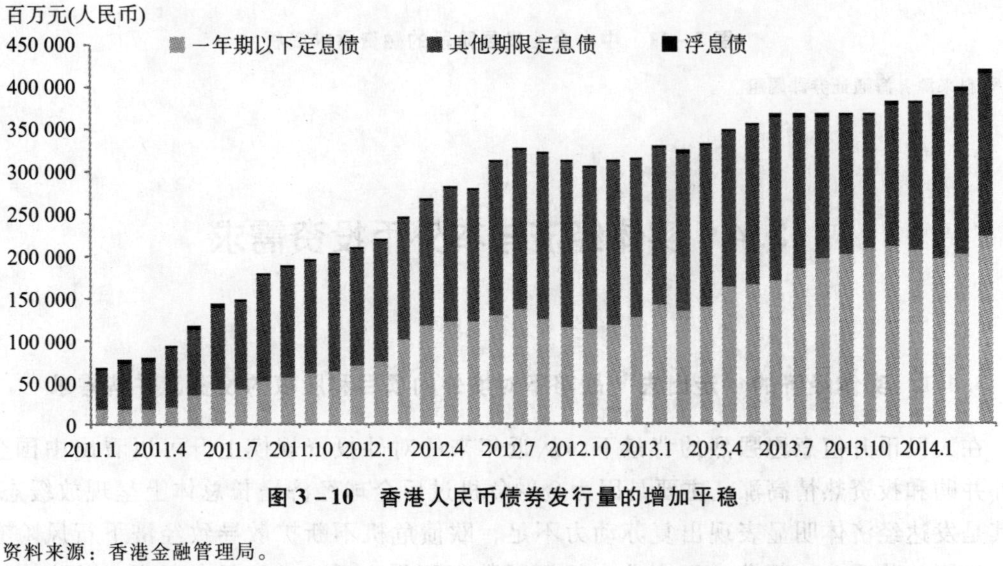


**图3－10 香港人民币债券发行量的增加平稳**

资料来源：香港金融管理局。

我们不难看出国内企业借助香港资本市场融资的规模较大，而且一年期以下的短期融资债占了一半左右的比重，短期融资需求较强烈。自贸区内企业这种类似的融资需求也会比较旺盛。

另外，日本的经验是，政策性银行对企业的支持通过日本开发银行的“输入促进基础强化融资制度”来实现。对于外国企业在日本特定区域设立经营机构时、或者是日本企业扩大进出口时、为建立生产或扩大规模需要资金时，提供低于一般利率水平的融资。

四是中小企业各阶段不同的融资需求。中小企业的融资需求表现和成熟企业略有不同，特别是高科技成长型中小企业，在不同的成长阶段其所需的融资形式是不同的（见图 3－11）。

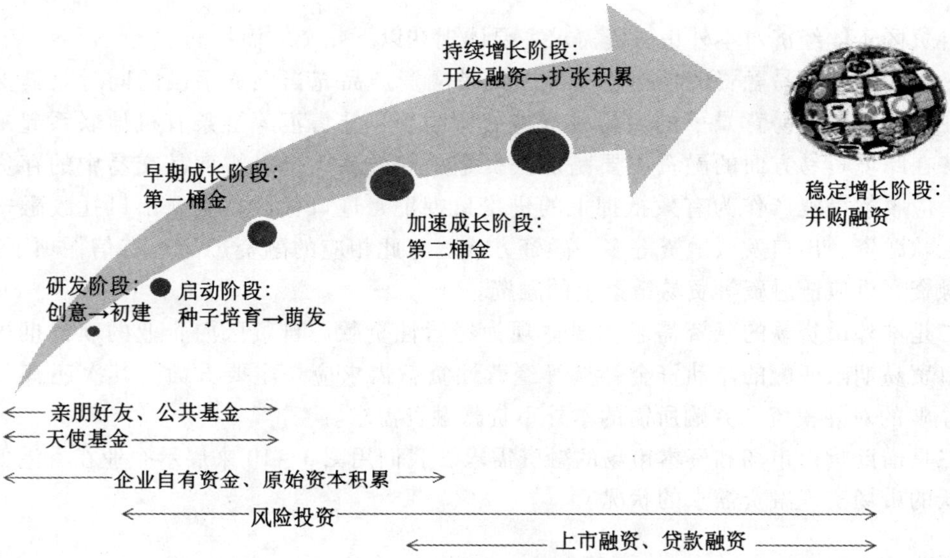


**图 3－11　中小企业发展阶段的融资需求简析**

资料来源：海通证券课题组。

## 3.4 实体经济与本外币投资需求

### 3.4.1 实体经济的“走出去”战略下对境外的项目和股权的投资、并购需求

在人民币升值意愿强烈的背景下，从近年来的对外投资规模上升可以看出中国企业海外并购和投资热情高涨。主要是因为金融危机过后全球经济增长总体上呈现放缓态势，尤其是发达经济体明显表现出复苏动力不足，欧债危机不断扩散导致经济下行风险有进一步加剧的状况，一部分中国企业在经历了数年积累之后，已经具备了强大的实力，再加上此时海外并购价格具备诱惑力，这种“抄底”行为就有了动力。

2013 年上海市新批对外投资项目 347 项，比上年增长 39.4%；投资总额 43.1 亿美元，增长 32.8%。签订对外承包工程合同金额 108.16 亿美元，增长 4.9%；实际完成营业额 80.69 亿美元，增长 18.5%。可见，近年来上海市对外投资的力度逐年增强，且有加速趋势（见表 3 - 1、图 3 - 12）。

表 3 - 1 上海市海外企业情况

| | 2009 年新增 | 至 2009 年底累计 | 2010 年新增 | 至 2010 年底累计 | 2011 年新增 | 至 2011 年底累计 | 2012 年新增 | 至 2012 年底累计 |
|---|---|---|---|---|---|---|---|---|
| 项 目（个） | 166 | 1 329 | 179 | 1 508 | 172 | 1 680 | 249 | 1 929 |
| 投资额（万美元） | 153 644 | 526 266 | 242 029 | 768 295 | 265 824 | 1 034 119 | 324 335 | 1 358 454 |

资料来源：上海市统计局。

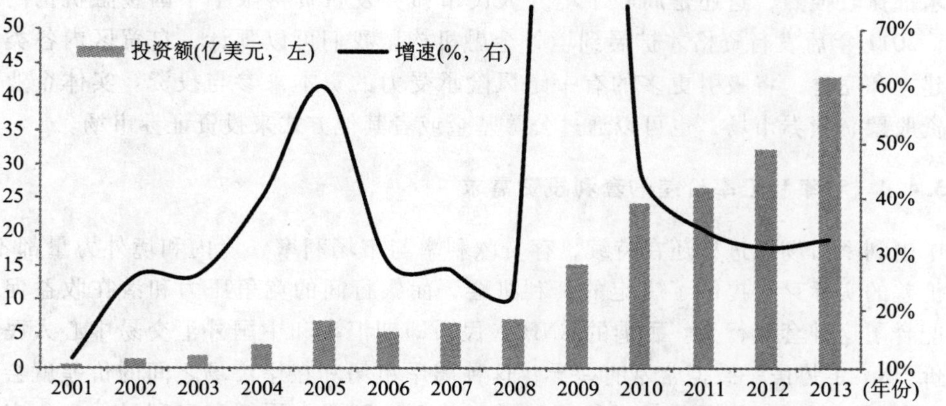


图 3 - 12 上海市对外投资的规模稳步增长

注：2009 年金融危机过后的增速极值高达 217%，故将其剔除。

资料来源：上海市统计局。

虽然外管局公布的数据显示：2013 年中国资本对外输出所得与外国直接投资在中国所得利润的轧差为 - 599 亿美元，创出 30 年来的次高，仅次于 2011 年的 - 853 亿美元，比 2012 年扩大 70%，但是，这并不代表民间资本对外投资的失败。因为中国对外资产过多地集中于储备资产，投资收益率远低于中国对外直接投资收益率；而负债端则主要是 FDI 负债，如果不考虑巨额的外汇储备资产，中国私人部门呈现对外净负债，且主要是 FDI 净负债。因此，民间资本的对外投资意愿其实是相当强烈的，只是当前份额还非常低，不足以影响到资产负债结构，而且鉴于中国企业海外投资经验不足，产业层次低，目前中国企业在海外的投资收益与发达国家相比还有很大差距。

上海自贸试验区总方案规定要求“自贸试验区内投资者可以开展多种形式的境外投资。境外投资一般项目实行备案管理；境外投资开办企业实行以备案制为主的管理方式”。对外投资限制较为宽松的格局下，自贸区内的实体企业这种对外投资需求也会较为迫切，“走出去”战略的实现步伐将表现得更加急迫。

### 3.4.2 潜在的"高净值客户"对资产的保值增值的对外投资需求

随着自贸区内企业的扩张成长，在对资产保值增值的投资需求方面将随之上升。很多跨国集团对资金的流动性管理要求也会提升，需要有资金管理集中和高效运作的金融服务。对待这类"高净值客户"的多方位投资需求，需设计配套的金融产品来满足。

### 3.4.3 证券投资需求

自贸区将逐渐建立和发展货币市场和资本市场，证券投资需求也会逐渐增强。我们前面也展示过香港人民币债券发行量逐年递增的状况，在人民币离岸中心类似的证券投资需求都比较强烈，这还是局限于境外人民币债券发行资格限于中国金融机构的前提之下的，2011 年后发行资格才扩展到境外金融机构。我们可以预计，自贸区内各类金融市场的建立和完善，将吸引更多的有一定风险承受力的资本来参与投资。实体企业可以直接投资股票、债券市场，也可以通过公募基金或者其他方式来投资证券市场。

### 3.4.4 利率和汇率价差的套利投资需求

中国利率市场化进程还在持续，存贷款利率与市场利率、境内和境外力量都不一致，双重价差的实际存在提供了一定的套利机会，而银行间的竞争压力和潜在收益促使银行参与配合了这种套利行为。香港的 CNH 人民币即期汇率和中国外汇交易中心人民币汇率中间价 CNY 走势虽一致但常常有差异，这种离岸市场和在岸市场之间的价差就会被投机资金所利用，利用虚假贸易推动热钱流动、从而达到资本周转和套利目的，一定程度上已经成为某种类型资本的投资需求。预计自贸区的外汇交易中也会面临类似投机资金的套利投资需求（见图 3－13）。

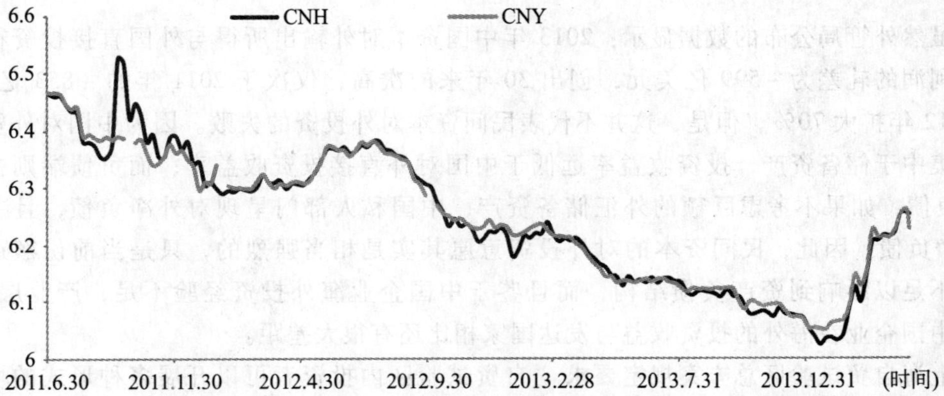


**图 3－13 CNH 和 CNY 走势**

资料来源：Wind。

# 3.5　实体经济与风险管理需求

市场环境的变化，如价格、汇率、流动性等引发了资产收益的不确定性，再加上我国外贸企业竞争激烈，商品价格、汇率等波动对其利润影响较大，实体经济对风险管理的需求较为明确。自贸区实体经济对风险管理的实现途径主要包括以下方面：

## 3.5.1　利用转口贸易的“时间差”来规避交易风险，减少损失

转口贸易企业利用资金清算流程，采取实际意义上的“先收款后付款”的运作方式来达到规避交易风险、减少经济损失的目的。转口贸易受产品国内外价格波动影响较大，当国际市场价格高于国内市场价格时，正常进口报关会无利可图，原本一般贸易项下的进口公司也可能通过国内保税区将产品转出口至第三国，从而赚取利润或减少损失。

## 3.5.2　利用金融衍生工具来进行风险管理逐步成为规避市场波动风险的重要手段

这也是风险管理市场成为金融市场的重要组成部分的一个重要原因。外汇衍生品如外汇远期和掉期合约、外汇期货等都是风险管理运用较多的工具和手段。而外汇期货这类标准化的产品是在规范的金融交易所中的期货市场上交易的，但规模小于非标准化的互换合约和场外市场期权。除了外汇远期、掉期和期权等衍生工具外，结构性存款产品、存款证等金融产品也成为避险工具。当然，除了实体经济正常的套期保值需求之外，很多投机资本也在外汇衍生品市场上纵横驰骋（见图 3-14）。

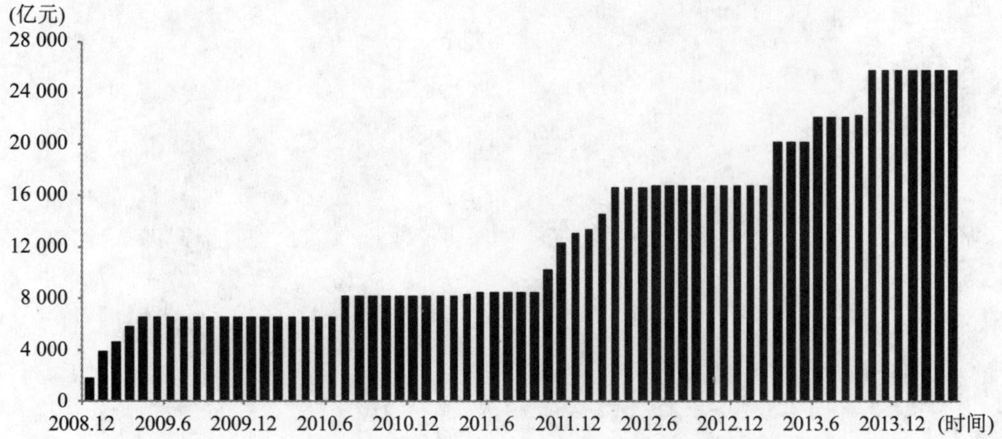


**图 3-14　人民币货币互换规模快速稳步增长**

资料来源：Wind。

自贸区相关文件指出："区内企业、非银行金融机构以及其他经济组织可以按照规定，从境外融入本外币资金，在区内或者境外开展风险对冲管理"，以及"完善航运服务发展环境，发展航运金融、国际船舶运输、国际船舶管理、国际船员管理和国际航运经纪等产业，发展航运运价指数衍生品交易业务，集聚航运服务功能性机构"。上述规定意味着随着外汇、货币和资本市场的建立和不断成熟，将派生出各类金融衍生品市场与其关联，实体企业将可以在自贸区利用各类衍生品市场开展风险管理。

# 第 4 章
# 自贸区金融制度供给及供需匹配障碍

## 4.1 自贸区发展的境内金融环境

当前自贸区的金融环境是业界最为关注的问题。网上“关于加快政府职能转变、扩大投资领域的开放、推进贸易发展方式转变、深化金融领域的开放创新和完善法制领域的制度保障”等五个问题的调查中，受关注度最高的问题就是深化自贸区金融领域的开放创新。

### 4.1.1 自贸区金融创新的总体数据

2013 年 9 月 29 日，中国（上海）自由贸易试验区正式挂牌时，25 家企业、8 家中资银行、2 家外资银行同时获准设立自贸区支行，1 家金融租赁公司获准设立自贸区专业子公司。券商中，海通、国泰君安均在自贸区设立了分公司。目前，银行、证券、期货、保险、基金、股权交易等多家金融机构已纷纷入驻试验区，自贸区内的金融品类日渐齐全。自贸区内的金融类公司的优惠政策不仅比照浦东新区金融业优惠政策，如自贸试验区内如有企业上市，比照浦东新区企业上市政策，自贸试验区内金融机构享受浦东新区金融机构扶持政策，而且政策主要是“补贴为主”的财政扶持政策，同时，自贸区内自身的金融政策框架也已成型。

2014 年 7 月 4 日，自贸区管委会召开信息通报会，通报了 2014 年上半年自贸区经济运行和制度创新方面的有关情况。在金融制度创新方面：截至 2014 年 5 月底，跨境人民币境外借款发生 45 笔，共 101 亿元；参与跨境双向人民币资金池试点企业 17 家，资金池收支额 78 亿元；区内经常项下结算 546.84 亿元，直接投资项下结算 206.53 亿元；区内跨境人民币结算总额为 800 亿元，同比增长 1.7 倍，占上海市的 12.7%。

### 4.1.2 当前自贸区金融创新的成功案例

目前自贸区已经尝试了一些金融创新行动，并在不断总结成功创新案例，先后两次发布了金融创新阶段性的成功案例。2014 年 3 月 25 日首批金融创新案例涉及六个方面的金融创新，即存款利率市场化创新、自贸区企业融资创新、自贸区支付结算创新、自贸区企业资金管理创新、自贸区对外直接投资创新和自贸区内金融机构集聚创新（见表4-1）。2014年7月上旬，第二批金融创新案例涉及创新政策实施细则、自贸账户、人民币跨境业务和外汇管理改革四个方面。这些创新案例的示范效应有助于其全面推广铺开，无疑会有力地推进自贸区金融改革与创新的步伐，打开金融创新的新局面（见表4-2）。

**表4-1　上海自贸试验区首批六类9个金融创新案例**
**（2014年3月25日发布）**

| 类别 | 案例名称 | 主要内容 | 突破点 |
|---|---|---|---|
| 存款利率市场化创新 | 放开300万美元以下的小额外币存款利率上限 | 从2014年3月份开始，人民银行放开了自贸试验区内300万美元以下的小额外币存款利率上限。中国银行为一名在自贸试验区内就业的人员办理了首笔个人小额外币存款业务，利率经双方商量确定 | 放开了自贸试验区内小额外币（300万美元以下）存款利率上限，实现了外币存款利率的完全市场化 |
| 企业融资创新 | 境外人民币借款 | 自贸试验区内企业和非银行金融机构可以通过商业银行从境外借入人民币资金。例如：交通银行上海市分行分别为交银租赁自贸区子公司和自贸区企业办理了境外人民币借款 | 在自贸试验区内符合条件的金融机构和企业（以往需要扣减相应的外债额度，而中资企业申请外债额度需要以个案报批），可以从境外借入人民币资金 |
| 支付结算创新 | 为大宗商品衍生品交易提供金融服务 | 商业银行可以为自贸试验区企业开展大宗商品衍生品交易提供结售汇业务。例如：中行上海市分行与上海江铜国际物流公司合作，办理了自贸试验区首笔大宗商品衍生品交易，签订了以LME（伦敦金属交易所）铜为商品标的的3个月期限场外远期合约，共计交易1 000吨，约合40手 | 允许境内银行为企业提供境外市场大宗商品衍生品交易项下的结售汇业务 |
| | 跨境电子商务人民币支付结算业务 | 第三方支付机构可以使用人民币为跨境电子商务提供支付结算服务。例如：快钱支付公司与台湾关贸网达成战略合作，签署跨境电子商务人民币支付业务协议，双方进出口业务以人民币结算，且全程以电子化方式完成整个跨境贸易全流程 | 本案例的突破点在于第三方支付机构通过与银行合作，可以为客户提供人民币，与境外电商开展支付结算业务 |
| 资金管理创新 | 跨境人民币双向资金池业务 | 自贸试验区内企业可以开展跨境人民币双向资金池业务，便利企业在境内外进行资金的双向调拨。例如：浦发银行为麦维讯电子公司旗下5家企业办理了人民币双向资金池业务，资金调拨共计8 000万元 | 自贸试验区内的跨国公司可以根据自身经营和管理需要统筹调度境内外成员的资金。以往跨国公司境内外资金的划拨和流动，必须提供用途证明，由金融管理部门逐笔审批 |
| | 外汇资金集中运营管理业务 | 集中运营管理境内外成员单位外汇资金，实现境内与境外成员单位外汇资金的双向互通。例如：工商银行上海市分行为锦江集团等企业提供跨境外汇资金集中运营管理服务 | 允许区内跨国公司通过国际外汇资金主账户实现境外资金融入，用于区内企业自身使用，不受额度限制；允许试点企业开展经常项目集中收付汇和轧差净额清算；国际资金主账户内资金存放不受外债指标控制；资本项下在规定额度内，实现资金流入 |

续表

| 类别 | 案例名称 | 主要内容 | 突破点 |
| --- | --- | --- | --- |
| 对外投资创新 | 股权投资企业跨境股权投资审批改备案 | 弘毅投资公司于2013年12月中旬在区内设立了境外投资基金，并于2014年春节前取得备案证书，春节后在外汇局上海市分局办理了购汇核准，2月25日在招商银行办理购汇并汇出境外。本次投资金额用于收购注册在英属维京群岛的某项目股权 | 以往股权投资企业开展跨境股权投资，需费时3个月至半年时间获得主管部门的批文。本案例的突破点在于简化跨境直接投资审批环节，以备案替代审批，提高投资效率 |
| 金融机构集聚创新 | 互联网小额贷款公司增强金融服务能力 | 通过鼓励互联网小额贷款公司等新型金融机构逐步放开股权比例和业务范围，增强金融服务的能力。百度、京东在上海设立小贷公司，开展互联网贷款经营，并可以跨区经营 | 放开互联网小额贷款公司的股权比例和业务范围的限制 |
| | 金融租赁公司在自贸区设立子公司 | 交银金融租赁公司开展了自贸试验区首单飞机和首单船舶租赁业务，在自贸试验区内已经批准筹建子公司 | 允许金融租赁公司设立子公司 |

资料来源：网上公开资料。

表4-2　2014年7月第二批金融创新案例发布

| 类别 | 主要内容及典型案例 |
| --- | --- |
| 创新政策实施细则 | 央行发布了自贸试验区“分账核算业务实施细则”和“审慎管理细则”，验收了一批银行自由贸易账户分账核算系统。银监会发布了自贸试验区机构和高管准入、业务风险评估指导意见、银行业监测报表制度等3项自贸试验区内监管制度；正式发文明确，允许获得离岸业务资格的四家中资商业银行授权自贸试验区内分行开办离岸业务。<br>证监会有关资本市场支持自贸试验区建设的细则文件的有关内容已基本形成，有望于下半年发布实行。<br>保监会已同意允许上海航运保险协会试点开发航运保险协会条款，取消在沪航运保险营运中心和再保险公司在自贸试验区内设立分支机构的事前审批、取消自贸试验区内保险支公司高管人员任职资格的事前审批 |
| 自贸账户 | 创新有利于风险管理的账户体系是自贸试验区金融制度创新的重要内容。随着自贸试验区分账核算业务实施细则和审慎管理细则的发布实施，一些金融机构已开始为符合条件的机构和个人开立自由贸易账户，并依托自由贸易账户开展资金划拨和贸易融资业务。<br>利用自贸试验区企业对外直接投资审批制改备案制的政策优势，在自贸试验区管委会的支持下，上汽集团区内全资子公司——上海汽车国际商贸有限公司在一周内顺利拿到以上汽国贸为主体的对外投资项目备案。6月18日当天，中行上海市分行与上汽国贸正式签署战略合作协议，为其成功开出自由贸易账户启动后首个区内机构自由贸易账户（FTE），同时将资金从上汽国贸一般结算账户划转至同名FTE账户中，并在自贸试验区内通过资金运作，参照境外市场价格即时兑换成美元，汇往南美智利用于投资项目启动，在保证业务效率的同时，大大节省了企业的成本 |

续表

| 类别 | 主要内容及典型案例 |
| --- | --- |
| 人民币跨境的新拓展 | 自贸试验区人民币跨境使用范围和创新力度上又有新拓展。某家在原外高桥保税区进行综合开发和经营的企业，存在着巨大的资金需求。上海银行想到了利用沪港台平台为该企业服务，台湾上海商业储蓄银行邀请香港上海商业银行以及上海银行（香港）有限公司在境外组成银团，共同为外高桥股份提供了3000万元的人民币贷款。此笔贷款并未借助境内银行的担保工具，而是由境外银团依据企业公开披露的信息，直接给予企业信用贷款。上海银行积极和境外银行联络沟通，全程配合提供相应材料和政策解读，最终使该业务获得了融资行的审批部门同意 |
| 外汇管理改革的新路 | 4月11日，建设银行上海市分行成功为注册在自贸试验区的一家外资融资租赁公司办理了外汇资本金意愿结汇业务，为其开立结汇待支付人民币专用存款账户，结汇金额港币2600万元。对自贸试验区内外商投资企业开放试点外汇资本金意愿结汇，是资本项目可兑换进程中的重要一步，将外汇资本金结汇的自主权和选择权赋予企业，企业可有效规避汇率风险 |

资料来源：自贸区门户网站。

### 4.1.3 自贸区金融创新的特点及创新进程

上海自贸区被定义为金融创新的实验区，其金融创新体现了三大特点：

一是要进一步简政放权，探索准入前国民待遇和负面清单的金融管理模式，推动金融市场准入的对内对外平等开放，实现充分竞争。

二是“非离岸金融”特征。自贸区金融创新强调可复制、可推广至上海及至全国，为我国全局性金融改革、区域金融改革和上海国际金融中心建设探索新途径、积累新经验，即不仅连接国内外两个市场、还要能“四贯通”——贯通连接“上海自贸区金融市场—上海国际金融中心—全国金融市场—国际金融市场”。

三是金融创新必须为实体经济服务，尤其是自贸区的几大产业。金融创新要提高投资、融资和贸易便利化程度。

从目前来看，现行自贸区的金融创新步伐的节奏清晰（见图4－1）。第一阶段：发布了纲领性金融框架“51条”。第二阶段：“51条”实施细则的逐步制定与陆续推出，部分率先创新方案的推出。目前，人民银行上海总部正在加紧制定出台有关实施细则，现已发布了部分细则。截至2014年3月5日，已有“第三方支付机构、人民币跨境使用、利率市场化、反洗钱和外汇管理创新”等五方面细则发布。第三阶段：金融创新制度推广、落实及效果试验。2014年3月和7月先后发布了金融创新的成功案例等。

## 4.2 自贸区金融改革现行制度供给

上海自贸区成立后，央行、银监会、保监会和证监会相继推出了各自的金融创新的规划方案。2013年9月29日，证监会发布《资本市场支持中国（上海）自由贸易试验区

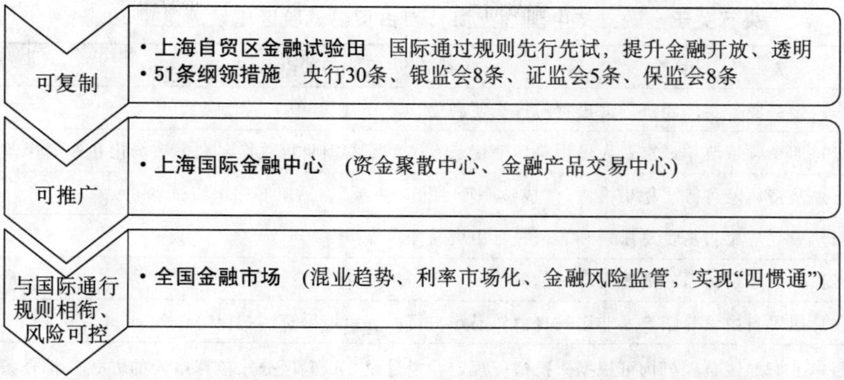


**图 4－1　上海自贸区的金融试验、上海金融中心与全国金融制度创新一体相融**

资料来源：海通证券研究所。

若干政策措施》，提出五条纲领性措施，保监会发布了支持中国（上海）自由贸易试验区建设的八条纲领性措施，银监会则发布了《关于中国（上海）自由贸易试验区银行业监管有关问题的通知》，提出八条纲领性措施。2013 年 12 月 2 日，中国人民银行发布了《关于金融支持中国（上海）自由贸易试验区建设的意见》，推出 30 条纲领性措施。总括起来构成了自贸区的金融创新政策的"51 条"，即"证监会 5 条 + 银监会 8 条 + 保监会 8 条 + 央行 30 条"。2014 年 7 月 25 日，《中国（上海）自由贸易试验区条例》发布并自 2014 年 8 月 1 日起施行，其中第五章"金融服务"中的 7 项具体条款与"51 条"是相通的。

可以说，这"51 条"和自贸区条例中的"金融服务"条款共同构成了自贸区最基本、最重要的金融制度供给体系（见图 4－2、图 4－3、表 4－3、表 4－4、表 4－5）。现在以及今后自贸区的各项具体金融业务创新均离不开这一大的框架。

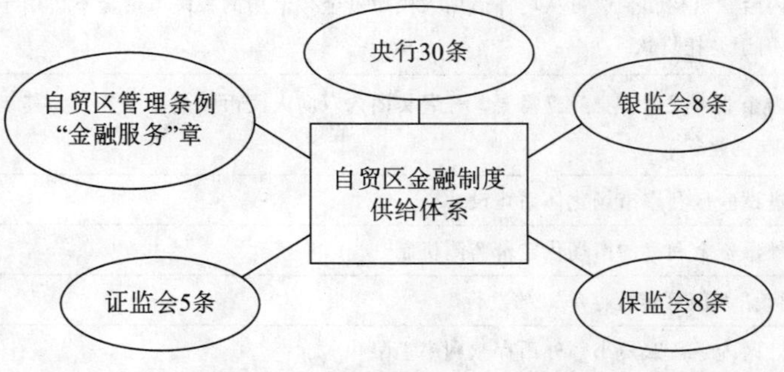


**图 4－2　上海自贸区金融制度供给体系："51 条" ＋ "自贸区条例金融服务章"**

资料来源：上海自贸区门户网站。

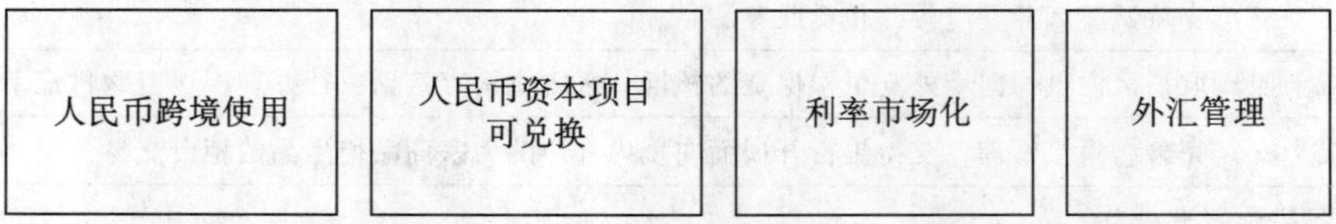


**图 4－3　央行"30 条"中推进上海自贸区金融改革试点的四大领域**

资料来源：海通证券研究所。

表4－3　央行关于金融支持中国（上海）自由贸易试验区建设的意见30条

| 大类 | 央行“30条”的要点 |
| --- | --- |
| 总体原则 | （一）金融服务实体经济，促进贸易投资便利化 |
| | （二）四个领域改革试点：人民币跨境使用、人民币资本项目可兑换、利率市场化和外汇管理等 |
| | （三）坚持风险可控、稳步推进，“成熟一项、推动一项”，适时有序组织试点 |
| 账户体系创新 | （四）设立居民自由贸易账户和非居民自由贸易账户 |
| | （五）关于账户体系的划转管理的创新 |
| | （六）居民自由贸易账户及非居民自由贸易账户可办理跨境融资、担保等业务 |
| | （七）上海地区金融机构可根据人民银行规定，通过设立试验区分账核算单元的方式，符合条件的区内主体开立自由贸易账户，并提供相关金融服务 |
| 投融资汇兑便利 | （八）促进企业跨境直接投资便利化。试验区跨境直接投资，可按上海市有关规定与前置核准脱钩，直接向银行办理所涉及的跨境收付、兑换业务 |
| | （九）便利个人跨境投资 |
| | （十）稳步开放资本市场 |
| | （十一）促进对外融资便利化 |
| | （十二）提供多样化风险对冲手段 |
| 人民币跨境使用 | （十三）上海地区银行业金融机构可在“了解你的客户”、“了解你的业务”和“尽职审查”三原则基础上，凭区内机构（出口货物贸易人民币结算企业重点监管名单内的企业除外）和个人提交的收付款指令，直接办理经常项下、直接投资的跨境人民币结算业务 |
| | （十四）上海地区银行业金融机构可与区内持有《支付业务许可证》且许可业务范围包括互联网支付的支付机构合作，按照支付机构有关管理政策，为跨境电子商务（货物贸易或服务贸易）提供人民币结算服务 |
| | （十五）区内金融机构和企业可从境外借用人民币资金，借用的人民币资金不得用于投资有价证券、衍生产品，不得用于委托贷款 |
| | （十六）区内企业可根据自身经营需要，开展集团内双向人民币资金池业务，为其境内外关联企业提供经常项下集中收付业务 |
| 利率市场化 | （十七）推进试验区利率市场化体系建设 |
| | （十八）本外币资金利率的市场化定价监测机制 |
| | （十九）试行“大额可转让存单”的发行 |
| | （二十）放开区内一般账户小额外币存款利率上限 |
| 深化外汇管理 | （二十一）支持试验区发展总部经济和新型贸易 |
| | （二十二）简化直接投资外汇登记手续 |
| | （二十三）支持试验区开展境内外租赁服务 |
| | （二十四）取消区内机构向境外支付担保费的核准，区内机构直接到银行办理担保费购付汇手续 |
| | （二十五）完善结售汇管理，支持银行开展面向境内客户的大宗商品衍生品的柜台交易 |
| 监管 | 五条措施（此处略） |

资料来源：中国（上海）自贸区门户网站。

表4-4　证监会支持中国（上海）自由贸易试验区建设的五条措施

| 归类 | 五条措施的具体内容及当前状态 |
|---|---|
| 国际能源交易中心 | 拟同意上海期货交易所在自贸区内筹建上海国际能源交易中心股份有限公司，具体承担推进国际原油期货平台筹建工作。<br>目前状态：上海国际能源交易中心在筹，现定框架："国际平台、净价交易、保税交割"。将筹备原油期货上市各项具体工作 |
| 境内外双向投资 | 支持自贸区内符合一定条件的单位和个人按照规定双向投资于境内外证券期货市场 |
| 国际金融资产交易平台（私募平台） | 区内企业的境外母公司可按规定在境内市场发行人民币债券。根据市场需要，探索在区内开展国际金融资产交易等 |
| 可设立期货子公司 | 支持证券期货经营机构在区内注册成立专业子公司。<br>目前进展：海通期货、宏源期货、广发期货、申万期货和华安基金等机构正在设立或准备设立风险管理子公司和资产管理子公司。国泰君安证券的上海自贸区分公司已挂牌 |
| 柜台交易方面 | 支持区内证券期货经营机构开展面向境内客户的大宗商品和金融衍生品的柜台交易 |

资料来源：中国（上海）自贸区门户网站。

表4-5　保监会支持中国（上海）自由贸易试验区建设

| | 8条措施的具体内容 |
|---|---|
| 1 | 支持在自贸区内试点设立外资专业健康保险机构 |
| 2 | 支持保险公司在自贸区内设立分支机构，开展人民币跨境再保险业务，支持上海研究探索巨灾保险机制 |
| 3 | 支持自贸区保险机构开展境外投资试点，积极研究在自贸区试点扩大保险机构境外投资范围和比例 |
| 4 | 支持国际著名的专业性保险中介机构等服务机构以及从事再保险业务的社会组织和个人在自贸区依法开展相关业务，为保险业发展提供专业技术配套服务 |
| 5 | 支持上海开展航运保险，培育航运保险营运机构和航运保险经纪人队伍，发展上海航运保险协会 |
| 6 | 支持保险公司创新保险产品，不断拓展责任保险服务领域 |
| 7 | 支持上海完善保险市场体系，推动航运保险定价中心、再保险中心和保险资金运用中心等功能型保险机构建设 |
| 8 | 支持建立自贸区金融改革创新与上海国际金融中心建设的联动机制 |

资料来源：中国（上海）自贸区门户网站。

自"51条"发布后，一系列相关的金融细则陆续出台。如关于人民币跨境支付业务、小额外币存款利率上限放开等。2014年8月1日发布的《中国（上海）自由贸易试验区条例》也清晰地勾勒了自贸区金融服务的新框架，并为未来自贸区的金融变革留足了创新空间（见表4-6）。

表 4-6　　中国（上海）自贸试验区金融创新政策发布情况一览表

| 时间 | 上海自贸区金融创新政策 |
| --- | --- |
| 2013 年 9 月 29 日 | 中国（上海）自贸试验区正式挂牌。《中国（上海）自由贸易试验区总体方案》发布 |
| 2013 年 9 月 29 日 | 证监会发布《资本市场支持中国（上海）自由贸易试验区若干政策措施》，提出 5 条纲领性措施 |
| 2013 年 9 月 29 日 | 保监会支持中国（上海）自由贸易试验区建设的 8 条纲领性措施 |
| 2013 年 9 月 29 日 | 中国银监会发布《关于中国（上海）自由贸易试验区银行业监管有关问题的通知》，提出 8 条纲领性措施 |
| 2013 年 12 月 2 日 | 央行《关于金融支持中国（上海）自由贸易试验区建设的意见》，推出 30 条纲领性措施 |
| 2013 年 12 月 21 日 | 国务院关于在中国（上海）自由贸易试验区内暂时调整有关行政法规和国务院文件规定的行政审批或者准入特别管理措施的决定 |
| 2014 年 2 月 18 日 | 央行上海总部发布《关于上海市支付机构开展跨境人民币支付业务的实施意见》，上海自贸区建设 |
| 2014 年 2 月 26 日 | 央行上海总部关于在中国（上海）自由贸易试验区放开小额外币存款利率上限的通知 |
| 2014 年 2 月 27 日 | 央行上海总部关于切实做好中国（上海）自由贸易试验区反洗钱和反恐怖融资工作的通知 |
| 2014 年 2 月 28 日 | 国家外管局上海分局发布《支持中国（上海）自由贸易试验区建设外汇管理实施细则》的通知 |
| 2014 年 3 月 25 日 | 自贸区金融工作协调推进小组、上海市金融办、自贸区管委会共同举办“自贸试验区金融创新案例发布会”。管委会将金融服务业作为五大产业之一，纳入重点产业规划 |
| 2014 年 4 月 15 日 | 《中国（上海）自由贸易试验区大宗商品现货市场交易管理暂行规定》发布 |
| 2014 年 5 月 15 日 | 《中国保监会办公厅关于进一步简化行政审批支持中国（上海）自由贸易试验区发展的通知》 |
| 2014 年 5 月 21 日 | 《中国（上海）自由贸易试验区分账核算业务实施细则（试行）》和《中国（上海）自由贸易试验区分账核算业务风险审慎管理细则（试行）》，启动试验区分账核算管理制度，根据“先本币、后外币”的原则推进自由贸易账户业务 |
| 2014 年 7 月 25 日 | 《中国（上海）自由贸易试验区条例》自 2014 年 8 月 1 日起施行。第五章“金融服务” |

资料来源：上海自贸区官网。

## 4.3　自贸区金融服务供需匹配障碍

从金融创新的制度供给来看，当前自贸区金融创新的数量日益增多、力度也在不断加强，但是离完全适应并满足自贸区企业与个人的需求、与自贸区贸易与投资便利化的要求还有相当的差距，金融服务的供需匹配间还有诸多的障碍需要清除。

归纳起来，自贸区金融服务要真正实现供需匹配，有三大主要障碍（见图 4-4）：(1) 金融体系尚未形成、“负面清单”管理特征不明显；(2) 资金价格市场化程度不高、金融改革任重道远；（3）金融基础设施建设薄弱，立法滞后、支付清算系统有待完善、协调监管机制尚未达成。

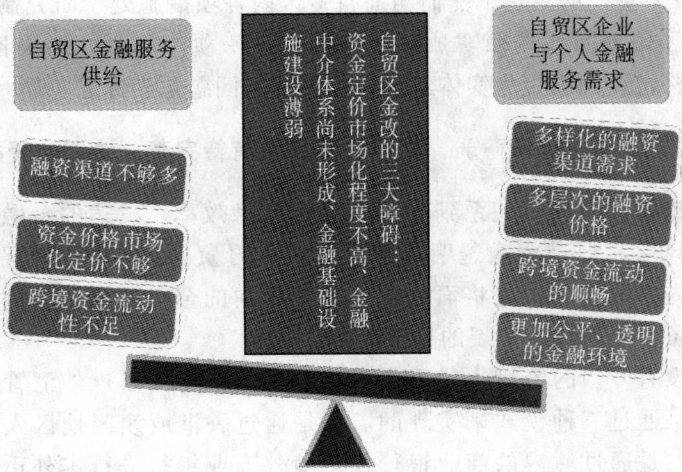


**图 4－4 上海自贸区金融服务实现供需切实匹配的三大障碍**

资料来源：海通证券研究所。

#### 4.3.1 金融体系尚未形成，“负面清单”管理特征不明显

金融中介是向客户提供金融产品和服务的企业，而这些产品和服务无法通过在证券市场上直接交易而更有效地获取，因此，金融中介是金融市场的重要纽带，金融中介体系的不完善，将直接影响到金融市场的正常运行和金融服务的落实。目前，从自贸区内金融中介机构的入驻情况来看，银行体系开始落实自由贸易账户、业务运作逐渐步入正轨，而证券、保险等机构仅在形式上入驻，在业务上，其经营模式、业务定位尚未明确，各种政策细则也尚未出台。因此，自贸区金融市场的完善亟需金融中介体系的完善。

金融中介体系的不完善很大程度上与自贸区金融机构的管理模式有关。从自贸区发布的两版《中国（上海）自由贸易试验区外商投资准入特别管理措施（负面清单）》（简称“负面清单”）来看，金融服务业的投资准入始终没有放开。由于自贸区的金融改革要凸现金融国际化与自由化的一面，这与我国现行金融制度与观念的确存在一定的差异和不同。这会使得这些金融制度对自贸区金融创新的力度构成一定的牵制。客观上看，现行有些基本法律与制度会对自贸区金融创新造成一定障碍，自贸区金融框架“51 条”只有真正落实，才是清除这些障碍的良途。

#### 4.3.2 资金价格定价市场化程度有待提升

资金的价格是影响资金市场活跃程度及实体经济供求平衡的关键要素，利率和汇率这两个比率指标正是资金价格的表现形式。因此，利率市场化、汇率市场化和外汇管理均是自贸区金融改革的核心内容。定价市场化程度低，一是会加大企业融资的成本，抑制自贸区实体经济规模的发展，二是会导致国际资金套利机会，加大金融风险。

“让市场在资源配置中发挥决定性作用”是党的十八届三中全会的重要思想，也是自贸区“央行30条”贯彻的主旨，然而当前自贸区内各项措施处于研究制定和陆续推出阶段，政策的落地还需时日。按照“成熟一项、推进一项”原则，加快各项政策的落地，解决当前资金价格定价问题，为实体经济解决投融资问题是当务之急。

### 4.3.3 金融基础设施建设薄弱，支付清算系统有待完善，协调监管机制尚未达成

金融基础设施的发展程度关系到金融稳定和金融效率，发达的金融基础设施将有效降低系统性金融风险、促进金融透明和金融稳定。自贸区作为国家金融改革的试验区，在金融改革先试先行的同时，也将面临比区外更集中的金融风险，因此自贸区的金融基础设施建设是自贸区金融稳定发展的重要前提。

目前，我国没有专门的跨境人民币支付清算系统，资本账户外汇管制的背景下本外币清算支付需求是通过三种模式来实现的。一是通过香港或澳门地区人民币业务清算行来结算和清算；二是通过境内的商业银行代理境外商业银行进行本外币结算清算；三是通过境外企业在境内商业银行开立的人民币结算账户来办理跨境结算和清算。而由于我国适应离岸资金运作的金融配套服务薄弱、业务限制过多，很多跨国物流和贸易公司即使进入保税区内运营，也仅局限在该区域内租赁仓库进行物流运作，其资金结算等金融服务）仍在新加坡、香港等其他金融市场进行。可见，在自贸区内建立完善的本外币清算和支付系统有着迫切的需求。

随着金融改革和金融创新步伐的加快，银行业、证券业、保险业、信托业之间的界限日益模糊，在当前分业经营、分业监管的模式下，各类业务的渗透以专业子公司的形式出现。在“一行三会”的监管架构下，如何加强协调机制，提高监管效率，是自贸区宏观审慎监管的重要内容。目前，自贸区尚未形成常态化的协调监管机制，央行、各专业监管机构以及地方政府之间尚未建立联合监管的信息共享平台，以提高监管效率。

另外，自贸区也需要大量的复合型人才，缺少具有金融、法律、物流、英语等多方面才能的人才。上海教育资源丰富，应加强与自贸区实际需求的对接，培养与自贸区及国际金融中心建设相契合的人才。同时，在加强本土人才培育的同时，应落实人才引进机制，以一定的优惠政策吸引海外优秀人才。

# 第5章
# 自贸区金融改革目标定位及路径选择

## 5.1 自贸区金融改革目标定位

根据第三章自贸区实体经济发展对金融服务的实际需求分析及第四章自贸区现有金融制度供给的分析，自贸区金融改革不仅是自贸试验区在金融服务领域“先试先行”，在“得天独厚”的环境下有效隔离风险的重要举措，从服务实体经济的基本原则来看，自贸区金融改革更是适应自贸区实体经济改革开放、促进贸易和投资便利化的需求。因此我们认为，自贸区金融改革的目标在于建立自由、高效、稳定、一体化的金融体系：发挥市场在资源配置中的决定性作用，形成稳定、有序、协调发展并与境内区外和境外市场有效联动的金融体系。其中，金融自由化是金融改革的手段，高效、稳定是金融自由化改革要达到的效果，金融一体化是金融开放和金融扩张的结果。

### 5.1.1 “自由”，即金融自由化

金融自由化是相对于金融抑制而言，金融自由化最初在20世纪70年代由美国经济学家麦金农（McKinnon）和肖（Shaw）共同提出。那么，金融自由化的本质是什么呢？西方学者在描述金融自由化或论述金融自由化观点时较少使用liberlization这个词，而通常使用deregulation，其含义是放松管制。事实上，金融自由化的提出，便是基于对发展中国家金融市场的系统研究，发现“金融抑制”现象普遍存在，认为以金融自由化改革解除金融抑制，实现金融深化（即一个国家通过金融自由化改革实现金融素质的提高、金融功能的增强），“金融深化的措施便是政府完全放弃管制，使其完全自由化”（麦金农，1973）。因此，金融自由化的本质即是放松金融管制：一是金融市场的自由化，放松或取消外汇管制，使得资本的输入和输出趋于自由；二是利率自由化，放松或取消银行存款与贷款的限制；三是金融业务的自由化，放松或取消银行业务与证券业务的交叉限制（卫红，2002）。

在理论上，金融自由化政策的理论基础是金融深化理论。罗纳德·麦金农（R. I. Mckinnon）和爱德华·肖（E. S. Shaw）深刻分析了发展中国家实行信贷管制、规定最高

利率、实行低利率存贷款政策、限制资本自由流动、设置金融行业进入壁垒等金融抑制政策的危害，严格论证了金融深化与储蓄、投资、就业及经济增长的正向关系，提出了包括解除各种金融管制、放开实际利率、放开金融市场等金融自由化措施在内的金融深化思想。

对于发达国家而言，金融自由化政策是加速资本在全球范围内的配置、加强对发展中国家经济领域和金融领域的渗透、主导世界经济发展的动力、加强在全球金融格局中影响力和支配能力的有效手段。从西方各国放松管制的进程与程度来看，归纳起来有几个共同点：一是宏观调控方式由利率转向货币供应总量；二是放松对金融资产价格的管制，放松了利率管制、汇率制度、佣金制度等；三是各类金融机构的业务范围相互渗透，银行和非银行机构之间的界限模糊化；四是各国相互开放资本市场，放宽各国资本流入流出限制及金融行业进入限制。除了自身实施金融自由化政策外，发达国家也以各种手段促使发展中国家实行金融开放政策，利益驱动明显。

对于发展中国家而言，在国家发展初期，经济水平低下，金融体系欠发达，资本也极为有限，为了集中资源发展优先产业，一般实施严格的金融抑制，如以固定汇率政策降低进口成本、补贴工业发展，以低利率政策降低资本价格、减轻工业发展的成本压力，以信贷配给管制将资本输送到需要优先发展的部门。当然，世界性金融自由化的浪潮也影响到发展中国家，发展中国家对金融体系开放的出发点在于“以市场换资金”，希望通过开放政策来吸引他国资本促进本国经济发展，而且金融自由化确实给发展中国家带来实质利好，利率和汇率政策的放松利于出口增长，外资金融机构的设立促进本国金融行业素质的提升和金融效率的提高。

### 5.1.2 “高效”，即高效的金融效率

在经济学中“效率”一词用来衡量在稀缺的资源约束下对资源进行分配和配置的优劣，并以“帕累托最优”描述资源分配达到的理想状态。因此这里用“金融效率”来衡量金融资源配置达到的状态，金融效率的帕累托最优配置是指包括政府、企业和个人在内的全社会所支配和使用的金融资源的配置趋向帕累托最优。

那么，“金融自由化”一定可以带来金融效率的提高么？金融自由化涉及金融商品及其价格、金融市场参与者的行为方式、金融市场运行等多方面。

**1. 利率市场化是金融自由化改革的重要内容**

从利率市场化角度看，第一，利率市场化促使资金供给方的市场行为，有助于其寻求最佳投资组合，实现利润目标最大化。利率市场化能够使金融产品的风险、流动性等属性直接反映在价格上，也使投资者对金融产品的风险与收益预期更为理性，引导金融资源的流通，提高资源配置效率。第二，利率市场化是资金需求者的市场行为，促进融资者改善融资组合，提高融资效率。利率管制的放松，一方面使利率准确反映市场资金供给情况，资金需求者可适时进行融资决策；另一方面也有助于消除金融资源分配过程中的不平等现象，使民营经济体和中小融资者自主决策融资需求。第三，利率市场化在促进投融资双方趋于均衡的同时，也通过利率的作用实现金融资源供求的一般均衡，促

进帕累托最优配置。

**2. 从对金融市场参与者行为方式角度**

第一，金融自由化改革使更多经济主体能够自主进入金融资源市场，在增加资金需求和供给、为市场提供流动性的同时，创造市场化的环境，鼓励更自由的竞争，提高金融资源的配置和使用的效率。第二，金融自由化为金融产品价格的形成提供了市场机制，金融产品结构趋于合理，金融产品价格趋于市场化，引导资金进行合理的流动。第三，金融自由化打破了传统信贷分配、信贷倾斜的不平等机制，市场在资源配置中占据主导地位，实现金融资源的有效分配和使用。第四，金融自由化有利于推进金融创新，挖掘资金的潜在需求，使金融需求与金融供给有效匹配。

**3. 从金融市场运行的角度**

金融市场通过影响金融中介机构的行为方式、金融过程的去行政化以及金融调控趋于市场化，来影响金融市场的运行及其效率。第一，金融自由化改革的内容包含了金融业务的自由化，随着金融机构牌照管制的放开、金融业务交叉自由化，行业竞争将愈加激烈，从而有助于金融机构提高风险管理水平、加强金融风险防范、减少金融资源的浪费，有助于金融机构提高服务质量、改善经营成本、降低交易费用，有助于推进金融机构的产品创新和服务创新、充分调动社会金融资源、挖掘资金需求。第二，金融自由化改革的本质为放松管制，逐步去行政化，减少政府在资源配置过程中的干预。政府干预的减少将使资金价格真实反映市场的资金供求状况，使投融资双方有效配置和使用资源，抑制非理性的资金需求和盲目的投资行为，提高资源配置效率。同时，政府干预的减少也将改善金融中介机构运行的环境，提高市场化竞争水平，实现高效的资源配置功能。第三，金融自由化改革也要求政府改变传统的计划调控的方式，以市场为主导，政府更多以法律手段来规范市场行为，这是帕累托实现的关键条件。

### 5.1.3 “稳定”，即金融稳定

根据前文对“金融”概念的界定，金融体系包括货币制度规范的货币流通、金融机构、金融市场、金融工具、金融制度和调控机制，从金融体系的组织结构入手，金融体系的稳定表现为以下五个方面：（1）货币流通速度是稳定的，对金融市场提供稳定的资金供给；（2）金融机构是稳定的，金融机构能够发挥金融功能；（3）金融市场是稳定的，金融交易是安全的，交易价格能够反映基本因素变化；（4）金融机构、金融市场、金融工具组成的体系是稳定的，个别市场或个别机构的风险可以有效控制以避免系统金融风险；（5）监管部门对于金融机构的运作和金融市场的运行具有强有力的监管能力。

“金融自由化”一定能带来“金融稳定”么？欲通过金融自由化改革创造一个自由、稳定的金融体系是众多国家推行金融自由化的良好愿景。但在现实发展过程中，金融自由化恰是在金融动荡中曲折推进的。许多自由主义经济学家并不认为金融自由化是引发金融危机的原因，认为这样的论断是缺乏证据的，恰恰他们认为金融抑制是金融危机发生的原因。如 Fry（1988）、Sundararajan 和 Balino（1990）通过对亚洲和拉丁美洲金融危机与金融自由化的关系进行研究，并认为：金融危机与金融自由化没有必然联系。但也

有学者认为，金融自由化会带来金融不稳定性问题，如 Demirguc－Kunt 和 Detragiache（1998）、Kamisky 和 Reinhart（1999）。世界银行发布的《1989 年世界发展报告》中考察了阿根廷、马来西亚、玻利维亚、智利、孟加拉国、泰国等发生金融危机的国家，发现这些国家或多或少进行了金融自由化改革。

因此，正如修建了高速公路能够改善交通运输状况，但同时也会引发交通事故频次的增加一样，金融自由化也的确会造成金融不稳定。因此，我们关注的焦点不在于以上问题的是与否，而是金融自由化改革对金融体系稳定性可能产生的负面影响。卫红（2002）的研究表明，金融自由化对金融稳定的影响主要体现在以下几个方面：第一，金融自由化对金融控制力形成冲击，其中金融控制力具体包括：（1）以国家财力为后盾的金融救助和终极贷款人机制，多数金融自由化改革失败的国家均是以削弱国家财政为代价；（2）财政政策和货币政策为核心的金融调控手段；（3）金融监管当局的审慎监管制度，金融自由化使资金配置结构和金融交易结构复杂化，增加审慎监管的难度。第二，金融自由化对结构协调性具有影响。具体表现在：（1）金融自由化可能带来金融体系的剧烈震荡，将破坏经济与金融的协调性，引起经济领域更大的混乱，并加重金融风险，形成恶性循环；（2）激进的金融自由化可能破坏金融体系内部结构的协调性，削弱整个金融体系的效率；（3）不合理的金融自由化并不能改变深层次的金融结构，可能会造成更低下的金融效率；（4）金融自由化在促进金融深化的同时也可能导致金融管理的异化，从而可能对金融稳定性形成冲击，如金融衍生品市场的发展使金融投机的能量空前放大。第三，金融自由化对资金配置结构产生影响。资金配置结构的失衡，是流动性危机的主要根源，且会发生结构性风险的连锁反应，使金融危机不断恶化。资金配置结构是极为脆弱的，原因在于：（1）资金配置结构是建立在风险与收益预期基础上，在信息不完备的情况下，预期通常非理性；（2）复杂的资金循环过程中，一旦某个环节断裂，极易出现金融风险不断传递的险恶局面；（3）信贷现象具有放射性，是不稳定的资金配置根源①。在金融自由化改革过程中，金融资产规模的迅速膨胀、政府担保下的过度借贷、外债规模的快速增长都极易造成资源配置结构的扭曲，成为金融稳定的潜在威胁。

#### 5.1.4 “一体化”，即金融一体化

“一体化”概念源于社会分工理论的深化，指在市场经济环境下各种要素资源能在地区之间无障碍流动。因此，金融一体化即是指经济主体之间或经济主体内部各区域间金融资本具有高度流动性，可不受限制进行金融资产交易活动，由此在不同市场上金融产品及金融工具的价格趋于一致，具有高度的替代性。金融一体化产生的最主要的效应之一，就是各经济体的金融市场、金融政策相互影响，逐步融合成一个整体。

对自贸区金融而言，其账户管理体系“分账管理，有限渗透”的特征即表明自贸区金融体系与中国境内区外存在差异。事实上在利率市场化、汇率市场化、外汇管制等多方面，自贸区定位于先试先行、风险隔离的金融改革试验田，并以“可复制、可推广”

① 索罗斯：《开放社会：改革全球资本主义》，商务印书馆 2001 年版，第 202—206 页。

的原则推广到全国范围内，因此在自贸区金融改革之初，自贸区金融与自贸区外在政策、市场、产品等方面必然存在分化现象，或者说两者存在互相补充的关系。而在自贸区金融改革逐步复制、推广至全国，区内、区外将实现资源共享、资本高效流动的一体化趋势，这也是自贸区作为金融改革试验田的初衷所在。

从与境外金融市场的发展关系看，金融自由化是全球从发达经济体到发展中经济体共同努力的方向，其中放松或取消外汇管制、让金融资本自由地流入流出，放宽对境外金融机构进入本国市场的限制、使金融业务自由化，都是金融自由化的重要内容。自贸区金融改革也以放松管制、自由化为手段，着重从利率市场化、汇率市场化、外汇管制等方面放松管制，便利经济贸易投资活动。因此，自贸区金融改革首先能实现的是与境外市场的联通，同时自贸区也是境内区外市场与境外市场联通的桥梁，通过自贸区窗口逐步促进资本的双向流动，促进我国一体化金融体系的形成。

## 5.2 自贸区金融改革基本原则

在确立了自贸区金融改革目标的基础上，要建立自由、高效、稳定、一体化的金融体系，须遵循以下四项原则：第一，服务实体经济、便利跨境投资贸易原则；第二，自由、开放原则，发挥市场在资源配置中的决定性作用；第三，金融改革风险可控原则；第四，金融改革成效可复制、可推广、可辐射原则。

### 5.2.1 坚持服务实体经济、便利跨境投资贸易原则

截至2014年6月底，自贸区累计新设企业10445家，以贸易类和服务类企业为主。正如第三部分的对自贸区实体经济发展于金融服务的需求分析，未来的自贸区实体经济发展方向包括提升产业能级的新兴产业、扩大服务贸易、金融实体化等，由此产生本外币的清算、支付、融资、投资、风险管理等需求。自由贸易试验区的金融改革正是以服务实体经济和促进投资贸易便利化为出发点，基于支持经济结构调整和转型升级，有序试点、可控进行，解放束缚生产力发展的因素，结合实际探索自贸区金融体制改革，为微观经济体创造良好的发展机制。

首先，该原则意味着自贸区金融改革不应成为“金融飞地”。自贸区金融改革不是以改革为口号，为了金融创新而推进创新，为了金融开放而大力开放。金融自由化改革的措施不是闭门造车，而是根据实体经济的实际需求因地制宜，金融改革的效果之一即是提高金融效率和金融功能，使金融对实体经济活动的配置效应更高。

其次，该原则意味着自贸区试验田不能为投机、寻租、逐利提供便利。自贸区金融仍以发展在岸金融为主，其产品或业务通常在境内已经有所发展，但自贸区内市场化程度更高、开放力度更大、行政管制更少。离岸金融不是自贸区金融发展的重点，与在岸金融相比，离岸金融脱离在岸经济的发展，以纯粹的金融服务、税收便利来吸引资金在

此地融通，以此繁荣市场、创造增加值。

### 5.2.2 坚持自由、开放原则，发挥市场在资源配置中的决定性作用

根据《中国人民银行关于金融支持中国（上海）自由贸易试验区建设的意见》，自贸区金融改革的主要内容包括以下几个方面：一是探索投融资汇兑便利化，推动资本项目可兑换进程，进一步扩大试验区对外开放，支持企业走出去；二是扩大人民币跨境使用，使区内企业和个人更加灵活使用本币进行跨境交易，降低汇兑成本，减少汇率风险；三是稳步推进利率市场化，加快改革进程，支持实体经济发展；四是深化外汇管理改革，进一步减少行政审批，逐步建立与之相适应的外汇管理体制。

首先，该原则要求坚持自由化、市场化，发挥市场在资源配置中的决定性作用。目前境内市场利率、汇率、资本项目均处于或多或少的管制中，对跨境投资、人民币的跨境使用、服务贸易的开展均产生诸多不便。自由化是自贸区金融改革的方向，也是适应上海建立国际金融中心发展目标的重要举措。自由化与市场化是统一的关系，“金融自由化”的本质即是放松管制，让市场在资源配置中发挥主导作用。

其次，去行政化，加快政府职能转变。加快转变政府职能，改革创新政府管理方式，按照国际化、法治化的要求，积极探索建立与国际高标准投资和贸易规则体系相适应的行政管理体系，推进政府管理由注重事先审批转为注重事中、事后监管。

### 5.2.3 坚持金融改革风险可控原则

如上文所说，关于金融自由化改革与金融稳定的关系尚无定论，防止金融不稳定、防范金融改革风险极为重要。

（1）有序推进试验区相关金融改革。坚持以“风险可控、稳步推进，适时有序组织试点”为原则，对于具体的各项改革，成熟一项、推进一项，一旦风险有所暴露，及时控制，有效处理，防止金融风险的连锁反应。

（2）在风险管理方面，积极探索创新管理模式。从宏观审慎角度，制定一系列的风险防范措施。通过分账核算管理的方式，企业开立自由贸易账户，服务试验区企业的金融机构设立试验区分账核算单元，满足区内主体更加广泛的涉外经济活动需求；中国人民银行与上海市政府及各金融监管部门加强监测分析，密切关注跨境异常资金的流动；制定风险评估体系，对区内机构实施分类管理；人民银行可根据形势判断，加强对试验区短期投机性资本流动的监管。

### 5.2.4 坚持金融改革经验可复制、可推广、可辐射原则

自贸区金融改革对全国金融的发展意义重大，可复制、可推广、可辐射是三种不同程度的示范效应。其中，“可复制”的是金融制度的创新及其相关金融监管的改革，包含了汇率、利率市场化、外汇管理制度改革、资本项目可兑换制度、人民币跨境使用机制等；“可推广”的是金融服务的创新，在自贸区内，金融机构和金融市场在产品、工具、管理方式等方面的创新经验可以推广到区外的机构及市场；“可辐射”的是一些与国际金

融中心建设相关的无法复制和无法推广的创新，但其具有辐射效应，如拟在自贸区建立的上海证券交易所的国际金融资产交易平台和黄金交易所的国际板，这类功能性平台没有必要在区外进行复制，但其功能可以辐射至区外乃至全球市场。

## 5.3 自贸区金融改革路径选择

基于自贸区金融改革“建立自由、高效、稳定、一体化的金融体系”的目标，从自贸区全面改革试验田的定位出发，自贸区金融改革的路径也将遵循从区域性改革到一体化变革、在区域上扩张的基本路线，即区域性金融改革—复制、推广、辐射区外—金融一体化，这是与自贸区全面改革的路径相统一的。

### 5.3.1 这是改革举措在区域上复制推广的路径过程

根据党的十八大精神，要处理好政府和市场的关系，更加尊重市场规律，更好发挥政府作用，全面深化经济体制改革；要实施创新驱动发展战略，推进经济结构战略性调整，推动城乡发展一体化，全面提高开放型经济水平，加快经济发展方式转变。自贸区作为全面改革试验田，其改革内涵丰富，包括但不限于加快政府职能转变、扩大投资领域的开放、推进贸易发展方式转变、深化金融领域的开放创新、完善法制领域的制度保障。可以说，自贸区改革试验田的建设，在总体上深入贯彻了党的十八大精神，顺应了全国经济转型和升级的要求，是新形势下推进改革开放的重大举措，为深化改革、扩大开放探索新的路径、积累新的经验。

具体来说，转变政府职能、改革创新政府管理方式是处理好政府与市场关系的重要体现。政府和市场是现代市场经济体系中相互关联的两个重要部分。政府的重要作用，一方面是在市场失灵时调节经济，以弥补市场功能的缺失；另一方面，积极完善和规范市场准入制度，建立有序的市场竞争体系，保障市场在资源配置中的决定性作用。我国在改革开放过程中采取的是渐进式的双轨制，由于初期资本的匮乏，一方面通过降低资金价格补贴缺乏自力更生的大型国企；另一方面鼓励符合比较优势的行业进行市场化竞争。因此政府这只“看得见的手”在历史的改革开放进程中发挥了极为重要的作用。经过30余年的发展，资本密集型产业已具有国际竞争力，政府对市场的过度干预反而使腐败滋生、贫富差距扩大。因此，当下提出政府职能转变、处理好政府与市场的关系，是社会主义市场经济持续发展的迫切需要。自贸试验区在政府管理方式上，将按照国际化、法治化的要求，积极探索建立与国际高标准投资和贸易规则体系相适应的行政管理体系，推进政府管理由注重事先审批转为注重事中、事后监管。这是极具实际意义的创新实践，将为全国经济金融改革带来示范作用。

在深化金融创新领域，自贸区的示范作用已发挥预期中的作用。2014年3月1日，上海自贸区放开300万美元以下小额外币存款利率上限。经过3个多月的试点，区内外币资金市场总体平稳，区内、区外未出现明显价差，外币存款也未大规模跨区搬家。由此2014年6月26日起，该改革举措试点范围扩大至全上海市，由于上海市外汇存款约占全国市场的1/7，而且现行外汇管理制度并不限制客户跨省开户，因此试点范围扩大将对外币资金市场产生重大影响。外币小额贷款利率上限的放开是自贸区在利率市场化改革中试验田作用的初体验。目前，自贸区已经出台扩大人民币跨境使用、外汇管理、跨境人民币支付业务等方面的细则，未来在利率市场化、汇率市场化、资本项目放开等诸多方面，自贸区的制度创新均可适时复制推广至全国。

### 5.3.2 这是改革效应在区域上扩张辐射的路径过程

除了制度创新的可复制、可推广，在区域上存在由自贸区向区域性、再向全国范围推及的过程，由此产生的金融效率的提高、资源配置效应的优化，以及一些不存在普及性但具有辐射效应的功能性创新，在传播路径上均产生由自贸区向外扩张的过程。

依然从小额外币存款利率上限的放开说起。利率市场化是使资金配置市场更有效发挥市场作用的改革举措，存款利率市场化可以有效吸收社会闲散资金，将闲散资金充分利用，发挥价值创造，为实体经济服务。自贸区小额外币存款利率上限的放开，增加了银行机构的自主定价权，根据市场资金需求来管理负债端的价格，资金价格的市场化也有利于资金供给者根据价格来决定资金的配置，提高金融效率。由此，银行的定价能力在试点过程中得以提升，并将这种管理能力推广至自贸区外；同时，自贸区利率的市场化也有可能导致资金的跨区流动，影响到区外资金的配置和使用。实际上，这种影响在试点范围扩大至全上海市银行机构后更为显著。一是因为上海拥有的外币存款数额更大，约占全国1/7的市场份额，存量余额约800亿美元，适用资金规模的扩大使得金融效率的提升更为显著；二是因为上海拥有更多的银行机构，定价能力和管理经验将得到进一步的推广和使用；三是现行外汇管理制度并不限制客户跨省开户，上海以外的外币资金有可能受到市场化利率的吸引，流向上海，由此可能倒逼其他地区外币存款利率的放开。

与上述可复制的制度创新不同，一些功能性创新虽然在区域上不存在普遍性，但其辐射效应也存在由自贸区向外传播的过程。以上海期货交易所在自贸区设立的国际能源交易中心来看，原油期货是未来极有可能在该平台首先出台的品种。自贸区为原油期货产品提供了开放、市场化、国际化的现货环境，同时自贸区拥有开放的金融环境，可以利用人民币跨境使用、外汇管理等诸多金融创新政策吸引境外投资者，而且基于上海发达的金融腹地和完善的法制环境，自贸区发展原油期货具有不可替代的优势。从自贸区国际原油期货交易平台的辐射效应来看，在设立初期是需要吸引境外投资者的加入，壮大市场规模，立足于亚太区域性的原油市场甚至全球原油市场，构建原油期货的交易平台，并实现原油等大宗商品期货的国际化。但是随着市场的不端发展，如果缺少境内投资者的参与，国际原油期货交易平台也就失去了它的另一个主要目标，因此原油期货市场的辐射效应也将延伸至国内原油市场，倒逼国内石油交易市场的改革，为境内石油期货市场发展提供基础。原油期货作为一个大品种，未来上市之后如果想交易活跃，除了开展套期保值的央企外，还应该有大量贸易商、加工企业等参与到原油期货的交易中来，唯有交易主体多元化，才能成为一个成熟的品种。所以，应适度开放其他企业的原油销售限制，鼓励其他企业开拓石油上游交易市场，发展上下游产业链，建立各自独立的石油生产、炼制和进出口体系。只有打破垄断，使其他石油企业进入石油市场，形成三大石油集团、石油消费企业、各级经销商、石油贸易企业以及期货交易所之间互相竞争的局面，才能不断壮大国内本土原油交易参与者。

### 5.3.3 这个路径并不是单向的，而是循环往复的

自贸区的改革试验将是全方位的。根据国务院设定的自贸区建设的总体方案，自贸区将“经过两至三年的改革试验，加快转变政府职能，积极推进服务业扩大开放和外商投资管理体制改革，大力发展总部经济和新型贸易业态，加快探索资本项目可兑换和金融服务业全面开放，探索建立货物状态分类监管模式，努力形成促进投资和创新的政策支持体系，着力培育国际化和法治化的营商环境，力争建设成为具有国际水准的投资贸易便利、货币兑换自由、监管高效便捷、法制环境规范的自由贸易试验区，为我国扩大开放和深化改革探索新思路和新途径，更好地为全国服务”。

自贸区在全国的示范作用并非一蹴而就的，对于具体改革条款，“成熟一项，推动一项”，因此改革时点不是连续的，但错落有致。目前，在金融改革方面，已推出利率市场化方面小额外币存款利率上限放开，人民币跨境使用方面扩大人民币跨境使用，外汇管理方面自由贸易账户启动等，各金融监管机构也分别推出支持自贸区金融改革的多方面规划文件，未来自贸区金融改革的力度将持续加大。

因此，面对全方面、多时点的改革，其复制、推广、辐射的方向和路径也并不是单一的，并不是说所有的改革试验在自贸区封闭体系内全面推出后，再向区域、全国推广。其一，各类改革试验在自贸区推出后，其在自贸区形成的效应以及对境内区外产生的影响是存在差异的，对于试验效果佳、风险效应可控的改革，其复制推广的时间差会缩短，反之则需要多方政策的完善和风险管理的加强，如在自贸区小额外币存款利率上限放开后不到4个月的时间内，上海地区开始复制该项改革，未实施在全国范围内的推广即是处于风险方面的考虑。其二，各类改革试验在境内区外推广的土壤、条件是各不相同的，对于在自贸区特殊的土壤环境下能够根植的改革措施，其在区外推广的条件不一定能够同时满足，取决于当前区外相关政策的市场化程度与改革的衔接力度。其三，各种改革政策的推出具有相互制约的关系，其在自贸区的试验即存在先后顺序关系，在区外的推广也同样存在这样的问题，比如我国利率市场化的推进基本遵循“先外币、后本币、先贷款、后存款，存款先大额长期、后小额短期”的原则，当前外币的利率市场化改革推行在先，本币的市场化改革措施仍需等待合适的时机。

## 5.4 金融功能观与金融改革体系

根据自贸区金融改革的目标定位及路径选择，我们认为，在自贸区建立初期（建立后两到三年的时间内），其金融改革的初步目标在于“构建改革创新和管理模式先行先试、总体风险可控的区域性金融体系”，即探索金融改革的新思路和新途径，根据坚持服务实体经济、便利跨境投资贸易原则，自由、开放原则，金融改革风险可控原则，改革经验可复制、可推广、可辐射原则，在金融创新和政府管理模式上先行先试，为构建“自由、高效、稳定、一体化”的金融体系做好铺垫。

### 5.4.1 金融功能观及金融功能的演进

默顿和博迪（Merton 和 Bodie，1995）于 1995 年提出“金融功能观”，认为金融功能比金融机构更稳定，机构的竞争与创新将引致金融实现各项功能效率的提高；而金融系统的基本功能是在不确定环境中进行资源的时间和空间配置，该基本功能可以细分为六种子功能：清算和结算功能、积聚资源和分割股份、在时间和空间中转移资源、风险管理、提供信息、处理激励问题。对于金融体系到底具有哪些功能，学术界仍持有争议。莱文（Levine，1997）认为金融体系的功能主要有：改善风险、信息获取与资源配置、监控经理与加强企业控制、动员储蓄、促进交易等；艾伦和盖尔（Allen 和 Gale，2001）认为分散风险、提供信息、监控企业是金融体系的主要功能。

白钦先是国内较早研究金融功能观的学者，在 2006 年白钦先和谭庆华（2006）的文章中，他们从金融功能演进的角度，对金融功能进行界定。他们认为金融功能具有客观性、稳定性、层次性和奇缺性四大特征，根据金融不同功能所处层次的不同，将金融功能划分为四个具有递进关系的层次：基础功能、核心功能、扩展功能和衍生功能，这个递进的层次也寓意了金融发展过程中金融功能演变和提升的过程。其中，基础功能包括服务和中介功能，即为社会经济活动提供兑换、交易、结算、管存等服务功能并进行简单资金融通、便利价值运动的中介功能；核心功能为资源配置功能，即通过金融体系的运行动员储蓄、选择项目进而达到资源配置的目的；扩展功能是经济调节和风险规避，这是金融功能在横向上的一种扩展；衍生功能包括风险交易、信息传递、公司治理、引导消费、区域协调、财富再分配。

从演进过程来看，中介功能可视为资源配置功能的萌芽状态，前者是便利价值运动，后者则是引导价值运动实现有效配置，是前者的主动化与复杂化。金融的扩展功能则是在基础功能和核心功能完善以后，金融功能的一种横向扩展。衍生功能则是在核心功能和扩展功能基础上的“衍生”，财富再分配、引导消费、区域协调均是宏观调节功能的体现，可理解为“经济调节”功能的衍生，风险交易、信息传递、公司治理可概括为风险管理功能，是“风险规避”功能的衍生，因此衍生功能是对扩展功能的复杂化和主动化，且衍生功能的实现依仗于 20 世纪七八十年代以来各种金融衍生工具的创新。

### 5.4.2 金融功能的演进与金融三大子体系

金融功能的演进呈现出从萌芽、简单到成型、复杂的过程。伴随着社会生产力的发展以及经济活动对于金融功能的需求，金融功能愈加丰富。根据白钦先和谭庆华（2006）的研究，金融功能的演进与金融体系的发展相适应，基础功能、主导功能（核心功能和扩展功能）、衍生功能需求的诞生分别对应于金融体系的萌芽时期、成型时期和复杂化时期（见图 5－1）。

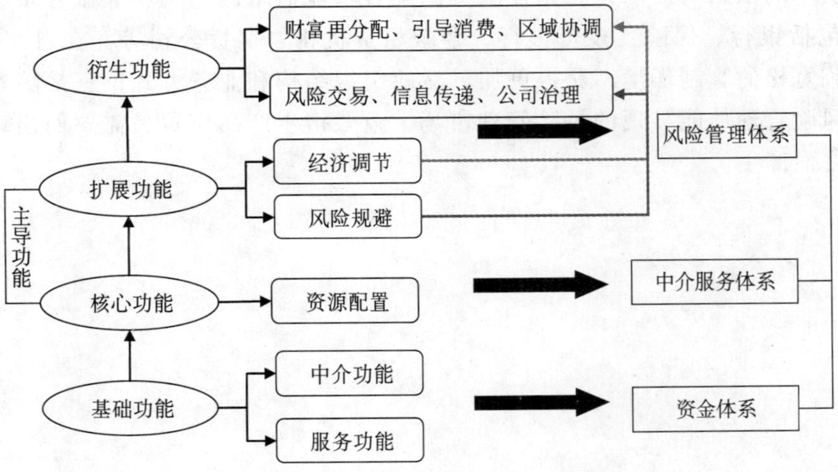


**图 5－1 金融功能的演进与金融三大体系构建**

金融体系萌芽时期，货币的产生成为金融功能演进的起点。交换是货币的产生，大大提升了经济社会的交易水平，并体现了金融的交易媒介、价值尺度等基本服务功能。除了交换，财富的剩余也产生了存储的需求，此时，通过简单的票据或者信用，把财富剩余在不同所有者之间进行转移，便是金融简单的中介功能。

金融体系成型时期，这个阶段生产力水平的提高对金融需求也日益丰富，金融体系从被动的中介功能逐渐转向主动的资源配置功能。人们的生活水平大大提高，财富剩余规模大大扩大，基础设施投资和工业投资开始加速，由此金融交易范围扩大。金融中介机构和金融要素市场随之发展，如投资银行、租赁公司、股票市场、债券市场等。金融体系的资源配置功能逐步显现：动员全社会的储蓄、聚集资金，并把资金投向高效率的项目上。金融体系在发挥配置功能的同时，市场失灵问题和不确定性问题突显，经济调节功能和风险规避功能正是金融功能的横向拓展，并解决以上两个问题。经济调节功能体现在：国家通过货币政策、通过对金融业的规范约束调节经济发展；风险规避功能体现在：金融活动通过将风险分散化达到风险规避的作用。

金融体系复杂化时期，金融在资源配置中逐步占据主导地位，资源配置效率受到关注，金融的衍生功能正是应这些需要而产生。一系列金融创新，包括金融衍生工具的产生和兴起，为风险厌恶者提供了保护，体现了主动的风险管理，也实现了资源配置的微观效应。同时，金融衍生工具也为风险偏好者提供了有力的投机工具，整个金融体系的系统性风险提升，威胁宏观经济的发展，因而金融的宏观调节功能也十分重要。随着经济发展，贫富差距、地区发展不平衡、经济动荡等问题逐步显现，金融的贫富再分配、引导消费、地区协调等衍生功能也会逐渐增强（见图5-1）。

从金融功能的演进及深化过程来看，我们认为金融体系由三大子体系构成，一是在金融体系萌芽时期——体现简单服务功能和资金功能，并在金融体系发展过程中不断复杂化的资金市场，该市场包括货币市场、外汇市场和资本市场，共同调节经济实体间对于货币、资本的供给与需求；二是伴随资源配置功能需求诞生的中介服务市场，中介机构的类型包括银行、保险、投资银行、金融租赁机构、期货公司等，在自贸区范围内，他们将面临宽松的管制环境，获得更加灵活的组织结构和业务方式；三是随着风险规避复杂化、风险管理功能显现的风险管理市场，金融衍生产品应贸易需要而出现，衍生品市场也随之而产生。

# 第6章 自贸区金融改革初期资金体系构建

资金市场主要由本币市场和外汇市场构成。其中，本币市场根据正在交易的索取权的到期期限分为货币市场和资本市场，前者是指短期信用市场（1年内），主要是政府、银行及企业发行的短期信用工具；长期债务市场和权益性证券市场被称为资本市场。外汇市场则是指经营外币及以外币计价的票据等有价证券买卖的市场。

资金价格是影响资金市场活跃程度及实体经济供求平衡的关键要素，利率和汇率这两个比率指标正是资金价格的表现形式。因此，利率市场化、汇率市场化和外汇管理是自贸区资金市场发展的核心内容。

## 6.1 自贸区利率市场化改革

中国（上海）自由贸易试验区利率市场化改革在稳步进行中。2013年底，央行发布了《关于金融支持中国（上海）自由贸易试验区建设的意见》（“央行30条”），其中关于“稳步推进利率市场化”提到“根据相关基础条件的成熟程度，推进试验区利率市场化体系建设”，“条件成熟时，放开区内一般账户小额外币存款利率上限”。之后，中国人民银行上海总部在2014年2月26日出台的《关于在中国（上海）自由贸易试验区放开小额外币存款利率上限的通知》中明确提出，“自2014年3月1日起放开试验区内小额外币存款利率上限”。目前自贸区内的利率市场化正逐步推进。

尽管对于小额外币存款利率已经完全放开，但其意义有限。央行对于境内区外外币利率管制，仅限于对一年期及以内的美元、日元、欧元、港币四种币种的小额外币存款利率设置上限；而实际上各家银行的存款利率远未达到过该上限，普遍在0.3%—0.8%。因此，这一措施尽管标志着自贸区外币利率市场化的完成，但实际作用有限。

关于本币存款利率市场化方面，“央行30条”也提及“在区内实现大额可转让存单发行的先行先试”，以及“完善区内居民自由贸易账户和非居民自由贸易账户本外币资金利率的市场化定价监测机制”。目前，央行已向各银行发布了《大额存单管理暂行办法》的征求意见稿，拟采用“SHIBOR加点”的方式确定大额存单的利率，预计2014年年底在自贸区开始试点。大额存单在二级市场的转让中，转让的利率将由当时的资金市场供求来决定，因此大额存单也被视为利率市场化进程中的过渡。通过大额可转让存单打破存款利率管制是第一步，未来自贸区内的人民币利率市场化可能走在全国范围的前面，作为试点地区先试先行。

### 6.1.1 中国利率市场化进程

我国的利率市场化发展主要分为两个阶段。第一阶段是改革开放后至1995年，这一阶段，我国多次进行利率水平、利率浮动和利率结构等方面的调整，为之后的正式改革积累了经验。第二阶段为1996年至今，这一阶段，我国遵循着“先外币、后本币、先贷款、后存款，存款先大额长期、后小额短期”的基本路径，有计划、有步骤、有成效地开展着渐进式的利率市场化改革。

**1. 初期探索阶段**

改革开放后，我国金融部门的市场化改革走在了实体经济之后，快速发展的非国有经济与相对落后的金融部门之间的矛盾阻碍了我国经济的进一步发展。为尽可能适应市场对利率弹性的需要，我国在改革开放后多次进行了利率水平、利率浮动和利率结构等方面的调整。

改革开放初期，为缓解改革之前利率结构不合理的状况，我国政府增设了新的存贷款利率种类，同时对专业银行贷款制定了差别利率。利率种类的丰富与扩充，使得银行存款大幅增加，并支持了大量优惠贷款的发放。但随着经济的进一步发展，这种利率结构也暴露了许多不合理的地方。例如，定期利率大大高于活期利率导致定期存款比重过大，贷款优惠利率过多导致银行收益降低。为了改善利率结构的不合理，我国在进入20世纪90年代后，对利率结构进行了一系列调整。例如，1993年我国取消了8年期的定期储蓄存款；1994年将13个行业基本建设贷款业务划归国家开发银行，缩小了优惠利率贷款的范围，取消了部分贷款的优惠利率。

除了利率结构的改革，国家也放开了特定利率的浮动范围。1982年，中国人民银行颁布了《国务院批转人民银行关于调整银行存款、贷款利率的报告的通知》，对依托投资公司办理贷款和投资的利率给予20%的自主浮动范围，从此开启了严格控制下的浮动利率机制建设过程。1983年，中国人民银行又颁布了《关于国营企业流动资金改由人民银行统一管理的报告》，报告规定了部分企业超额贷款的浮动利率。1986年1月，国务院发布的《中华人民共和国银行管理暂行条例》中赋予了专业银行一定的利率浮动权，并在此后两年里两次加大利率浮动权的下放力度。1989年初，利率浮动范围扩展到行业层面，对不同行业实行差别化的浮动利率，且利率既可以上浮也可以下浮。同年6月，中国人民银行颁发了《关于农村信用社存贷款利率浮动问题的通知》，规定农村信用社存款利率的上浮幅度最高限为70%，贷款利率的上浮幅度最高限为100%。

尽管在政府和中央银行的努力下，我国的利率市场化初期进行了利率结构和利率浮动的调整，在一定程度上推动了利率市场化制度的建立，但实际上大部分利率还是在严格的管制之下。一方面，国务院长期掌握着利率政策的调控权，中国人民银行难以完整履行其职能。另一方面，中国人民银行对利率浮动具有高度的控制权，基层银行只能按部就班执行。所以这一期的利率体制还比较僵化，利率管制仍然非常严格，利率政策的调节往往难以及时反映市场对资金的供求变化。

**2. 双轨制改革阶段**

为进一步发挥市场调配资金资源的基础作用，为经济发展提供公平的资金供给环境，我国于 1996 年开始了利率市场化的双轨制改革。一方面放松管制，推动金融机构自主定价，达成“贷款利率完全放开、存款利率管住上限”的改革目标；另一方面，完善市场利率体系，初步建立了以上海银行间同业拆借利率（Shanghai Interbank Offered Rate，简称 SHIBOR）为代表的短期基准利率和以国债收益率为代表的中长期基准利率体系。

（1）市场利率体系的建立。1996 年 6 月，中国人民银行放开了银行间同业拆借利率，允许当事双方协商决定拆借利率。银行间同业拆借利率的市场化标志着我国利率市场化改革正式开始。1997 年 6 月，我国银行间债券市场成立的同时，中国人民银行放开了银行间债券回购利率。1998 年 3 月，中国人民银行规定商业银行可以在再贴现利率的基础上，通过加点生成的方式制定不超过同期贷款利率的贴现利率和转贴现利率，结束了贴现利率与贷款利率挂钩的做法。贴现利率形成机制建立起来，从而实现了中国票据市场利率的市场化，再贴现率作为一项独立的货币政策工具的调整作用得以发挥。

为建立基于商业信用的短期基准利率，央行借鉴伦敦银行间同业拆借利率（London Interbank Offered Rate，简称 LIBOR）、东京银行间同业拆借利率（Tokyo Interbank Offered Rate，简称 TIBOR）等国际市场基准利率形成经验，2007 年 1 月 4 日，上海银行间拆借利率（SHIBOR）上线，成为中国短期基准利率。

（2）存贷款利率的市场化。存贷款利率中首先放开的是贷款利率的浮动。1996 年 5 月，央行允许贷款的浮动范围为 10%，农村信用社贷款的浮动范围为 40%，标志着人民币贷款利率市场化改革进程的开始。1998 年 11 月，央行将中小企业贷款利率的上浮空间调整为 20%，农村信用社贷款利率的上浮空间调整为 50%。1999 年 4 月，央行将县以下金融机构贷款利率的上浮幅度调整为 30%。1999 年 9 月，央行又将中小企业贷款利率的上浮幅度从 20% 提高到了 30%。继 1998—1999 年的 3 次连续性调整贷款利率浮动范围后，中国人民银行于 2003—2004 年间再次连续 3 次调整贷款利率浮动范围，此轮调整的力度逐渐加大，贷款利率的市场化进程有了显著提高。2003 年 8 月，央行将农村信用社的贷款利率浮动上限由 50% 上调到 100%。2004 年 1 月，央行对金融机构的贷款利率的浮动空间进一步释放，规定商业银行、城市信用社贷款利率浮动上限为基准利率的 170%，农村信用社贷款利率浮动上限为基准利率的 200%，以上各类贷款浮动下限均为基准利率的 0.9 倍。此外，央行对各项贷款的计息与结算方式进行了调整，并放开 5 年期以上贷款利率上限来支持贷款利率市场化改革的相关措施。同时，停止以企业所有制形式和规模来制定贷款利率浮动幅度，改为根据企业自身信用和风险水平确定贷款利率，这既有利于金融机构风险管理能力的提高，也起到了支持中小企业发展的作用。2004 年 10 月，央行宣布对除城乡信用社之外的金融机构贷款利率原则上取消上限限制，下限仍保持为基准利率的 0.9 倍。2013 年 7 月 19 日，央行下发《关于进一步推进利率市场化改革的通知》，全面放开金融机构贷款利率管制。对于贷款利率的一系列调整，说明中国人民银行正在循序渐进地稳步推行着利率市场化的改革，贷款利率的放开推动了金融机构独立定价能力和竞争意识的提升。

人民币存款利率的市场化改革从大额长期存款业务开始。1999 年 10 月，央行规定中资保险公司的 3000 万元以上且期限为 5 年期以上存款，其存款利率由当事双方协商制定。2002 年，社会保障基金会和省级社会保险经办机构被纳入到协议存款的存款人范畴，存款利率市场化的范围得到扩大。2003 年 11 月，央行允许商业银行和农村信用社的邮政储蓄开展协议存款办理业务，存款金额在 3000 万元以上，存款期限为 3 年以上的利率由双方协商制定。2004 年 1 月，再次扩大金融机构贷款利率浮动区间，上浮空间扩大至 1.7 倍，下浮空间保持 0.9 倍。2004 年 10 月，央行取消存款利率下限和贷款利率上限，这标志着存款利率市场化改革的大踏步推进。2012 年 6 月，央行将存款利率上浮区间调整至基准利率的 1.1 倍，贷款利率浮动下限调整至 0.8 倍，7 月份贷款利率浮动下限又调整至 0.7 倍。2013 年 7 月，全面放开金融机构贷款利率管制，取消贷款利率 0.7 倍的下限，并取消票据贴现利率管制，由金融机构自主决定。

境内外币利率市场化改革于 2000 年 9 月启动。对于外币贷款利率和大额外币（300 万美元及以上）存款利率，央行允许金融机构与客户共同协定该利率。尽管小额外币存款利率没有在同一时间放开，但央行曾一度将该利率的制定权交于中国银行业协会。在境内外币利率市场化改革开始的一年半后，即 2002 年 3 月，央行对中、外资金融机构的外币利率管理政策进行了统一化处理，使两者可以在公平的政策环境下开展外向业务。2003 年 7 月，央行放开商业银行对于部分外币的小额存款利率的管理，这部分外币种类有英镑、瑞士法郎和加拿大元。同年 11 月，中国人民银行再次放开部分外币小额存款利率的制定权，但仍保持对存款利率上限的管理，这部分外币种类有美元、日元、港币和欧元。2004 年 11 月，中国人民银行放开 1 年期以上小额外币存款利率。至此，除 300 万美元以下，一年期及以内的美元、日元、欧元、港币四个币种的小额外币存款利率上限仍受中国人民银行管理外，境内外币存贷款利率实现了几乎完全的市场化。

由此可见，我国利率市场化的目标已完成了大部分内容，接下来的关键问题体现在存款利率上限的管制领域。

### 6.1.2 自贸区全面放开存款利率时机尚未成熟

2014 年 3 月 11 日，央行行长周小川在记者会上首次明确了存款利率放开的时间表，“存款利率最后要放开，这应该也是利率市场化中最后一步，因为其他的很多利率都已经放开了，存款利率放开肯定是在计划之中。我个人认为，很可能在最近一两年就能够实现”。就目前情况看，存款利率的放开政策也会在近几年出台。

从国际成功经验看，放开存款利率管制是利率市场化改革进程中最为关键、风险最大的阶段，需要根据各项基础条件的成熟程度分步实施、有序推进。随着小额外币存款利率上限在自贸区的先行放开并推广到整个上海地区，自贸区作为先行放开存款利率上限的试验田的方案也被提出。但是总体来看，在自贸区内先行开放存款利率上限的时机不够成熟，而其做法也具有相当大的套利风险。

首先，自贸区内的金融机构尽管已经入驻，但是由于自由贸易账户在近期才开始在各大银行设立，金融机构在自贸区内并没有开展有效的交易，基于市场的利率定价机制并没有形成。此时放开存款利率上限并不能起到鼓励市场进行利率价格发现的作用，而且盲目实现利率全面放开会扰乱正常的市场定价机制。

其次，根据国际经验，利率市场化常常伴随着存贷款利率上升过程。目前，我国的存款利率长期处于管制状态，各银行的存款利率均低于市场均衡水平，各类互联网金融产品的崛起就是最好的例子。一旦放开存款利率上限的管制，存款利率将在资金供求力量推动下出现不同程度的上升。在我们研究的各国经验中，美、日、韩三国就在利率放开的初期出现了存贷款利率比较缓和的上升过程。例如，美国联邦基金利率在放松管制初期，从 1977 年初开始就不断上涨，到 1981 年 7 月 22 日达到历史最高水平的 22.36%，至今尚未超越；日本在利率市场化改革初期，存贷利率也经历了一个小幅度上升的过程（1987—1991 年）；韩国在利率完全放开之后，存贷款利率短期内出现了较为明显的上扬，分别从 1996 年的 7.5% 和 8.84% 上升到 1998 年的 13.28% 和 15.28%。一旦自贸区的存款利率上限先于境内放开，那么在我国境内一定会形成区内区外的利差，从而可能引起资金的套利活动紊乱国内的金融市场。

尽管在自由贸易区内先行放开存款利率上限的方案无法实现，但是随着大额可转让存单在自贸区的发行，自贸区可以作为利率发现机制形成的实验田发挥其先行先试的作用。所以，关于自由贸易区利率市场化问题，重点需要关注的是如何利用自贸区金融自由化的条件，形成市场利率的定价机制；以及利率全面放开以后可能出现的风险，如何防范这些风险。

### 6.1.3 发达国家利率市场化历程及经验教训

**1. 日本利率市场化历程及问题**

（1）日本利率市场化历程。日本在进行利率市场化的改革前刚刚经历了 20 年左右的高速增长，这为本国利率市场化改革提供了可靠的基础。而日本对利率及金融市场的严格管制造成了金融垄断现象的出现，许多处于垄断地位的金融机构效率低下，市场竞争力严重不足。金融体系的不健全和实体经济发展的要求相矛盾，使得日本政府决定进行金融改革。

1977 年 4 月，日本大藏省正式批准商业银行可以对持有的国债进行上市销售，而后又对国债发行利率的决策依据和中长期国债的发行方式作出了市场化调整，这标志着日本利率市场化改革的开始。1978 年 6 月，日本放开了同业拆借利率和票据发行、交易利率。1979 年日本允许商业银行发行市场利率的 CD，出现了首个利率市场化存款品种。1980 年，日本通过了新的《外汇及外贸管理法》，放松了对国内外资本流动的管制，原本受到严格管制的利率逐渐向国际市场靠拢。通过这一系列的改革措施，日本基本实现了大额交易品种利率的市场化。在 20 世纪 90 年代初，日本开始对普通存贷款利率进行改革。1991 年，日本放松贷款利率，而大额定期存款利率也开始市场化操作。1993 年，日本进一步放开小额定期存款利率和活期存款利率。截至 1994 年末，日本除支票存款外，存贷款利率完全放开，基本完成了利率市场化改革。

由此可见，日本利率市场化首先并没有放开存贷款利率来实现，而是不断引进带有市场化性质的新的存款和贷款品种来推进利率市场化。在货币市场上，日本首先增加了具有市场利率的CD，其后又增加新的国债品种，如贴现国债、中期国债、可变利率长期国债等。1987年创设了国内商业票据（CP）市场，从而使货币市场上的交易品种日益丰富。当市场上形成了具有一定指导意义的市场利率之后，才开始逐步放开存贷款利率。而存贷款利率的放开也是遵循着先长期后短期、先大额后小额的改革顺序，保证了金融市场的稳定发展。

（2）日本利率市场化产生的问题。利率市场化改革会使金融市场竞争加剧，原本在政府保护下的金融机构会在市场环境中面临国内外对手的竞争，适应能力较弱的银行和其他金融机构将被市场所淘汰。日本有大批中小银行在政府管制中获得优惠利率，放开利率管制以后，中小银行无法抵挡大银行的竞争，主要服务的中小企业客户被大银行吸引，近千家商业银行在20世纪80年代后期破产。

此外，20世纪80年代日本产生泡沫经济，日本的商业银行一方面进行大量的海外并购，另一方面将大量的贷款投放到由于泡沫经济产生高收益的房地产领域（见表6－1）。盲目的海外并购和高风险行业的贷款集中导致银行内部产生严重的经营风险。然而，日本商业银行在当时的风险管理水平相对滞后，无法有效评估和管理由于盲目扩张和放贷导致的经营风险。当泡沫经济破灭以后，商业银行的不良贷款和资本充足率低等问题纷纷暴露，银行的经常利润也严重缩水。银行为了改善自身的资本充足率低的问题，降低不良贷款数量，从泡沫经济时的大量放贷转向惜贷，从而也一定程度上妨碍了日本经济从金融危机中复苏的速度。由于利率市场化导致银行贷款大量流入高风险高收益领域，从而产生金融部门的运营高风险；这一连锁反应是日本利率市场化中产生的一大问题，也是我国在市场化进程中需要防范的风险之一。

**表6－1　　1980—2005年日本银行部门贷款余额的分行业分布情况**

| 年份 | 银行贷款余额总额 | | | | | | 银行贷款余额/GDP |
|---|---|---|---|---|---|---|---|
| | | 制造业 | 建筑、金融和房地产 | | | 住房 | |
| | | | 建筑 | 金融 | 房地产 | | |
| 1980 | 173.3 | 52.4 | 27.2 | 6.0 | 11.4 | 21.3 | 71.9 |
| | （100%） | （30.3%） | （15.7%） | 3.5% | （6.6%） | （12.3%） | |
| 1985 | 275.1 | 67.4 | 60.2 | 20.5 | 23.5 | 28.6 | 85.0 |
| | （100%） | （24.5%） | （21.9%） | （7.5%） | （8.6%） | （10.4%） | |
| 1990 | 408.8 | 61.5 | 114.7 | 45.4 | 48.5 | 65.3 | 92.9 |
| | （100%） | （15.0%） | （28.1%） | （11.1%） | （11.9%） | （16.0%） | |
| 1995 | 512.7 | 75.2 | 149.4 | 54.9 | 62.3 | 85.4 | 103.9 |
| | （100%） | （14.7%） | （29.1%） | （10.7%） | （12.1%） | （16.7%） | |

续表

| 年份 | 银行贷款余额总额 | | | | | | 银行贷款余额/GDP |
|---|---|---|---|---|---|---|---|
| | | 制造业 | 建筑、金融和房地产 | | | 住房 | |
| | | | 建筑 | 金融 | 房地产 | | |
| 2000 | 475.3 | 69.5 | 130.5 | 41.7 | 59.6 | 96.0 | 94.5 |
| | (100%) | (14.6%) | (27.5%) | (8.8%) | (12.5%) | (20.2%) | |
| 2005 | 398.9 | 48.1 | 104.7 | 34.8 | 53.2 | 109.9 | 79.5 |
| | (100%) | (12.1%) | (26.2%) | (8.7%) | (13.3%) | (27.5%) | |

数据来源：Mariko Fujii，Masahiro Kawai. Lesson from Japan’s Banking Crisis，1991—2005［R］. ADBI Working Paper Series，No. 222，June 2010.

**2. 韩国利率市场化历程及问题**

（1）韩国利率市场化历程。韩国的利率市场化改革分两个阶段进行。第一阶段开始于20世纪80年代。1981年，韩国放开商业票据贴现利率，标志着利率市场化改革的开始。1984年，韩国政府允许银行根据贷款种类不同在所限定的上限内制定利率，也根据不同存款的期限差异制定有区别性的存款利率。此外，银行间拆借利率和未担保企业债券发行利率也在同年实现了自由化。1986年，韩国放开了大额存单利率、有担保的企业债券利率和金融债券利率。1988年，除部分政策性贷款以外所有贷款利率全部放开，同时两年期以上的定期存款利率也实现市场化。至此，韩国利率市场化改革的第一阶段完成。

由于这次利率市场化改革进程过快，缺乏系统性设计，且相关调整并未配套实施，使得韩国市场利率急剧上升。为了抑制日益渐涨的物价水平和恢复经济发展，韩国政府不得不通过“指导”等措施重新对利率进行管制，此次利率市场化改革初试最终只能以失败告终。

在借鉴20世纪80年代利率市场化改革的经验教训基础上，1991年韩国政府出台了《对利率放宽管制的中长期计划》，再度宣布开启利率市场化改革。当年，韩国放开了货币市场和资本市场金融工具的利率，同时实现了3年期以上存款利率和两年期以上公司债券利率的市场化。1992—1993年间，韩国政府几乎放开了全部的贷款利率，并再次放开了两年及以上的定期存款利率，在公司债券利率调整方面也几乎做到了全部放开。1994年年末，一年期以上的存款利率得到放开，而可转让存单、大额回购协议和商业票据的期限也得到缩短。1995年，韩国央行再贴现支持的贷款利率和除活期存款利率以外的全部存款利率均放开。到1995年年末，韩国的贷款利率实现了完全放开，存款利率中有八成以上产品实施放开。1997年所有贷款利率和除活期存款以外的几乎所有存款利率都由金融机构自主决定，利率市场化改革最终完成。

（2）韩国利率市场化产生的问题。韩国在20世纪80年代进行的第一轮利率市场化改革，从1981年，商业票据贴现利率的放开；到1988年年底，贷款利率的几乎全部放开和两年期以上的定期存款利率的放开，历时7年。尽管也采取了循序渐进的改革步骤，但是相比于改革一次成功的日本和中国台湾来说，韩国对于普通存贷款利率的放开还是过早。过快的进程导致改革缺乏系统性设计，相关的配套制度并未及时跟进。而中央银行作为市场的调控者，在改革过程中，也没有充分发挥其管理作用。

此外，韩国的第一次利率市场化改革开始于经济周期的繁荣时期。国际国内经济形势良好，韩国经济增长速度曾连续以平均每年 10% 以上的增长速度发展，而国内物价水平的上涨幅度则大大低于经济发展速度。此时的经济环境有利于推动利率市场化改革。但随着这一阶段利率市场化改革的推进，韩国经济进入了周期性的下滑阶段，商品价格开始上升，市场不稳定情绪逐渐集聚。为了抑制日益渐涨的物价水平和恢复经济发展，韩国政府不得不再次对利率实行管制，利率自由化改革宣告失败。

利率市场化能够加强市场对于资金分配的调控作用，而银行作为最主要的金融中介，是调控作用发挥的媒介。一旦利率实现自由化，银行可以通过信贷分析手段对不同企业施以不同利率，进而调节资金在市场中的配置情况。然而，根据调查，在利率市场化改革期间，韩国银行依据客户信用发放贷款的比例却呈下降趋势，有抵押和担保的贷款比例则整体上升（如图 6－1 所示）。这说明韩国银行业信贷分析能力不足，这也是 1997 年金融危机韩国出现部分大公司债务比率超高现象和金融部门重组行为的原因。一个国家的金融机构自身能力不完善，就算实行了利率市场化也不能充分发挥市场对资金的调控作用，反而增加金融部门的不稳定性。

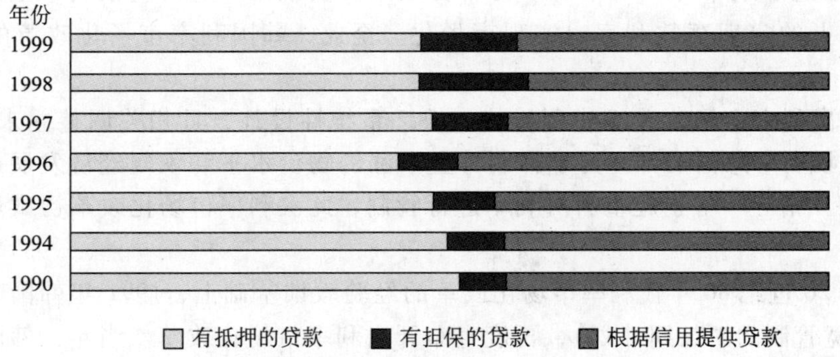


**图 6－1　20 世纪 90 年代韩国不同种类贷款分布比例**

数据来源：Heung－Mo Lee. 剖析韩国开放利率和资本账户的经验与教训［EB/OL］. 2002［2012—02—12］http://www.chinamoney.com.cn.

### 3. 美国利率市场化历程及经验

（1）美国利率市场化历程。20 世纪 30 年代大危机后，美国出台了《格拉斯—斯蒂格尔法》，该法的第 Q 项条款对商业银行的存贷款利率进行了严格的限制，从而使美国进入了利率管制时代。70 年代两次石油危机导致经济增长放缓、通胀加剧，市场利率水平超过了银行存款利率，Q 条例严重制约了经济的发展，造成了严重的“金融脱媒”现象。

1970 年 6 月，美联储放开了 10 万美元以上、3 个月以内短期大额存单利率，之后又实现了 90 天以上的大额存款利率市场化。1973 年，美联储取消了所有大额存单的利率管制，并放开了1 000万美元以上、期限5年以上的定期存款利率。1980年3月，美国颁布了《废止对存款机构管制与货币控制法》，正式开始利率市场化改革。1982年，美国通过了《加恩—圣杰曼吸收存款机构法》，详细规定了解除Q条例的步骤，利率市场化进程大大加速。之后，美国按照“先大额定期存款、再小额定期存款、最后储蓄存款”的顺序，逐步解除了对存款利率的管制。1986年，美国所有的存款利率和大部分贷款利率的限制均被取消，进而实现了利率水平的市场自由决定。

（2）美国利率市场化经验。美国的利率市场化是一种市场的倒逼行为，在利率市场化的过程中，市场也在逐步形成金融创新产品，可以说利率市场化与金融产品创新是相互促进、互为因果的。一方面，利率管制导致金融市场资金价格扭曲，银行只能利用金融创新工具吸引存款，从而形成了市场化的利率与政府管制利率之间的冲突，倒逼政府进行利率市场化改革；另一方面，在利率实现市场化过程中，金融价格波动加大，金融机构的风险需要利用新的金融产品进行管理控制。

早在利率市场化之前，1961年，花旗银行为了防止存款外流，发明设计了大额可转让定期存单，从而揭开了金融产品创新的帷幕。与此同时，政府证券交易商纽约贴现公司（Discount Corporation of New York）承诺为国内CDs开拓二级市场，以便于交易与流通。可转让大额存单作为联结自由市场利率和管制利率的破点工具，在交易中逐步形成了可作为参考的市场利率。1966年，花旗银行伦敦分行又开始在伦敦发行美元计价的存单，这种由美国银行海外分支机构或位于海外的国外银行所发行的美元计价大额存单被称为欧洲美元存单（Euro - dollar CDs），是一种可转让工具，通常支付固定利息。继可转让大额存单之后，美国银行界又陆续推出了一系列利率不受限制或市场交易的国库券利率挂钩的金融创新手段，如“狂卡”（Wildcard）存单（4年以上，无利率限制）、货币市场6个月存单（与同期国库券利率挂钩）、小额储蓄30天存单（与国库券挂钩）、7—31天和91天账户（与国库券挂钩）、货币市场存款账户、超级可转让存单（市场利率）等被陆续创造出来，这就极大地促进了市场利率在银行经营业务中的影响作用。

20世纪70年代初，9%的货币市场收益率远远高于被抑制的存款利率，华尔街的基金管理者将个人投资者的小额资金“集腋成裘”，投资到货币市场赚取高额收益，货币市场基金产品应运而生（见图6-2）。由于货币市场的风险低，收益高，作为以存款替代品身份出现的货币市场基金，一经问世就分流了大量的居民存款，还造成存量存款“搬家”，促使美联储实质性开启放松Q条例、推进存款利率市场化的进程。货币市场基金作为低风险、高流动的投资工具，经历了利率市场化进程中55%—318%的爆发期。作为美国当时市场最受欢迎的基金产品，货币市场基金带动了整个基金行业发展。

除了由于利率管制形成的倒逼式金融创新工具，在利率市场化的过程中，美国金融机构为了防范由于利率市场化而导致的利率波动风险，又发明了一系列金融创新工具。1975年，国民抵押协会（Government National Mortgage Association，简称GNMA，俗称吉利美）推出了第一张利率期货合约——住房抵押贷款期货合约。1976年，芝加哥国际货币市场（International Monetary Market，简称IMM）推出了91天期短期美国国债期货。此后，芝加哥期货交易所（Chicago Board of Trade，简称CBOT）于1977年推出了30年期长

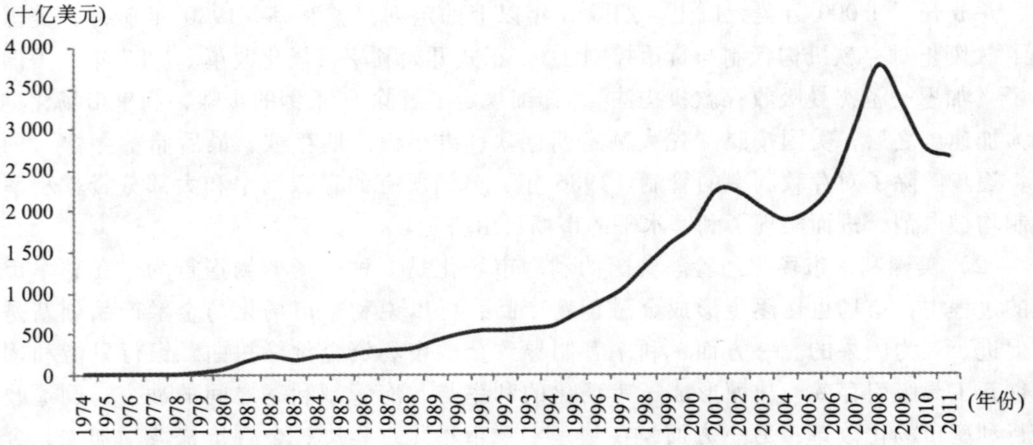


**图 6－2 美国货币市场基金资产规模（1974—2011 年）**

数据来源：美联储（Fed），Flow of Funds Accounts。

期美国国债与 90 天期商业票据期货；1979 年又推出 10 年期中期美国国债期货。1980 年与 1981 年，美元大额存单期货与欧洲美元期货也先后问世。1982 年，美国学生贷款营销协会（Student Loan Marketing Association，简称沙利美）将一笔固定利率债务的利息支付与以 3 个月期短期美国国债收益率为基础的浮动利息进行交换，从其开启了利率互换的序幕。此后，利率互换迅猛增长，逐渐超越货币互换，成了交易规模最大的互换产品。

### 6.1.4 自贸区利率市场化政策建议

**1. 在自贸区引入更多金融创新产品以形成利率发现机制**

自贸区在创立之初就定位于金融改革试验田，在央行《关于金融支持中国（上海）自由贸易试验区建设的意见》（即“央行 30 条”）中也提到了“稳步推进利率市场化”，提到“根据相关基础条件的成熟程度，推进试验区利率市场化体系建设”。建设利率市场化体系就需要引入不受利率管制的新的金融创新产品，让这些产品在交易中形成利率的市场化定价机制。在利率市场化过程中，这种增量改革式的利率市场化方案可以部分降低市场冲击，也可以激发银行的创新能力。

美国就是一个成功利用金融创新产品发现市场利率的例子。在美国，起到主导作用的金融产品是可转让存单和货币市场基金。根据我国的情况，大额可转让存单的试发行正有条不紊地进行着，而货币市场基金也因为互联网金融的出现被大家所熟知。

就目前流传的消息来看，先行的大额可转让存单“协议约定保本保收益，50 万或者 100 万元起售，利率突破存款基准利率上浮 10% 的限制，1 年期最高可达 4.1%—4.2%”。虽然这是我国在利率市场化上迈出的一大步，但是相较于美国可转让存单的发展历史来看，我国应该发展更多类型的大额可转让存单，例如不同金额，不同期限。此外，作为可以利用自由贸易账户吸引离岸人民币资金的自贸区内金融机构来说，应该根据国际市场制定适合海外投资者的大额可转让存单产品。最后，作为大额可转让存单先行先试的自贸区，应该为大额可转让存单提供一个二级流通交易的市场，只有存单可以自由交易、自由流通才能称得上是真正的“可转让”。

2003年10月，我国的第一只货币市场基金产品“景顺长城货币”成立，开启了我国货币市场基金的先河。但是货币市场基金真正被人们所关注还要得益于“余额宝”等一系列互联网金融理财产品。截至2013年第四季度末，我国共有货币市场基金产品153只，资产净值8 832亿元，占基金产品总规模的30%。值得注意的是仅成立8个月的“余额宝”一只产品就约占中国货币市场基金总规模的40%，达到4 000亿元。所以，我国货币基金虽然发展已有时日，但是迅猛的成长期还是主要由于互联网金融产品的带动。

在自贸区设立货币市场基金与区外境内的货币市场基金具有不同的意义。目前境内的货币市场基金主要以个人投资资金为主，而参考国外经验，企业现金管理需求是未来货币市场基金发展的另一巨大市场。自贸区的金融改革定位于优先服务贸易企业，所以在自贸区应该因地制宜，发展服务于贸易企业现金管理需求的货币市场基金。此外，由于存款利率上限的管制，我国存款利率相较于海外离岸人民币市场的存款利率还处于较低水平，自贸区内的金融机构没有吸引海外离岸人民币资金的优势，大力发展适合海外投资者的货币市场基金有利于增强自贸区内金融机构的吸引力。

**2. 在自贸区率先建立存款保险制度，防范中小型金融机构破产风险**

中国银监会在2013年9月29日出台的《关于中国（上海）自由贸易试验区银行业监管有关问题的通知》中，提到以下三点：(1) 支持中资银行入区发展；(2) 支持外资银行入区经营；(3) 支持民间资本进入区内银行业。自贸区作为金融改革的试验田，未来一定会有各种形式的中小型金融机构在自贸区设立。

日本的经验告知我们，利率市场化以后，中小型银行将无法抵挡大银行的竞争，其生存空间会被严重挤压。实际上，一刀切的利率管制在一定程度上保护了定价能力和风险管理能力较弱的金融机构。一方面，中小型企业相对于大型国有银行或者外资银行来说，信用程度较差，为了吸引客户，就需要以比同业更高的存款利率和更低的贷款利率运营，最终导致成本上升，收益减少。另一方面，由于资金来源的成本高，中小型金融机构更倾向于将贷款投放给可以支付高额贷款利息的高风险企业，由此导致不良贷款率上升。

对于监管宽松、提倡创新的自贸区，区内会成立比境内区外更多的中小型合资银行甚至民营银行，这些银行会具备中小型金融机构的特点。未来一旦利率在全国范围内实现完全的市场化，区内的金融机构破产风险将要比区外更加严峻。所以，率先在自贸区内建立基于在区内设立的金融机构的存款保险制度有利于防范未来可能出现的金融风险，同时也可为境内区外的存款保险制度提供宝贵的经验。

**3. 加强自贸区内金融机构的信贷分析能力和风险管理能力**

金融机构是利率市场化的参与主体，是改革能否成功的微观基础。就目前我国主要的商业银行来看，由于利率长时间处于管制阶段，银行主要的放贷对象也限于国有大中型企业，商业银行对于信贷的分析能力建设不够。从韩国的经验来看，利率市场化是为了推动市场调控资金配置的力量，如果执行这一职能的金融机构并不具备根据不同企业的信贷水平制定不同利率的能力，那么利率的市场化只能成为银行之间的恶性竞争，而不能真正发挥市场的调控作用。

此外，目前我国的商业银行不良贷款比重较大，大量的贷款集中于房地产等高风险的行业，这说明我国的商业银行对于风险的防范能力不足。就日本的历史经验来看，一旦利率实现市场化，由于资金来源的成本上升，商业银行会更加倾向于将贷款投放给具有高风险的行业，一旦国家经济增速有所下降，商业银行的不良贷款和资本充足率低等问题就会纷纷暴露。

自贸区作为我国金融改革的试验田，区内的金融机构与海外金融机构的交易更加便捷，吸取海外机构丰富管理经验的途径更多，所以自贸区内的金融机构应该率先有意识地培养自身的信贷分析能力和风险管理能力。

**4. 发展商业银行的利率风险管理工具**

目前，由于我国最主要的存款利率上限还在管制当中，而已放开管制的贷款利率也没有太大浮动，商业银行主要的利率风险管理方法有缺口管理、持续期分析以及 VAR 模型分析等。但是，随着利率实现全面市场化，利率的波动将会加剧，作为利率风险的主要承担者，银行需要积极开发金融创新产品，以分散经营过程中聚集的利率风险。从美国的经验可能看出，主要的利率风险管理工具有远期利率协议、利率期货、利率互换、利率期权等业务。

2007 年 10 月 8 日，中国人民银行颁布了《远期利率协议业务管理规定》，正式为商业银行提供了远期利率协议这类有效的利率风险规避工具。利用远期利率协议，商业银行可以通过对于未来利率水平的准确判断来抵消自身由于利率波动导致的损失。但是远期利率协议发展至今，其市场参与度一直不高。作为远期利率协议的标准化合约，利率期货合约在我国并没有出现。未来，当存款利率上限这一最后管制放开以后，我国的利率波动将会加剧，利率期货合约将会引来它的市场需求。自贸区内的金融机构可以通过自由贸易账户和海外金融机构之间进行资金流通和交易，对于利率期货合约和远期协议的需求要先于境内区外的金融机构，所以在自贸区内率先设立相关产品一方面能够满足金融机构对于日益增长的海外交易管理风险的需求；另一方面又能为未来利率市场化后境内风险管理提供经验。

2006 年 2 月 9 日，中国人民银行颁布了《央行关于开展人民币利率互换交易试点事宜的通知》，谨慎推行利率互换。发展至今，我国利率互换主要限于金融机构，未来在自贸区内的金融机构需要开发更利于海外金融机构、海外企业和区内贸易企业的互换合约。而利率期权作为另一项风险管理的金融衍生工具，主要是与利率变化相挂钩，到期时以现金或者利率相关合约进行结算。目前，我国并没有进行利率期权方面的交易，但是在香港的离岸金融市场，以人民币计价的利率、汇率期权产品等已开展交易。未来自贸区可以利用离岸人民币进行利率期权交易的先行先试。

## 6.2 自贸区汇率市场化改革

汇率是开放经济体货币价格的表现，汇率价格的变化直接关系到一国进出口状况、物价稳定、资本的流动性等。汇率市场化改革是自贸区金融改革的重要内容，国务院印发的自贸区总体方案中明确了："在试验区内实现金融机构资产方价格实行市场化定价，探索面向国际的外汇管理改革试点，建立与自由贸易试验区相适应的外汇管理体制。""央行30条"指出，自贸区将"着力推进人民币跨境使用，稳步推进利率市场化，深化外汇管理改革"。因此，汇率和利率的市场化试点改革均是自贸区金融改革的内容。

### 6.2.1 中国汇率市场化发展进程

**1. 行政管制汇率制度**

1949年新中国成立以来，我国经济体制经历了从计划经济到社会主义市场经济的变革，其中从1949年到1980年，经济处于高度统一计划管理时期，在这段时间内汇率也处于高度的行政管制中。在这30年初期，我国实行爬行盯住汇率制度，汇率稳定在1美元兑换2.46元人民币；其间出于调节对外贸易的目的，汇率也经历了不断变化的过程；后因计划编制需要恢复到固定汇率，从1953年到1973年，一直实行盯住美元的盯住汇率制。1973年，布雷顿森林体系解体，发达国家开始实行浮动汇率制度，从1973年到1980年，人民币汇率采取盯住"一篮子货币"的做法。

**2. 双轨汇率制度**

这一阶段从1981年持续到1993年。从1981—1984年，为支持外贸经济的发展，国家实行双重汇率制，既存在官方汇率作为非贸易外汇结算价，又存在对外贸易内部结算价。1985年，国内取消对外贸易结算价，重新开始实行单一汇率，当时汇率为1美元兑2.8元人民币，然而在接下来的几年，人民币多次贬值，国内物价大涨，于是各地陆续开始实行外汇调剂制度，形成官方价格与外汇调剂市场价格并存的双轨价格。外汇调剂市场的形成，主要是由于国家逐步提高购汇牌价，提出"外汇留成"制度，即允许创汇企业留下一定比例（20%）的外汇自用，这部分外汇不一定卖给官方，而是根据价格高低，自愿到外汇调剂中心进行交易。由此外汇调剂市场逐渐壮大，到1993年，国内全部外汇仅20%来自官方，80%来自于外汇调剂中心

**3. 单一的有管理的浮动汇率制度**

这一阶段从1994年到2005年7月。1994年，我国开始实行以外汇市场供求为基础、单一的、有管理的浮动汇率制度，实现汇率并轨，使得人民币逐渐从官方定价向市场化定价过度。1994年，我国开始实行强制结售汇制度，除国家规定的外汇账户外，企业和个人必须将多余的外汇按照外汇指定银行的买入价卖给银行，同时外汇指定银行必须把高于国家外汇管理局头寸外的外汇在银行间外汇市场上卖出；央行作为银行间市场最大

的买入者，积累国家的外汇储备，同时放出人民币。我国外汇交易中心同样在1994年成立，经过央行和外汇管理局批准的商业银行与金融组织能够进入市场进行交易，由于强制结售汇制度的存在，外汇交易中心交易的也只是银行间的小额拆借。

**4. 参考一篮子货币的、有管理的浮动汇率制度**

2005年7月21日人民银行正式启动我国汇率市场化改革，建立以市场供求为基础的、参考一篮子货币的、有管理的浮动汇率制度，并延续至今。央行规定，下一个工作日某种货币对人民币交易的中间价为前一个工作日闭市后当日银行间外汇市场美元等交易货币兑人民币汇率的收盘价，且每日银行间外汇市场美元兑人民币的交易价在人民银行公布的中间价上下0.3%范围内进行浮动，非美元兑换人民币的交易价在人民银行公布的中间价上下0.15范围内浮动。同年，银行间外汇市场也正式推出外币买卖业务，但央行对外币买卖额度作出限制。汇改当天，长期固定的人民币汇率1美元兑换8.2765元人民币调整至1美元兑换8.11元人民币，人民币升值约2%。

在其后近十年的时间内，该制度一直延续，但汇率浮动范围持续扩大。2005年9月23日，银行间即期外汇市场非美元货币对人民币交易价的浮动幅度从1.5%上调至3%；2007年，美元对人民币交易价的浮动范围从0.3%扩大到0.5%。2012年4月，银行间即期外汇市场美元对人民币浮动范围由0.5%扩大到1%，外汇指定银行为客户提供当日美元最高现汇卖出价与最低现汇买入价之差不得超过当日汇率中间价的幅度由1%扩大到2%；同时，国家外汇管理局表示，自1994年开始实施的强制结售汇制度退出历史舞台，企业和个人可以自主保留外汇收入。2014年3月17日，银行间即期外汇市场人民币兑美元交易价浮动幅度由1%扩大至2%。

由以上可见，当前我国的人民币汇率形成机制是以结售汇制度和外汇结算周转头寸限额管理为基础，由外汇指定银行间外汇市场上形成外汇的供求，决定人民币对美元、欧元、日元、港币的汇率，并依据国际外汇市场行情套算其他货币的汇率。

**5. 汇改的成效及问题所在**

总的来说，十年来的汇率市场化改革成效显著。首先，汇率实现了双向波动并向均衡水平调整。自2005年汇率改革以来，人民币对美元升值超过30%；在过去的两年来，人民币远期升贴水基本由利差决定，升值与贬值阶段性交替，汇率呈现双向浮动，且波动幅度较大，这些均表明人民币汇率趋于均衡水平。其次，外汇基础设施逐步完善。目前，外汇交易类型已从单一的即期交易发展至包含即期、远期、掉期等；交易品种已从人民币外汇交易拓展至外币交易；交易机制上已在竞价方式基础上引入了做市商制度。

然而，人民币汇率的市场化程度仍然不高，汇率改革尚未完成。第一，过于强调汇率稳定，造成货币政策的被动性。汇率稳定是货币政策的重要目标，在过去几年里国家外汇储备迅速增长，央行被动投放基础货币，从而影响货币供应量及物价的稳定。第二，汇率稳定目标也抑制了汇率浮动的灵敏度。在国际货币基金组织中，当前有管理的汇率浮动制度可归类为中间汇率、爬行汇率或者盯住汇率制度。这类制度可以避免金融危机对汇率造成的冲击，但同时也抑制了汇率浮动的灵敏度，汇率不能快速对基本面的变化进行有效反应。如2012年10月以来，人民币开始出现明显的升值预期，盘中交易价格单向升值，但是人民币汇率的中间价基本保持稳定，直到2013年3月，市场才开始释放升值压力，汇率调整之后于形势变化。第三，资本项目下结售汇限制使得外汇供求易失衡。目前经常项目已基本实现意愿结售汇，由于我国资本项目限制较严、资本项目结售汇限制较多，因此外汇市场仅能反映经常项目供求关系，对于资本项目下外汇供求关系反应欠缺，这样的供求关系不够稳定，易造成市场失衡。

### 6.2.2 日本汇率改革教训

日本汇率制度的变革大体上分为三个阶段：1973年之前为固定汇率制度；1971年8月15日美国停止以美元兑换黄金，1973年布雷顿森林体系崩溃，由此日本开始实施有管理的浮动汇率制度，“有管理”主要体现为资本项目尚未完全放开；1980年日本修正外汇管理法，国内外证券投资原则上可以自由进行，资本自由化进一步深化，1990年日本实现自由浮动汇率制度。不难看出，日本汇率改革与资本项目开放等金融改革之间的关系十分重要，这不仅影响到汇率改革的效果，而且严重关系到国家经济的稳定。

**1. 日本汇率改革与利率改革、资本项目开放**

利率改革路径。日本的利率市场化改革是在实现浮动汇率制度以后才开始。在利率市场化之前，日本通过不断引进带有市场化性质的存款和贷款品种，实现了大额交易品种利率的自由化。直到20世纪90年代初，日本才开始对普通存贷款利率进行改革，1991年放松贷款利率，1993年进一步放开小额定期存款利率和活期存款利率，1994年末除支票存款外，存贷款利率完全放开。可见，日本存贷款利率的放开也是遵循着先长期后短期、先大额后小额的改革顺序，保证了金融市场的稳定发展。

资本项目开放历程。日本资本项目开放主要集中在1960年到1980年这段时间，这同样也是汇率制度由固定汇率制度改革为有管理的浮动汇率制度的阶段。从1967—1976年，先后出台了五个开放方案，逐步取消了外商直接投资的行业限制；1970年开放非居民发行日元计价的外国外债的管制，放松证券投资基金投资于主要外国证券所上市的股票的管制；1971年7月允许保险公司和一般投资者进行对外证券投资；1972年将被投资标的从股票扩大到所有的外国证券；1974年允许非居民投资政府短期债券；1980年国内外证券投资原则上才可以自由进行。当然在浮动汇率制度实施以后，资本项目开放继续推进，1987年日本政府进一步批准307家银行、证券公司、保险公司、投资信托公司等参与海外金融期货交易；1988年日本颁布实施了《金融期货交易法》和《证券交易修正法》，允许一般居民参加海外金融期货交易。

三者关系。由以上时间点不难看出，日本经常项目开放在固定汇率制度阶段就完成了，资本项目开放在固定汇率制度时期开始，但经历时间较长；利率市场化改革在自由浮动汇率制度实施后开展。具体来说：①在实现自由浮动汇率制度以后，日本仍保持了一段时间的资本项目管制，其后逐步放开资本项目管制直到最终完全开放。即在资本管制期间放宽汇率波动的浮动，在汇率自由浮动后逐步开放资本项目管制。②在汇率制度演变过程中，日本采取各种措施来缓冲国际环境对国内市场的冲击，其中，采用得最为频繁、也比较有效的手段是自由日元账户和日元兑换限制，另外的限制还包括跨国投资、借债和贸易预付款、旅游换汇等。

**2. 日本汇率改革效果及教训**

汇率制度改革对日本的对外贸易起到正向推动作用。由图 6－3 可见，1980 年日本《外汇管理法》修正之后，日本经常项目顺差额逐渐增大，从 1980 年的逆差发展至 1986 年 858.8 亿美元的顺差；1990 年日本实现自由浮动汇率制度以后，日本经常项目顺差趋势明显，顺差规模迅速扩张，1990 年顺差值为 440.8 亿美元，到 2007 年该值已达到 2 116.8 亿美元。

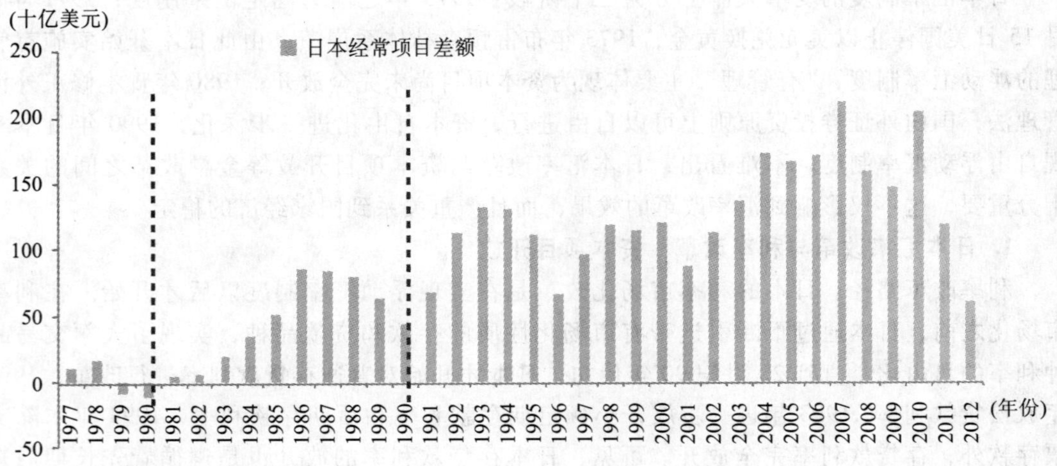


**图 6－3　汇率制度改革后日本对外贸易效果**

数据来源：世界银行。

图 6－4 说明实现自由浮动汇率制度改革以后，日本经济大幅下滑，这表明日本汇率制度改革的效果并不理想。在 1972 年左右，日本采取扩张性的财政政策和宽松的货币政策，造成严重的通货膨胀及资本泡沫；1973 年实施有管理的浮动利率制度后，日元升值，国际竞争力的下降导致经济泡沫破灭，由此日本进入经济的衰退期。在其后 15 年内，日元持续升值，为缓解日元升值对本国商品造成的竞争劣势，日本再次实施宽松的货币政策，国内经济严重过热。1987 年美国股灾，日本也没有收缩货币政策，反而对房地产业和建筑业持续大幅放贷，到 1989 年日本经济泡沫已然形成。1990 年自由浮动汇率制度实现，同年，日本央行降息，经济泡沫破灭，日本经济再度下滑。

在日本的两次汇率制度改革中，“汇率制度改革—日元升值—宽松的货币政策/扩张的财政政策—经济泡沫膨胀—经济泡沫破灭—经济衰退”这一模式反复出现。在 1973 年和 1987 年两次日元升值过程中，日本经济发展迅速，日元升值也是不可避免的结果，然而日本政府为保持本国的国际竞争力，坚决维护日本汇率水平，由此采取宽松的货币政策及扩张的财政政策，最终导致经济泡沫的膨胀及破灭，日本经济持续衰退。这一教训值得我们借鉴。

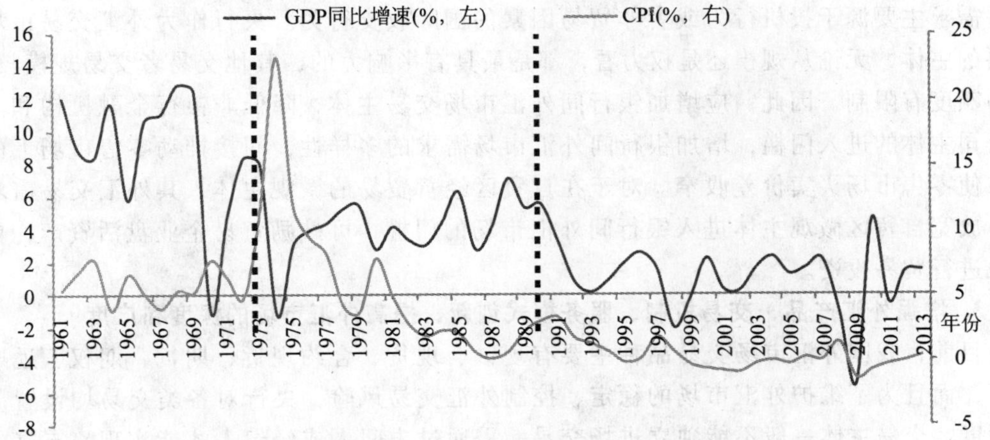


图 6-4 汇率制度改革日本国内经济效果

数据来源：世界银行。

### 6.2.4 自贸区汇率市场化改革建议

汇率制度的改革不是完全独立的，一方面需要其他制度的配合，一方面汇率是重要的经济变量，其形成机制的变革也会对国家经济金融环境产生影响。因此，自贸区汇率形成机制改革的先试先行也需要与其他金融改革措施协调推进。

**1. 自贸区可改革汇率浮动幅度管理**

目前，在银行间即期外汇市场，人民币兑美元交易价浮动幅度为 2%，非美元货币对人民币交易价的浮动幅度为 3%。针对汇率稳定目标抑制了汇率浮动灵敏度的问题，可以在自贸区试验田内取消非美元货币的日波动幅度，只保留人民币兑美元 2% 的浮动幅度限制，并适时扩大人民币兑美元的浮动限制。另外，在银行零售市场，外汇指定银行为客户提供当日美元最高现汇卖出价与最低现汇买入价之差不得超过当日汇率中间价的幅度为 3%，这是为了防止银行利用自身优势无限制扩大买卖价差，但同时也造成外汇市场价格灵敏度的缺失，因为央行对中间价界定为“下一个工作日某种货币对人民币交易的中间价为前一个工作日闭市后当日银行间外汇市场美元等交易货币兑人民币汇率的收盘价”，该中间价使得差幅管理的作用减弱，差幅管理的中间价可以以银行前一工作日闭市后买入价和卖出价为基础而形成，增加市场定价的有效性。

**2. 降低自贸区企业进入银行间外汇市场的准入门槛，增加外汇市场交易主体**

目前，我国外汇市场的交易主体主要包括央行、商业银行、非金融公司主体、外汇经纪人、证券投资者及其他外汇供求者。其中，央行一方面为政府和国有企业进行外汇交易，一方面作为管理者干预外汇买卖；商业银行或为自营账户进行交易，或为客户进行外汇交易；非金融公司主体的外汇交易需求来源于进出口贸易的支付和兑付需求，以及对外直接投资需求；外汇经纪人是介绍客户进行外汇交易的中介人，靠收取外汇买卖点差和手续费获得收入；证券投资者因对外证券投资需求而产生兑付需求；其他的外汇交易需求主要源于投机行为或者非贸易因素的国际收支行为。央行作为外汇交易市场最重要的主体，无论从规模还是权力看，都是最具有影响力的，其他交易者交易规模较小，交易额度有限制。因此，应增加银行间外汇市场交易主体，降低非银行金融机构和非金融公司主体的进入门槛，增加银行间外汇市场需求的多样性，间接推动零售市场上的竞争，使零售市场买卖价差收窄。对于在自贸区经营贸易的微观主体，其外汇交易需求强盛，放宽自贸区微观主体进入银行间外汇市场的门槛，可鼓励贸易企业盘活资产，更灵活地进行贸易投资。

**3. 增强外汇产品、交易机制、服务模式创新，提高外汇市场的深度和广度**

目前，我国外汇市场交易品种主要有现钞、现货、合约现货、期货、期权、远期交易等，而且为了维护外汇市场的稳定、控制外汇交易风险，央行对各类交易均设置了交易额度，交易主体一般不能独立进场交易，需通过中间人或经纪人才能实现。丰富的交易产品、先进的交易机制和完善的服务模式是提高市场交易效率、扩大市场覆盖面的重要保障。银行间外汇市场将在不断完善交易系统等基础设施的同时，加大产品创新和研发力度，形成较为完整的可交易产品序列，并进一步优化市场交易机制和服务模式。

**4. 将外汇交易中心发展成为集合交易、信息、监管于一身的全球化的“人民币产品交易平台和定价中心”**

在自贸区如火如荼的发展及人民币国际化环境下，外汇交易中心需要紧跟自贸区金融改革步伐，为自贸区内相关机构提供以人民币计价结算的金融资产交易服务，同时为境外清算行和参与行进入我国银行间外汇市场提供更好的联结安排，并考虑与商业银行境外分支机构和国际性交易所、交易平台建立联系合作机制。在这一过程中，外汇交易中心一方面将紧跟市场开放进程，不断提升自身服务的国际化水平；另一方面也将致力于建设全覆盖的交易数据库，加强市场监测工作，以有效防范市场开放后跨境资金流动和交易复杂程度上升带来的各种潜在风险。

## 6.3 自贸区资本项目改革

2013 年年底，央行发布了《关于金融支持中国（上海）自由贸易试验区建设的意见》（“央行 30 条”），其中关于“稳步推进利率市场化”板块提到以下五点：①促进企业跨境直接投资便利化；②便利个人跨境投资；③稳步开放资本市场；④促进对外融资便利化；⑤提供多样化风险对冲手段。前两点是关于资金流出的开放，中间两点是关于资金流入的开放。

具体来说，为了促进企业跨境直接投资便利化，“央行 30 条”提到“试验区跨境直接投资，可按上海市有关规定与前置核准脱钩，直接向银行办理所涉及的跨境收付、兑换业务”。这说明在自贸区内的企业如果需要进行跨境直接投资，可以免去向外汇管理局申请的复杂程序。

对于个人跨境投资，“央行30条”提到：“在区内就业并符合条件的个人可按规定开展包括证券投资在内的各类境外投资。个人在区内获得的合法所得可在完税后向外支付。区内个体工商户可根据业务需要向其在境外经营主体提供跨境贷款。在区内就业并符合条件的境外个人可按规定在区内金融机构开立非居民个人境内投资专户，按规定开展包括证券投资在内的各类境内投资。”据此可以看出，所谓的“个人”主要是指区内就业的居民或者非居民，而“跨境投资”的资金也主要是个人在区内的税后所得；对于境内区外的个人资金并不适用于此项条款。

对于资本项目的流入方面，“央行30条”提到“区内金融机构和企业可按规定进入上海地区的证券和期货交易场所进行投资和交易。区内企业的境外母公司可按国家有关法规在境内资本市场发行人民币债券”。“根据经营需要，注册在试验区内的中外资企业、非银行金融机构以及其他经济组织可按规定从境外融入本外币资金，完善全口径外债的宏观审慎管理制度，采取有效措施切实防范外债风险”。其中，开放境内资本市场的对象目前仅限于区内的金融机构和企业，而投资的过程需要按照当时并没有出台的规定；可以进行境外融资的法人也仅限于区内注册的中外资企业，由此可以看出目前对于我国境内资本流入的开放并没有实质改革。

此外，证监会也提到了：“我会支持自贸区内符合一定条件的单位和个人按照规定双向投资于境内外证券期货。区内金融机构和企业可按照规定进入上海地区的证券和期货交易所进行投资和交易；在区内就业并符合条件的境外个人可按规定在区内证券期货经营机构开立非居民个人境内投资专户，开展境内证券期货投资；允许符合条件的区内金融机构和企业按照规定开展境外证券期货投资；在区内就业并符合条件的个人可按规定开展境外证券期货投资。”这说明，对于区内的企业或个人有望率先开放国内的证券投资市场。

### 6.3.1 中国资本项目开放现状

#### 1. 我国资本账户开放已取得较大进展

30多年的改革开放，我国一直在推进渐进式的资本项目开放。1993年，我国明确将“中国外汇管理体制改革的长远目标”确定为“实现人民币可自由兑换”。2003年，党的十六届三中全会通过的《中共中央关于完善社会主义市场经济体制若干问题的决定》中又提到“在有效防范风险的前提下，有选择、分步骤放宽对跨境资本交易活动的限制，逐步实现资本项目可兑换”。2010年10月，党的十七届五中全会又将“逐步实现资本项目可兑换”目标写入“十二五”发展规划。

纵观最近的十年，我国的资本项目相较之前有了极大进展，2002—2009年，国内共出台资本账户改革措施42项。外汇管理的定位也从“宽进严出”向“双向均衡管理”转变。按照国际货币基金组织2011年《汇兑安排与汇兑限制年报》，目前我国不可兑换项目主要涉及非居民参与国内货币市场、基金信托市场以及买卖衍生工具，总共4项，占比10%。而部分可兑换项目主要集中在债券市场交易、股票市场交易、房地产交易和个人资本交易四大类，总共22项，占比55%。而对于信贷工具交易、直接投资、直接投资清盘等方面已经基本实现可兑换。所以就目前的情况来看，我国的资本项目开放程度不高，距离完全开放还有一定距离（见表6－2）。

表6－2　　我国资本账户可兑换限制明细表

| | 不可兑换 | 部分可兑换 | 基本可兑换 | 完全可兑换 | 合计 |
|---|---|---|---|---|---|
| 资本和货币市场工具交易 | 2 | 10 | 4 | | 16 |
| 衍生品及其他工具交易 | 2 | 2 | | | 4 |
| 信贷工具交易 | | 5 | 1 | | 6 |
| 直接投资 | | 1 | 1 | | 2 |
| 直接投资清盘 | | | 1 | | 1 |
| 房地产交易 | | 2 | 1 | | 3 |
| 个人资本交易 | | 6 | 2 | | 8 |
| 小计 | 4 | 22 | 14 | | 40 |

数据来源：根据《IMF汇兑安排与汇兑限制2011》英文版中的相关内容进行整理划分，“可兑换现状”包括不可兑换、部分可兑换、基本可兑换、可兑换。其中，部分可兑换指存在严格准入限制或额度控制；基本可兑换指有所限制，但限制较为宽松，经登记或核准即可完成兑换。

**2. 当前我国正处于资本账户开放战略机遇期**

2008年金融危机，西方金融机构和企业受到了重创，道琼斯指数平均静态市盈率和欧洲主流股票指数市盈率均远低于我国沪、深两市平均市盈率。而过去30年我国经济持续高速增长又为我国企业积累了大额资金。所以此时开放资本项目能够为我国企业的海外直接投资提供便利。

自从2009年7月跨境贸易人民币结算开始试点以来，跨境人民币结算量迅猛发展。2012年全年，国内银行累计办理跨境贸易人民币结算金额2.94万亿元，同比增长41%。同期，香港人民币离岸中心建设也卓有成效，2012年内地与香港地区人民币实际收付累计结算量约占收付总额的56%。根据香港金融管理局的统计，截至2012年年末，香港人民币存款余额6 030亿元，占香港金融机构总存款的9%，占香港外币存款的18.2%。自2008年以来，已有22个国家和地区管理当局与中国人民银行签署了双边本币结算协议。此时开放资本账户能够推动跨境人民币使用和香港人民币离岸中心建设，推进人民币国际化。

**3. 资本管制效力不断下降，扩大开放可能是最终选择**

近年来，我国资本管制的效率不断下降。2006年资本和金融项目净误差和遗漏项为流出6亿美元，2010年流出597亿美元，2012流出提高到1 173亿美元，2013流入提高到2 427亿美元，占储备资产变化的56.26%。除了统计误差外，不排除部分资金存在未被记录、绕过资本管制违规流动的情况；不断增高的净误差和遗漏项表明我国资本项目的监管效力在不断下降。资金可以通过低报出口、高报进口、转移利润、改变交易时间和交易条件等非法手段逃避管制；也可以通过经常项目或者其他资本项目来逃避管制。目前，国际收支中许多项目同时具备了经常账户和资本账户的特性，很难严格区分，而一些资本项目的率先开放又容易造成资本管制漏洞。具体来看，目前有许多金融创新工具专门用于逃避资本管制，例如贸易品和服务价格转移、境外设立公司对倒、境内外货币互换、全球第三方支付网络等。

**4. 在自贸区内风险可控，可以先行试点开放**

资本自由流动之后容易引起的金融危机主要源于期限错配和货币错配。就目前我国的情况来看，我国资本项目开放的主要风险不大。原因在于目前我国商业银行的资产负债绝大部分以本币计价，2013 年年末，金融机构本外币各项存款余额为 107.1 万亿元，其中 97.48% 以人民币计价，各项贷款余额 76.63 万亿元，其中 93.83% 以人民币计价。而我国短期外债余额占比很低，2013 年末，我国外债余额 8 631.67 亿美元，其中短期外债余额 5 266.67 亿美元，约占外汇储备 13.79%，处于安全水平。此外，我国外汇储备资产规模很大，足以抵御资本账户开放后资金流出的冲击，2013 年年末，我国外汇储备 3.82 万亿美元。

但是贸然在全国实现资本项目开放还是具有相当大的不确定性的。原因在于我国存在着与造成泰国、韩国金融危机相同的特点和因素：银行独大的金融体系、缺乏有效监管的银行、不良贷款严重的银行资产构成、政府提供的隐性担保等等。一旦资本项目全面放开，我国 8% 左右的高年增长率必然会吸引大量外部资金进入我国金融市场，金融机构的资金来源放开，会引起严重的信贷扩张，从而加剧经济泡沫化。大量的贷款会集中到高风险、高收益的房地产等行业从而加剧经营风险，一旦市场意识到银行坏账问题严重时，资本就会外流，为危机埋下伏笔。

由此可见，资本项目开放的重要前提是健全的银行体系。目前我国的银行体系还不具备抵御风险的能力。在全国实现资本项目开放，一旦出现问题会殃及整个国家的金融稳定。自贸区作为金融改革试验田，对于银行业进行了大幅度制度放松，同时积极鼓励各种资本在自贸区内设立金融机构，从而会逐步形成区别于境内区外的银行体系。而基于自由贸易账户的设定，自贸区内的本币资金想要流入境内区外具有一定的限制，一旦发生货币风险，有效的隔离又能够使得境内避免被传染，所以自贸区作为资本项目开放的先行试验区具有得天独厚的优势。

### 6.3.2 国外资本项目开放经验及教训

**1. 日本**

20 世纪 50 年代中期，日本经济开始了高速增长。1964 年，日本被经济合作与发展组织（OECD）正式接纳为成员国，实现资本项目开放成为贸易自由化后日本经济发展的客观需要。

资本项目最初开放的是外商对内直接投资。日本从 1967—1976 年，先后出台了 5 个开放方案，逐步取消了外商直接投资的行业限制。1970 年，日本开放非居民发行日元计价的外国外债的管制；1974 年，又允许非居民投资政府短期债券，从而打破了 20 世纪 50 年代日本对外资投资证券市场的严格限制，特别是对外资购股数量和股票收益汇出的限制。其中比较突出的是允许境外企业到日本上市、并购的政策。尽管海外企业可以在日本上市，但是非居民对于证券市场的投资还是受到限制，直到1980年，日本《外汇管理法》被修正后，国内外证券投资原则上才可以自由进行。

在资本流出方面，日本对外直接投资的开放要晚于外商对内直接投资，通过4次自由化过程，不断放宽了私人对外投资的限制，推进了对外投资开放。

1970年4月，日本放松证券投资基金投资于主要外国证券所上市的股票的管制。1971年7月，日本政府又允许保险公司和一般投资者进行对外证券投资。1972年，日本又将被投资标的从股票扩大到所有的外国证券。1987年5月，日本政府进一步批准307家银行、证券公司、保险公司、投资信托公司等参与海外金融期货交易。直到1988年，日本颁布实施了《金融期货交易法》和《证券交易修正法》，允许一般居民参加海外金融期货交易。

总体来说，日本的资本项目开放是渐进性的，从1960年起准备经常项目的开放，到1980年初步实现资本项目开放，这一过程用了20多年的时间。之后又花了十多年的时间，通过对外汇法再次修改，实现了全面的资本项目开放。日本的资本项目开放是成功的，期间有许多值得我国借鉴的地方。首先日本根据本国的需要，有选择地开放子项目，以减少国际资本流动对日本经济的消极影响。同时，日本在资本项目开放中，注意控制资本项目开放的顺序。特别是为了防止开放中出现风险，日本的资本项目开放一般遵循先开放小风险项目，再开放大风险项目的原则。为阻止外部风险，日本的政策还出现过急刹车甚至倒开车的情况。

**2. 印度**

1947年印度出台了《1947年外汇管制法案》（Foreign Exchange Regulation Act, 1947），对所有对外交易实施全面管制。之后又出台了《1973年外汇管制法案》（Foreign Exchange Regulation Act, 1973），进一步强化管制。对于资本项目开放，印度却采取了审慎推进的方式，关键内容是外商直接投资和证券股票投资的自由化。

印度对于外商直接投资的放松始于1991年，允许外商投资于35个产业、外资股份不超过51%的外商直接投资；而其他外商直接投资的批准程序也有所简化。不仅放松审批流程，印度为鼓励外商直接投资，还取消了外汇收入必须支付投资红利汇出的“红利平衡要求”，提高直接投资所享受的待遇。1997年，印度又进一步扩大了向外商直接投资开放的产业名录，有9个产业的外资股份最高可达74%，并提高了批准程序的透明度。

1992年9月，印度放松对外国机构投资者的限制，允许他们投资一级市场和二级市场的上市证券，而外国经纪公司也被允许在印度境内营运。之后，印度又逐步放松了对于外国投资者投资除政府发行的证券外其他的证券投资品种以及证券投资流入的总量的制约，仅仅限制投资者持有一个公司的总量或单个外国机构投资者的持有量规定不得超过投资总额的30%。随后印度逐步放开对政府债券的投资限制约，于1997年3月放松外国机构投资者对印度政府定期偿付证券的投资限制。而1998年4月，印度又允许外国机构投资者投资短期国债。

对于债务性流入、衍生交易，印度采取部分放松政策。1991年，印度提高了借款总量的最高限额；1997年3月，印度进一步提高了单个借款者国际商业借款的数量限制，放松了利率管理和最终用途要求，1998 年 6 月，印度又放松了期限 10 年以上的国际商业借款的总量限制。此外，1996—1997 年，印度政府逐渐放松金融衍生交易的限制，允许授权外汇经纪商从事利率互换、货币互换、远期、期权等衍生交易，并放松了对授权外汇经纪商的国际信贷业务管制。

印度自 1991 年开始进行的经济改革为之后印度成功抵御 1997 年亚洲金融危机的冲击奠定了扎实的基础，印度模式也成了发展中国家资本项目开放成功的典范。在资本项目开放初期，大量海外资本流入，印度政府利用这一机遇主动调整了利用外资的结构。其中，通过偿还短期外债、严格限制新增短债以及废除对非居民存款的优惠来降低短期外债占比；对长期的商业性外债以及银行的对外债务施加上限约束来限制长期外债的增长；同时，将引资的目标瞄准 FDI、证券投资等非债务性资本，从而极大地改善了利用外资的结构。

此外，在资本项目开放的进程中，印度政府根据国内外经济金融的实际状况，渐进地推进资本项目的开放。遵循着成熟一项、开放一项的原则，同时通过立法的形式，保留了在必要时恢复实施管制的弹性。审慎的资本管理模式以及弹性的开放进程安排，进一步降低了资本项目开放过程中以及开放后，卢比汇率发生崩溃的可能。

**3. 德国**

德国的资本项目开放大体可以分为三个阶段。第一个阶段是 20 世纪 50 年代，当时德国利用 10 年的时间将资本项目的管制逐步放开。第二个阶段是 60 年代到 70 年代，由于境内外利差导致资本的持续流入，德国政府不得不采取短期的“审慎”管理手段来控制投机活动带来的通胀压力。第三阶段是 80 年代以后，德国又再度实现了资本项目的完全开放，同时控制住了通货膨胀压力。

20 世纪 50 年代初，德国的经济增长高于美国以及其他发达国家导致经常项目和资本项目的双顺差，政府为了限制资本的净流入，一方面开始鼓励资本流出，另一方面继续采取各种措施限制资本流入。资本项目开放由此拉开序幕。1952 年，德国允许居民对欧洲地区进行直接投资；1956 年，政府放松居民购买外国证券的限制；1957 年，居民对外输出资本无需管理当局的审批。1958 年 7 月，德国开始允许非居民对内投资，同年 8 月又开放了外币标价的德国债券的交易，到 1958 年底，德国实现了马克在经常项目和资本项目的可自由兑换。1959 年 5 月，德国开放了所有的资本项目流入限制，实现了对欧洲地区的资本项目的完全开放。

德国第一阶段的资本项目开放受到了国内和国外经济形势发展和变化的影，然而当资本项目完全开放以后反过来对本国的经济又造成了很大的影响。德国高于其他发达国家的经济增长率导致大量外汇流入德国，引起国内流动性过多和通货膨胀的压力，从而开启了第二阶段的资本项目微调阶段。

1960 年 6 月，德国开始再次禁止向非居民的马克存款支付利息，并禁止向非居民出售货币市场票据。同一阶段，德国又进一步放松了对资本流出的限制，以减少资本的净流入。1963 年 3 月，政府完全取消了居民投资海外证券的限制；1966 年 1 月居民对外直接投资的范围从欧共体扩大到 OECD 国家；1967 年 11 月放松了对资金流出和结算的限制。1968 年 12 月，德国对于本地银行新增的对外负债要求 100% 的“特别法定准备金率”。尽管出台了一系列的控制资本流入的微调政策，但是当时的马克处于固定汇率状态，根据“三角悖论”，货币当局对于通胀的控制力失效。于是在1969年9月，德国宣布马克汇率自由浮动。

20世纪70年代，马克开始采用浮动汇率，货币当局对于通胀的调控能力恢复；但是由于德国需要避免马克的快速升值对德国经济的外部竞争力造成过度冲击，还是采取了一些限制短期资本流入的制度，从而出现了开放和管制的反复交替。1981年之后，德国基本保持了放开资本项目，不再对资本流入进行限制。

德国的资本项目开放对于我国有许多借鉴意义。在高度全球化的金融市场下，利益会驱动市场参与主体采取各种办法绕过资本管制，资本项目的开放具有其必然性。德国的资本项目开放经历开放到管制，管制再到开放的循环过程。当资本开放后面临流动风险时，可以对短期过度资本流动暂时采取“审慎管理”措施，待到时机成熟时再取消对短期资本流动的“审慎”管理措施，重回开放。

### 6.3.3 自贸区资本项目开放政策建议

有选择的渐进性开放，成熟一项，开放一项；同时应保持必要的弹性，以应对突发性资本流向逆转对经济造成的冲击。

尽管自贸区作为资本项目开放的试验田具有得天独厚的优势，但是在区内进行先行先试也需要采取优化的资本账户开放次序，一般原则是“先流出后流入、先长期后短期、先直接后间接、先机构后个人”。具体步骤是“先推行预期收益最大的改革，后推行最具风险的改革；先推进增量改革，渐进推进存量改革”。实际操作要保证成熟一项、开放一项的基本原则。

首先，从目前的“央行30条”来看，区内企业的直接投资、区内个人的跨境投资、试验区内的中外资企业的境外融资、区内金融机构的境内证券投资都将会根据出台的相关规定有序放开。尽管“央行30条”将改革的基调定好，但是相关部门并没有出台详细的规定。

就这三项改革来看，区内企业具有真实交易背景的直接投资应该最先也是最彻底的放开。直接投资因其特性本身较为稳定，受经济波动的影响最小，率先放松对外直接投资的风险较小。目前，我国海外直接投资已进入战略机遇期，由于经济近30年的腾飞，大量的企业聚集了雄厚的财富，而我国的外汇储备又提供了充足的资金来源，直接投资是企业的战略要求。

其次，在直接投资放开以后，应该放开的是有真实贸易背景的商业信贷管制。自由贸易区的金融改革主要定位于服务贸易型企业，随着区内企业在国际贸易、投资、生产和金融活动中逐步取得主导权，对于区内企业的境外投资和对外融资放开将是大势所趋。目前，我国进出口贸易占全球贸易量约10%，贷款占全球的四分之一以上。放宽商业信贷管制，有助于进出口贸易发展，也能为人民币跨境结算和香港离岸市场建设拓宽人民币回流渠道。

当放开了区内机构的对外直接投资和对外信贷融资以后，在风险可控的情况下已经进一步放开区内机构对内证券投资的管制。目前，我国的证券市场主要通过合格境外机构投资者（Qualified Foreign Institutional Investor，简称 QFII）制度来进行投资额度限制，股市的长期低迷说明了我国境内投资资金的匮乏，开放证券投资有利于吸引外来资金振兴我国的金融市场。而我国的房地产市场价格已趋近高位，房价上涨空间不大而中小城市下跌风险初现；我国股市“重融资轻投资”，价格发现机制还有待完善，但是改革进入佳境；债券市场规模不大，但随着利率市场化的推进以及政府债券的从无到有，其市场规模将有很大的上升空间。所以为了风险可控，开放的对象应该是债券市场，其次是股票市场，最后是不动产。并且对于后面两项具有高度风险且与我国经济紧密相连的领域，需要加强监控。

在逐步开放的过程中要做到循序渐进，在一项风险可控的情况下再开放另一项。此外，在开放过程中应保持开放必要的弹性，一旦发生突发性资本流向逆转，应该及时采取临时的管制政策，并综合运用财政、货币、贸易等措施，应对突发性冲击。等到区内机构的资本项目开放趋于成熟，管理部门积累了丰富的监管经验以后再依次放开个人资本交易、与资本交易无关的金融机构信贷、货币市场工具、集合投资类证券、担保保证融资便利、衍生工具资本账户子项。

## 6.4 三项改革之间的关系

利率市场化、汇率形成机制和资本项目开放是当前我国金融改革和开放的核心内容，因此也是自贸区金融改革先试先行的重点。相关研究以“不可能三角”理论、利率平价理论等为根据，认为改革需遵循“先内后外”的顺序，即资本项目开放须在利率市场化和汇率形成机制成功之后，否则国内市场易受到外部冲击，风险巨大。事实上，这三项重要改革之间究竟存在怎样的关系呢？

### 6.4.1 金融改革次序论及其局限性

**1. 金融改革次序论**

“蒙代尔不可能三角”理论由蒙代尔提出：“资本的自由流动、固定汇率制度和货币政策的有效性，这三者不能完全满足。”并由克鲁格曼将其概括为“蒙代尔不可能三角理论”。

凯恩斯利率平价理论最早由凯恩斯提出，恩其格将其整理概括完善，即经风险调整后、国内外利差应该等于汇率差，套利的收益正好可以弥补套汇的损失。因此，若国内利率低于国外利率，本币将升值。

依据上述两种理论，有学者提出“先内后外”的金融改革次序论。其逻辑在于，资本管制可隔离境内外资金市场，使境内外资金不能自由流动，保证国内货币政策的有效性。金融改革“先内后外”，即是说首先实现国内利率市场化和汇率市场化，使得境内外资金市场动态满足利率平价条件，即境内市场不存在套利空间，最后顺其自然放开资本项目。因此，在资本项目放开之前，我国应首先实现利率和汇率的市场化，最后实现人民币国际化。倘若在资本项目放开前利率尚未自由化，投机性冲击很难防御，可能遭受像亚洲金融危机时期的巨大风险。

**2. 理论基础的局限性**

根据人民银行统计司的观点，“蒙代尔不可能三角”理论的局限性至少表现在三个方面：其一，在经济规模大、货币政策的国际影响力巨大的国家，蒙代尔的“三角”可以有条件成立。一个极端的情况就是，某大国货币已经成为国际计价、结算货币，该国实施的货币政策能够影响其他国家。比如该国货币政策收紧时其利率上升，小国担心资金外流而引起本国资金的异常流动，不得不提升本国利率使得利差恢复，减少大国政策对小国资金市场的影响。其二，“蒙代尔不可能三角”理论的“三角”并不一定处于绝对的状态，即资本完全自由流动（或完全管制）、固定汇率制度（或自由浮动汇率制度）、货币政策有效（或无效）。以汇率制度为例，根据国际货币基金组织（International Monetary Fund，简称 IMF）的不完全统计，2011 年国际上采取中间状态汇率制度的国家接近统计国家数量的一半，占 43.2%。实际上，各国金融改革往往都是协调推进、循序渐进的过程（见表 6 –3）。其三，宏观审慎管理能够有效缓解“三角不可能性”。综合运用各种传统工具和创新型工具、逆周期调节经济运行、防范经济风险，是宏观审慎管理的重要内容。按照丁伯根法则，一项政策目标至少需要一个政策工具与之对应，宏观审慎管理工具的加入可以有效缓解“蒙代尔不可能三角”理论中的“三角冲突”。

表 6 –3　　IMF 成员国汇率制度统计数据（%）

| 年份 | 2008 | 2009 | 2010 | 2011 |
|---|---|---|---|---|
| 硬盯住 | 12.2 | 12.2 | 13.2 | 13.2 |
| 无单独法定货币 | 5.3 | 5.3 | 6.3 | 6.8 |
| 货币局 | 6.9 | 6.9 | 6.9 | 6.3 |
| 软盯住 | 39.9 | 34.6 | 39.7 | 43.2 |
| 传统的盯住 | 22.3 | 22.3 | 23.3 | 22.6 |
| 稳定机制 | 12.8 | 6.9 | 12.7 | 12.1 |
| 爬行盯住 | 2.7 | 2.7 | 1.6 | 1.6 |
| 爬行区间 | 1.1 | 0.5 | 1.1 | 6.3 |
| 区间盯住 | 1.1 | 2.1 | 1.1 | 0.5 |
| 浮动 | 20.2 | 24.5 | 20.1 | 18.9 |
| 不设定路径的管理浮动 | 19.7 | 17.6 | 15.9 | 15.8 |
| 自由浮动 | 8 | 11.2 | 11.1 | 8.9 |
| 其他 | 8 | 11.2 | 11.1 | 8.9 |

数据来源：AREAER 数据库。

同样，利率平价理论也具有一定的局限性。首先，同样是大国经济的特殊性，套利资金规模一般远小于大国国内资金，难以牵制大国资金价格的变化。大国的汇率水平和利率水平主要受国内经济金融环境的影响。其中，汇率水平受到该国产品的国际竞争力、贸易总量和贸易结构、货币购买力及通胀水平等因素的影响。一些经济学家甚至认为，汇率决定能力是国家权力的延伸，在国际上，汇率是大国实现或巩固利己政治局面的征用工具。实际上，国际汇率体系反映的正是国际政治的权力结构①。大国的利率水平则主要受到国内包括央行货币政策、通货膨胀压力、金融资源配置状况、资金使用效率等多重因素影响；大国的利率水平不仅不受国际资金价格的影响，而且能够影响到国际利率水平。其次，利率平价理论是建立在一定条件基础上的，而现实经济生活中条件难以完全满足。具体来说，利率平价理论的基石是有效市场理论，实际情况是，竞争不充分、信息不对称、资本不完全流动等现象均表明市场并非完全有效。最后，利率平价理论的假设条件之一是市场中只有一种利率。在利率平价理论中，假设市场上只有一种金融资产，或各种金融资产相互间是可以完全替代的；现实中的实际情况是，利率品种繁多，包括存贷款利率、国债利率、票据利率等，究竟是其中一种利率还是各种利率都符合这个理论，并不明确。

### 6.4.2 国际经验

美国、日本、韩国基本上都遵循了“先内后外”改革顺序，但改革效果差异明显，美国是成功的范例，而相反日本由于改革时间过长，未能把握改革的力度与节奏，失去了经济结构调整的大好机会。韩国也遵循了“先内后外”的改革顺序，而且当时韩国在汇率制度、财政状况、工业化进程等方面与我国当前状况类似。尽管韩国在资本管制放开方面的步伐非常谨慎，但在1997年亚洲金融危机中，依然受到了重创。

英国和德国金融改革顺序大致相同，均未依照“先内后外”的顺序进行改革，但结果也有差异。在应对跨境资金冲击时，两国均采用了类似的风险防范政策，资本管制限制或收紧或放松。事实上，德国基本上没有受到危机威胁，英国却遭受多次危机；正是由于投机资金的冲击，1992年英镑退出了欧洲汇率机制（ERM）。

不难看出，即使都采用了“先内后外”的金融改革次序，金融改革成败也不一；而未按照“先内后外”但改革顺序类似的国家，改革结果亦不相同（见表6-4）。

**表6-4 部分国家金融改革步骤**

| | | 利率市场化 | 汇率市场化 | 资本项目开放 | 本币国际化 | 改革效果 |
|---|---|---|---|---|---|---|
| 发达国家 | 美国 | 废除《Q条款》(1982年) | 名义上自由浮动，实质干预较多(1973年)<br>浮动汇率（1978年） | 取消管制（1974年） | 布雷顿森林体系(1945年)<br>马歇尔计划(1947年)<br>石油美元计价协议(20世纪70年代) | 重要国际货币（1925年）<br>全球本位货币（1945年） |

① Goodhart, Charles, A. E, 1998, “Two Concepts of Money Implications for the Analysis of Optimal Currency Areas”, European Journal of Political Economy, Vol. 14, pp. 407-432; Mark P. Taylor, 1995, “The Economics of Exchange Rate”, Journal of Economic Literature, Vol. 33, pp. 3—47.

续表

| | | 利率市场化 | 汇率市场化 | 资本项目开放 | 本币国际化 | 改革效果 |
|---|---|---|---|---|---|---|
| 发达国家 | 日本 | 国债利率市场化（1977 年）<br>引入 CD，利率市场化（1979 年）<br>取消利率管制（1994 年） | 名义上浮动汇率，实质干预较多（1971 年）<br>浮动汇率（1973 年） | 放松资本流入管制（1979 年）<br>放松资本流出管制（1985 年）<br>取消跨境交易限制（1995 年） | 《外汇法》（1980 年）<br>东京离岸市场（1986 年）<br>清迈协议（2000 年） | SDR 货币篮子（1974 年）<br>放松境外贷款和汇兑限制（1980 年）<br>重要国际货币 |
| | 德国 | 1967 年取消利率管制，1973 年取消信贷规模管理，实现利率市场化 | 名义上浮动汇率，实质干预较多（1971 年）<br>浮动汇率（1973 年）<br>欧元区（1999 年） | 1959 年马克可兑换<br>1959—1981 年多次反复，最终完全放开 | 马斯特里赫特条约（1991 年） | 重要国际货币 |
| | 英国 | 不公布最低贷款利率（1981 年）<br>取消抵押贷款指导（1986 年） | 浮动汇率（1973 年） | 1958 年英镑可兑换，1961 年限制对英镑区外的直接投资，1958—1979 年多次反复，最终完全放开 | 英镑银金本位（1560—1920 年） | 重要国际货币 |
| 新兴市场国家 | 印度尼西亚 | 放松利率管制（1983 年）<br>逐步取消信贷规模控制 | 扩大一篮子货币汇率波幅（1994 年） | 取消流出限制；放宽 FDI 限制（1985 年） | | 经济增速加快；<br>物价水平有所提高；<br>经常项目明显恶化；<br>国内外利差扩大 |
| | 韩国 | 先贷款后存款，先长期后短期，取消利率管制（1993—1995 年） | 采用对美元平均汇率制，波幅 0.4%（1990 年），波幅扩大至 0.8%（1992 年） | 取消 FDI 限制（1989 年），总体管制程度较高 | | 经济增速平稳；<br>物价水平有所上行；<br>经常项目有所恶化；<br>国内外利差基本稳定 |
| | 智利 | 先短期后长期，增加央行票据利率拍卖工具（1987 年—） | 比索贬值，并扩大波幅（1985）年<br>由盯住美元转为盯住一篮子货币（1992 年） | 始于 FDI、境外证券投资限制（1985 年）<br>渐进放松资本管制 | | 经济增速加快；<br>通胀下行；经常项目明显改善；<br>国内外利差收窄 |
| | 泰国 | 取消 1 年期以上存款利率上限（1989 年）；<br>取消储蓄存款和贷款利率上限（1992 年） | 由盯住美元改为有管理浮动（1997 年） | 取消 FDI、境外证券投资、境外借款限制（1977 年）；<br>基本取消流入限制（1992 年）；<br>分步取消境外贷款、境外投资限制（1990—1994 年） | | 经济增速平稳；<br>物价水平大幅上行；<br>经常项目明显恶化；<br>国内外利差扩大 |

资料来源：中国人民银行调查统计司课题组：《协调推进利率、汇率改革和资本账户开放》。

### 6.4.3 三项改革需协调配合

理论和经验均表明，利率改革、汇率改革和资本项目放开不存在严格的先后顺序，应明确三者之间协调推进、相互促进的关系。

从我国金融改革的历史实践看，也正是通过协调推进的方式进行利率改革、汇率改革和资本项目开放的，本章节的前三部分分别回顾了我国利率市场化改革、汇率市场化改革和资本项目开放的进程及成效。更重要的是，目前我国经济总量和贸易总量均居于世界第二位，作为大国经济体，其资金价格并不取决于国际流动资本，而是主要取决于我国经济金融环境。截至2014年第一季度，我国外汇储备达3.95万亿美元，居世界第一位；银行业金融机构境内外本外币资产总额达到159.5万亿元，增速稳定，金融运行稳健。这些都为我国金融改革创造了有利的经济金融条件。

因此，自贸区金融改革先试先行在推进利率市场化、汇率形成机制和资本项目开放进程中，需循序渐进、协调配合、相互促进，将金融风险控制在最小范围内。资本项目的开放并不需要利率市场化和汇率市场化机制完全形成，具体的改革措施应当成熟一项、推进一项。

## 6.5 自贸区为资本市场创造供应新血液

中国（上海）自由贸易区金融改革本着“服务实体经济、便利贸易投资”、“改革创新、先试先行”、“风险可控、稳步推进”的总体原则，目标是建成自由、高效、稳定、一体化的自贸区金融体系：发挥市场在资源配置中的决定性作用，形成稳定、有序、协调发展并与境内区外和境外市场有效联动的金融体系。资本市场作为国内金融体系的重要组成部分，一方面受益于自贸区金融改革，改革创新将拓展中国资本市场的外延、增加市场供给、增强资金容纳能力，扩大开放将构建畅通的资金流通渠道、创造新的市场需求、提高市场流动性；另一方面，自贸区金融改革的先试先行也将倒逼境内资本市场的市场化改革，使区内区外形成有效联动，推动资本市场的全面协调可持续发展。

### 6.5.1 拓展境内资本市场外延、增强资金容纳能力

自贸区金融改革，将拓展中国境内资本市场外延、增强资金容纳能力。资金如同水流，其在金融体系内的各种流通方式就仿佛水的各种形态，储蓄、票据等如同大海，股票、债券、期货等如同冰川，生产、消费等如同江河云雾；各类资金的转换若要像地球的水循环一样动态有序，必须有一个能够有效容纳海量资金的资本市场。目前，我国正经历社会经济领域一场深刻的变革，经济发展方式的转型需要对大量资源进行有效配置，迫切要求建立一个强大的多层次资本市场，为经济发展方式的彻底转型提供强劲而可控的动力输出。未来，我国进一步强大的标志将不再是停留在“制造大国”，而是壮大为资

本大国，资本结构、融资结构、财富结构都将面临升级换代；资本大国得以实现的首要前提是建立一个能够容纳海量资金、具有充分流动性的金融市场，超常规强大的资本市场，则是其中最重要的方面。

中国（上海）自由贸易区的建立，为中国资本市场的壮大提供了重要契机。相比于当前境内尚未市场化的运作环境和较为封闭运行的资本市场体系，自贸区金融在资本项目可兑换、利率市场化、汇率市场化等方面的改革创新，为我国资本市场的产品创新和业务创新提供了全新的可能性，在分账管理、有限渗透的特殊环境下，将拓展投融资渠道，增强资本市场的资金容纳能力。

第一，市场化环境是自贸区延展境内资本市场的良好土壤。创新源于市场需求，改革创新的首要前提是处理好政府与市场的关系、让市场发挥决定性作用，“深化行政审批制度改革，加快转变政府职能，全面提升事中、事后监管水平”正是自贸区试验田先行先试的主要任务之一，在这样的土壤里才能长出结实的果实。我国资本市场历史短暂，且是以自上而下的方式、依照发达市场模样“仿造”而来，产品和市场的创新惯以“行政”的方式产生。曾经历史上国债期货等降低了政府的“冲动”，创新速度变得缓慢；直到近几年，创业板、沪深300股指期货先后问世，国债期货重启，监管层也提出将创新决策权回归微观经济主体，力推监管转型，自贸区金融改革的推进恰为中国资本市场发展提供了良机。

第二，利率市场化改革背景下，产品创新将层出不穷。首先，利率市场化将充分体现风险与收益的关系，形成与风险挂钩的期限各异、利率不同的债券利率体系，为企业提供更多样的融资手段，丰富现有的债券品种，扩大债市规模。其次，规避利率风险的金融衍生品也将应运而生，如利率期货、利率互换、利率期权、利率掉期等；国际清算银行的统计数据显示，2013 年利率衍生品合约市值约占全球 OTC 市场衍生品市值的 75%。微观主体也将在利率市场化环境下创新提供为客户资产保值增值的产品与服务。

第三，资本项目可兑换为自贸区资本市场提供创新契机。原油期货市场的建立即是很好的证明，在自贸区建立原油期货市场具备独特优势。首先，自贸区为原油期货的发展提供了开放、市场化、国际化的现货环境，境外投资者能够有效参与市场，有利于价格发现功能的形成，且自贸区“关外”特性解决了目前交易和交割标的物以含税价格标价的问题。其次，自贸区拥有开放的金融环境，资本项目下本外币可自由兑换，解决了原油期货的标价和结算问题。再加上上海拥有发达的金融腹地及法制环境，为原油期货市场的建立提供了有力支持。

### 6.5.2 为境内资本市场引来资金活水、提高市场流动性

自贸区金融改革，将为我国境内资本市场引来资金活水、提高市场流动性。改革创新为资本市场提供新的供给，增强资金容纳能力和市场吸引力，而扩大开放则将为市场引来资金活水，增强市场的流动性、扩大市场规模。两者良性循环，将能构筑资本大国的稳定基石。

所谓开放，即是解除封锁、限制等。对于自贸区来说，一是通过资本项目可兑换放

开资金双向流通的限制。目前，境内资本市场以合格境外机构投资者（QFII）、人民币合格境外投资者（RQFII）对外开放，并以单个额度限制和总额限制来控制风险；近来“沪港通”也为境内资本市场的开放提供了新的方向。这些均是资本项目管制下有限开放的手段。未来，以自贸区平台为通道，进一步放开资本管制，在市场资金容纳能力增强的前提下，必能引致境外资金的流入和市场流动性的有效增强。

二是放开对资本市场中介机构准入和业务的限制。投资银行是资本市场主要的金融中介，目前最新的自贸区负面清单（2014 年版）尚未放宽对投资银行业的准入限制。境外金融中介的引入，不仅能够为市场带来新的客户和资源，同时可以给市场带来成熟市场的发展经验，通过“技术外溢”效应推进行业和市场的发展。当然，“开放”不是一蹴而就，在风险防范上须坚持“风险可控、稳步推进”的原则。

### 6.5.3 倒逼境内资本市场的市场化改革

自贸区金融改革，也将倒逼我国境内资本市场的市场化改革。自贸区金融市场化的创新改革、开放趋势，为资本市场创造了新的活力，势必也将倒逼境内市场的市场化改革，一是鉴于自贸区改革“可复制、可推广”的试验田经验将推广于境内区外市场，构建“一体化”的资本市场；二是区内区外市场的制度不对称将可能引致区外市场资金流失风险，自贸区改革效果反倒适得其反。关于境内资本市场的市场化改革，最关键的即是如何吸引资金流入，并维持资金的灵活流动。

（1）构建市场化的发行退市制度。股票市场发展的基础是其中交易的上市公司，上市公司的质量关系到市场能否吸引资金流入。一个起点就有原罪的市场不可能获得持续稳定的发展，制定市场化的发行退市制度、建立市场自主筛选机制是提高上市公司质量的根本。制定市场化的上市制度，让所有符合条件的公司能够适时上市；严格监管，制定市场化的转板、退市制度，让不达标的公司转板到下一层市场，让不具价值的公司直接退市。这样优胜劣汰的市场化原则才能确保上市公司质量。

（2）监管者须把握监管底线。一是把握监管跟市场调控的关系。市场管理者需明确自己的裁判身份，既不能把自己当做市场参与者去参与比赛，也不能人为地去干预比赛；一个成熟的市场管理者，必然是轻调控、重监管，在从初级阶段向成熟市场发展的过程中，逐步加大监管的比重，尽量不去调控和干预市场，市场能做的就让市场去做，自律组织能管的就交予自律组织管理，真正发挥市场在资源配置过程中的决定性作用。二是探索合适的监管方法。任何对市场有影响的政策、规则，均须长期化、科学化，有一套规范、透明的程序，尽量减少人为的政策风险。

值得警惕的是，风险与机遇同在。2008 年金融危机对我国资本市场的直接影响有限，原因就在于当时我国金融开放程度较低，资本市场体系相对较为封闭。在我国资本市场改革创新和扩大开放的趋势下，产品复杂度增加，风险传导速度加快，金融监管难度提升，如何有效监测风险、隔离风险、控制风险，是监管者面临的最大挑战之一。可行之道是，借鉴吸收发达市场的监管经验和教训，根据我国资本市场的发展阶段和发展特点，完善风险管理制度，做好风险预警和风险防范工作。

# 第7章 自贸区金融改革初期中介服务体系构建

金融中介即主要业务是向客户提供金融产品和服务的企业，这些产品和服务无法通过在证券市场上直接交易而更有效地获取。金融中介的主要类型是商业银行、投资银行、保险公司，它们的产品包括支票账户、贷款、抵押、共同基金、各种保险合同等。

金融机构进入自贸区提供金融中介服务的主要目的在于：（1）在自贸区开放的金融发展环境和宽松的金融管制条件下，金融机构将获得灵活的业务方式，适应开放的竞争环境，增强与国际同业的竞争力；（2）进行金融创新，开发新的产品和服务品种，为进入国际市场做铺垫；（3）增加新的利润来源，并分散风险。在自贸区内，金融中介为金融市场的参与者提供了作为中间人的服务，方便资金的融通、支付、结算。

探索上海自贸试验区商业银行、投资银行、保险公司的改革模式和政策，构建服务实体经济发展需要和促进跨境投资发展的金融中介服务体系。

## 7.1 商业银行

在上海自由贸易试验田的金融改革中，中国银监会在2013年9月29日出台的《关于中国（上海）自由贸易试验区银行业监管有关问题的通知》中，提到以下三点：（1）支持中资银行入区发展；（2）支持外资银行入区经营；（3）支持民间资本进入区内银行业。具体来说，“允许全国性中资商业银行、政策性银行、上海本地银行在区内新设分行或专营机构”；“允许符合条件的外资银行在区内设立子行、分行、专营机构和中外合资银行”；“支持符合条件的民营资本在区内设立自担风险的民营银行、金融租赁公司和消费金融公司等金融机构。支持符合条件的民营资本参股与中、外资金融机构在区内设立中外合资银行”。

从风险管理、金融稳定的角度看，自贸区银行在机构、业务和人员等方面拥有较国内银行业更为开放的政策，这也意味着亟须更为审慎的管理标准。

### 7.1.1 我国银行牌照管理制度现状及局限性

#### 1. 银行牌照管理现状

当前，国内银行牌照管理框架以所有制结构为基础，制定市场准入标准、界定业务方向，并依此划分为国有银行、外资银行、合资银行和民营银行。其中，国有商业银行按不同阶段需要发展为大型商业银行、股份制商业银行、城市商业银行、农村商业银行和邮政储蓄银行的格局；外资银行中，分行与法人银行双轨并行，后者经营范围多于前者，包括“人民币零售业务”和“独立发行银行卡”业务；民营银行牌照仍处于摸索阶段，只确定了5个试点方案。

（1）国有银行。国内银行业牌照管理的现有格局是沿着中国经济改革开放的轨迹形成的。其中，城市商业银行源于原20世纪80年代设立的城市信用社，定位于为地方经济、中小企业和城市居民提供金融服务；而且为解决区域限制，2006年2月银监会出台了《城市商业银行异地分支机构管理办法》，允许在满足资产规模、注册资本、资本充足率和利润率等指标的城市商业银行实现跨区经营。农村商业银行的前身为“农村信用社”，立足于为本地“三农”、中小企业、市民百姓提供金融服务。邮政储蓄银行以零售业务和中间业务为主，立足于为城市社区和农村居民提供基础金融服务。

（2）外资银行。为维护我国银行业体系稳定，保护存款人利益，监管部门对外资银行实施“分行与法人双轨并行，法人银行导向政策”。根据2006年颁布的《中华人民共和国外资银行管理条例》，在中国注册的外资法人银行享有与中资银行相同的业务范围和监管标准，即可以经营对企业和个人的外汇及人民币业务。而对于外国银行分行，则只能进行外汇业务和对中国境内公民以外客户的人民币业务；获准经营人民币业务的外国银行分行也只能吸收中国境内公民每笔不少于100万元人民币的定期存款。相比于外资银行分行牌照，外资法人银行具有“人民币零售业务”和“独立发行银行卡”两大利好政策，许多已在华设立分行的外资银行纷纷在中国本地注册，转成外资法人银行。2004年，境内外国银行分行和法人机构分别有162家和14家，而到2012年，两项数据分别变化为95家和38家（见图7-1）。

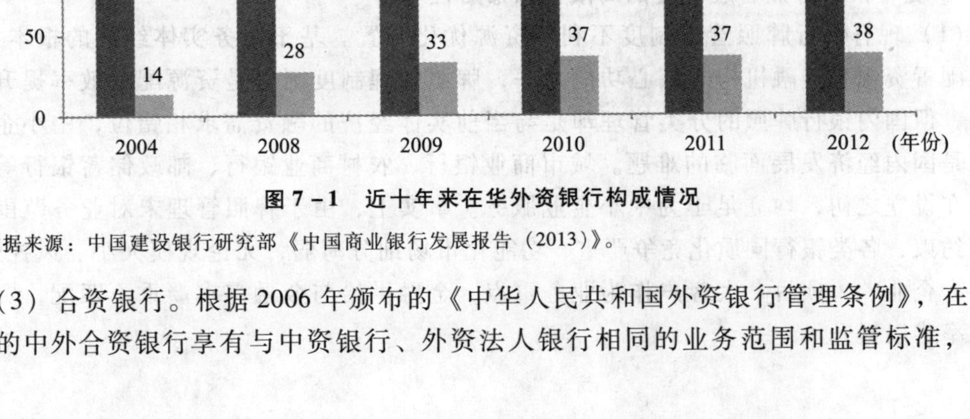


**图7-1 近十年来在华外资银行构成情况**

数据来源：中国建设银行研究部《中国商业银行发展报告（2013）》。

（3）合资银行。根据2006年颁布的《中华人民共和国外资银行管理条例》，在中国注册的中外合资银行享有与中资银行、外资法人银行相同的业务范围和监管标准，即可以经营全部的外汇业务和人民币业务，此外经过人民银行批准可以经营结汇和售汇业务。

目前在国内的中外合资银行有3家。其一，华一银行是中国台海两岸合资的首家华人银行。1997年1月在上海浦东陆家嘴金融中心成立，主要为投资中国大陆的台湾、香港及其他外资企业及个人提供金融服务。其二，浦发硅谷银行是上海浦东发展银行与美国硅谷银行的合资银行。2012年8月在上海杨浦区成立，主要专注服务于科技型中小企业。其三，中银富登村镇银行是中国银行与新加坡淡马锡旗下的富登金融控股公司合资设立的村镇银行。2011年3月开设了第一个网点。

（4）民营银行。2014年全国“两会”期间，中国银监会主席尚福林披露，目前已确定5个民营银行试点方案，之后会根据现行法律法规对参与试点的上述民营资本进行严格的股东资格审核，合格后受理正式申请。也就是说，目前民营银行的设立仍处于挑选阶段，至于什么时候民营银行能够挂牌经营则取决于这些银行自身条件。根据试点方案要求，民营银行确定四种经营模式：“小存小贷”、“大存小贷”、“公存公贷”、“特定区域存贷款”。由此可以看出，尽管批准试点民营银行，但是对于民营银行可以经营的业务有所限制，同时希望民营银行能够服务于小微企业，实现差异化的市场定位和特定的战略部署（见表7-1）。

**表7-1　国内民营银行试点方案**

| 发起方 | 经营模式 | 解释 |
| --- | --- | --- |
| 阿里巴巴、万向控股 | 小存小贷 | 限定存款上限，限定贷款下限 |
| 腾讯、百业源 | 大存小贷 | 不限定存款上限，但限定贷款上限 |
| 商汇投资、华北集团 | 公存公贷 | 业务对象仅为法人、公司 |
| 均瑶集团、复星集团 | 特定区域存贷款 | 专注在上海自贸试验区开展业务 |
| 正泰集团、华峰集团 | 特定区域存贷款 | 主要服务对象为特定区域温州小微企业的融资 |

而对民营银行的风险，银监会也有严格的规定。民营银行发起方自主创造自担风险的模式，自愿承担银行经营风险，承诺承担剩余风险。发起方的股东需要承诺接受监管机构的监管，以防止无法实现风险自担。民营银行还需要提前订立风险处置与恢复计划，为经营失败以后进行的风险化解、债务清算和机构处置作出安排。

**2. 现有银行牌照管理制度的局限性和滞后性**

（1）现有银行牌照管理制度不利于资源优化配置。基于服务实体经济的根本宗旨，优化配置资源是金融机构的核心功能之一，牌照管理制度则应是资源配置效率提升的催化剂，但国内银行牌照的分类管理却是与当前实体经济的融资需求相错位，中小企业融资难是国内经济发展面临的难题。城市商业银行、农村商业银行、邮政储蓄银行等银行牌照在设立之初，均立足于为中小企业服务。事实上，由于牌照管理未对业务范围进行明确约束，各类银行同质化竞争严重、功能化市场细分薄弱，无论规模大小、风控强弱，均将大企业、大项目、大客户作为业务重点，金融供给与金融需求严重不匹配，资源配置效率难以提升。

（2）管理制度制约银行业务发展，违背动态原则。这比较突出地体现在城市商业银行牌照上。我国城市商业银行前身为“城市信用社”，最初功能定位于“服务地方经济、服务中小企业和服务城市居民”，发展至今，城市商业银行中规模最大的资产高达1万亿元，营业网点遍布在各大城市，与股份制商业银行（股份制商业银行中资产规模最大的近3万亿元，最小的约3 000亿元）近乎没有差异。城市商业银行这块牌照制约了这类银行中佼佼者的发展，银行牌照管理制度未能提供有弹性的升降通道，违背制度设计的动态原则。

（3）管理体系不适用于自贸区开放、公平、市场化的竞争环境。国务院发布的《中国（上海）自由贸易试验区总体方案》中明确指出：“扩大金融服务业全面开放”、“营造有利于各类投资者平等准入的市场环境”，为自贸区奠定了开放、公平、市场化的发展基调。以所有制结构为界的管理制度不利于建立公平竞争的市场环境，不符合市场化改革的方向，也不再适应自贸区国际化的竞争环境。为各种性质的资本提供开放、公平、市场化发展平台，是银行牌照管理制度改革的基本诉求。

（4）管理理念滞后于自贸区金融监管理念。牌照管理制度不仅在市场准入方面对各类银行作出明确要求，分类的目的是使得事中、事后监管更有针对性，能够有的放矢使得监管资源得到有效配置。现有的银行牌照管理制度监管导向薄弱，监管标准单一，资本充足率、拨备覆盖率等监管指标及监管流程均趋于一致，未体现牌照分类管理理念，不利于事后事中的有效监管。

### 7.1.2 新加坡银行牌照管理经验

新加坡在1965年独立之初，国内银行业由外资银行主导。因此，为了发展本土银行机构，同时又实现金融中心的发展计划，新加坡银行业的发展经历了循序渐进的过程，从最初对本土银行的保护性政策，到五年开放计划的对外开放战略，其目标明确、发展迅速，值得借鉴。

**1. 牌照管理发展历程**

（1）初步开放阶段（1970—1998年）。在银行业发展过程中，为培育本土银行，发展新加坡金融中心地位，吸引外国金融机构进驻本国市场，新加坡政府在吸引外资银行落户的过程中按照经营方式不同，制定了三类银行牌照，包括全面银行（Full bank）、限制银行（Restricted Bank）和离岸银行（Offshore Bank），业务范围依次变窄。

①银行牌照管理。首先，在新加坡独立初期，为吸引外资发展本国工业园，新加坡政府给外资银行颁发全面银行牌照（Full Bank），允许外资银行在新加坡设立分行，经营所有银行业务。随着外资银行的进入和业务范围的扩大，其在行业内占主导地位，本土银行得不到发展，规模小、地位低。

1971年，为了保护本土银行的发展，同时又不抑制海外银行的进入，新加坡停止了原有的商业银行全面牌照（Full Bank）的颁发，设立了一种新型银行牌照——限制银行牌照（Restricted Bank），持有限制银行牌照的银行在本土居民零售业务方面受到了限制，不能吸收活期存款和小额定期存款，同时不能额外开设分支机构。

1973 年，为了建设离岸金融中心，吸引更多的外国银行开展新加坡离岸金融业务，新加坡设立了另一种新型银行牌照——离岸银行牌照（Offshore Bank）。离岸银行牌照主要是允许银行从事离岸金融业务，对于新加坡本币市场业务进行了诸多限制。1973 年以后，新加坡政府主要派发离岸牌照，并在 1983 年停止派发限制性牌照。

在这一阶段，新加坡本土银行在政策的保护下逐步发展，外资银行的进入牌照逐步限制为离岸牌照。截至 1999 年，新加坡境内共有 142 家商业银行，其中 31 家持有全面牌照（9 家为本地银行，22 家为外国银行），13 家持有限制性牌照，其余 98 家均为持有离岸牌照的外资银行分支机构。这种对于银行机构的分类监管，帮助新加坡在有效保护本土银行发展的同时，又吸引了更多的外资银行进入新加坡金融市场。

表 7－2 列示了新加坡 1989—1998 年各类银行牌照发放情况。

**初期三类银行牌照**

**全面银行牌照（Full Banks）**

持有该全面牌照的银行可以进行银行法（Banking Acts）准许的个人和法人（社团）的全部范围的银行业务。持有全面牌照的外资银行从 1970 年起不能再设立新的分支机构，不能设立机构外 ATM 机。

**限制银行牌照（Restricted Bank）**

持有限制性牌照的银行与持有全面牌照的银行业务基本相同，除了：

1. 只能拥有一家办公机构，不能够在新加坡境内开设新的分支机构；
2. 限制性银行不能接受新加坡币的活期存款；
3. 不能接受银行客户低于 25 万新元的定期存款。

限制性银行可以从事其他的贷款、签发信用证、接受大额（25 万新元以上）的存款，为客户开办往来账户，进行外汇交易及参与亚元市场活动等广泛的银行业务。由于限制性银行在存款业务上受到局限，对新元的贷款业务所需资金，主要通过新加坡银行同业货币市场进行筹措。

**离岸银行牌照（Offshore Bank）**

持有离岸牌照的银行与持有限制性牌照的银行在外币存款业务上基本一致，但是他们关于新加坡本币市场业务受到诸多限制：

1. 不得吸收个人（新加坡居民和非新加坡居民）的新币有息存款，但是可以吸收已核准的金融机构的新币有息存款；
2. 对于非银行的居民放贷总额度不能超过 3 亿元新币；
3. 不能设立下属分支机构、营业网点。

参考资料：Monetary Authority of Singapore，“Liberalising Commercial Banking and Upgrading Local Banks Fact Sheet － Commercial Banking in Singapore”，1999.

表 7-2 1989—1998 年新加坡各类银行牌照发放情况

| 年份 | 本土银行 | 外资银行 | | | |
|---|---|---|---|---|---|
| | | 总数 | 全面牌照 | 限制/批发牌照 | 离岸牌照 |
| 1989 | 13 | 123 | 22 | 14 | 87 |
| 1990 | 13 | 128 | 22 | 14 | 92 |
| 1991 | 13 | 124 | 22 | 14 | 88 |
| 1992 | 13 | 118 | 22 | 14 | 82 |
| 1993 | 13 | 115 | 22 | 14 | 79 |
| 1994 | 13 | 119 | 22 | 14 | 83 |
| 1995 | 12 | 128 | 22 | 14 | 92 |
| 1996 | 12 | 131 | 22 | 14 | 95 |
| 1997 | 12 | 140 | 22 | 14 | 105 |
| 1998 | 12 | 142 | 22 | 14 | 107 |

数据来源：新加坡金融管理局官网。

②外资入股限制。1971 年的 Slater Walker - Haw Par 事件①之后，为了防范外国银行危害本国的金融市场稳定，新加坡政府对于外国投资者对本国银行的持股比例进行限制。初始的限制设定在 20%，目的是为了确保掌控本国银行的投资者将本国的利益放在重要的位置；1990 年，新加坡政府将外国人持有新加坡本土银行的股权限制从 20% 上升到 40%。

（2）五年开放阶段（1999—2003 年）。新加坡对于银行实施的三类牌照一直持续到 1999 年。随着新加坡本地银行的实力和竞争力的壮大，新加坡金融管理局意识到，保护政策下本土银行的成长具有局限性，与国际大行相比，其在规模、产品、服务、技术上均存在较大差距，可谓井底之蛙。因此，1995 年 5 月，新加坡金融管理局宣布实施五年开放项目（Five - Year Liberalisation Package），该计划分为两阶段实施：

第一阶段：1999—2001 年，计划 3 年内逐步执行分类银行的开放方案，改善本土银行的公司治理，取消 40% 的外资投资入股限制。

第一，"分类银行的开放"包括设立特许全面银行牌照 QFB（Qualifying Full Bank）、批准新的限制银行牌照、放宽离岸银行的大额业务。

①对于全面牌照，在此基础上细分为"特许全面银行牌照"（Qualifying Full Bank，简称 QFB）和"一般全面银行牌照"。对于持有全面牌照的 6 家外资银行颁发特许全面银行牌照，将设立营业网点和 ATM 机的数量之和提高到 10 家，其中营业网点数量限制在 5 家。此外 ATM 机可以实现在 QFB 银行之间进行联网。对于 QFBs 和非 QFBs 的全面牌照银

① 1971 年 6 月，英国 Slater Walker Securities（史列特·华克证券）取得了新加坡 Haw Par Brothers International Ltd（虎豹兄弟国际有限公司）51% 股权；1973 年英国发生金融危机，Slater Walker Securities 作为没有得到适当监管的金融机构之一，因借贷过度在金融风暴中破产，并将金融风险蔓延至新加坡。

行均可以变更已设立网点的位置。到2004年，对于持有特许全面证的银行可以设立25家营业网点和ATM。

②重新开放限制牌照，截至2001年年底，限制性银行的数量由13家上升到20家。

③离岸银行在大额业务上也更加灵活。对于新加坡金融管理局（MAS）批准获得特许离岸牌照 Qualifying Offshore Bank（QOB）的离岸银行，其贷款限额从3亿新元增加到10亿新元，同时允许进行新币互换业务；而其他离岸银行，贷款限额从3亿新元增加到5亿新元，同时对于债券承销所获收益可以进行新币互换业务。

第二，“改善本地银行的公司治理”主要体现在5家本土银行成立提名委员会（Nominating Committees），通过该委员会来敦促本土银行的公司治理。提名委员会机制能够确保具有足够资历的个人来担任银行主要的管理工作，保证其全力以赴为所有股东的权益服务。

新加坡金融管理局对于提名委员会选定的候选人也有严格规定。首先，董事会成员必须大部分是新加坡公民或者永久公民；其次，董事会必须含有独立董事，这些独立董事不能与公司大股东有雇佣或者其他关系。此外，除了一些惯用规定，提名委员会还着重考虑候选人的年龄、经验和能力。

第三，1999年新加坡政府提高了对于外国人持有新加坡本土银行最多40%股权的比例。这一措施是为了促进银行业本土股权和外资股权的合并，从而提高本土银行股权的流动性。此外，这一措施使得本土银行能够更容易引进外资银行作为战略合作伙伴，并通过股权交易进行海外并购。过去对外国人股权持有比例限制主要出于国家利益的考虑，但是由于公司治理规定的出台保证了银行实际持有人以国家利益为先，使得股权持有比例限制不再必要。同时，新加坡政府加强了对本地银行累计重大持股的审批规定，在现有的5%和20%的股权审批门槛以外，增加12%的股权审批门槛。尽管取消了刚性的股权限制措施，但金管局对股权开放仍持审慎态度。可以看出，新加坡政府在为了促进金融开放和发展而放松管制的同时，会相应出台保障规定，以确保国家利益不会因金融开放而受到损失。

第二阶段：2002—2003年，延续第一阶段的开放政策实施进一步开放。

第一，给予两家新的持有全面牌照的银行颁发特许全面牌照 QFBs。对于特许全面牌照 QFBs 的权利也有了进一步放宽。设立营业网点和 ATM 机的数量上升到15家，可以通过 POS 机提供信贷服务，可以开设养老保险和公积金账户，接受公积金固定存款。

第二，限制牌照由批发牌照 Wholesale Banking（WB）代替，WBs 继承了限制牌照所有的权利。截至2002年，相比于1999年新增加20家批发牌照银行，其中有8家由持有特许离岸牌照 QOBs 的银行升级形成。新加坡政府希望未来持有离岸牌照和特许离岸牌照能够逐步转变成只有批发牌照 WB 的银行。

截至2013年年底，新加坡境内共有外资银行共117家，其中全面牌照银行27家、批发银行53家、离岸银行37，相比于1999年22家、13家、98家的结构，可以看出新加坡银行业开放的成果（见表7-3）。

表 7-3　　1999—2013 年新加坡各类银行牌照发放情况

| 年份 | 本土银行 | 外资银行 | | | |
|---|---|---|---|---|---|
| | | 总数 | 全面牌照 | 限制/批发牌照 | 离岸牌照 |
| 1999 | 9 | 133 | 22 | 13 | 98 |
| 2000 | 8 | 132 | 23 | 16 | 93 |
| 2001 | 8 | 125 | 23 | 20 | 82 |
| 2002 | 6 | 114 | 22 | 33 | 59 |
| 2003 | 5 | 112 | 22 | 31 | 59 |
| 2004 | 5 | 110 | 23 | 37 | 50 |
| 2005 | 5 | 106 | 24 | 35 | 47 |
| 2006 | 5 | 103 | 24 | 34 | 45 |
| 2007 | 5 | 103 | 24 | 36 | 43 |
| 2008 | 6 | 107 | 24 | 42 | 41 |
| 2009 | 6 | 108 | 27 | 41 | 40 |
| 2010 | 7 | 113 | 25 | 46 | 42 |
| 2011 | 6 | 114 | 26 | 50 | 38 |
| 2012 | 6 | 117 | 26 | 52 | 39 |
| 2013 | 6 | 117 | 27 | 53 | 37 |

数据来源：新加坡金融管理局官网。

## 新加坡银行牌照进一步开放

**A. 全面牌照（Full Banks）**

持有该全面牌照的银行可以进行银行法（Banking Acts）准许的个人和法人（社团）的全部范围的银行业务。不能再设立新的分支机构和 ATM 机。

**A1. 特许全面牌照（Qualifying Full Bank）**

持有该全面牌照的银行可以进行银行法（Banking Acts）准许的个人和法人（社团）的全部范围的银行业务。持有特许全面银行牌照的外资银行可以设立 25 家营业网点和 ATM；可以通过使用本地银行 ATM 预支现金；可以办理公积金投资计划（CPF Investment Scheme）专用账户等业务。

**B. 批发牌照（Wholesale Bank）**

持有批发银行牌照与持有全面牌照的银行业务基本相同，除了：

1. 只能拥有一家办公机构，不能够在新加坡境内开设新的分支机构；
2. 不能接受新加坡币的活期存款；
3. 不能接受非银行客户单笔低于 25 万新元的定期存款。

限制性银行可以从事其他的贷款、签发信用证、接受大额（25万新元以上）的存款，为客户开办往来账户，进行外汇交易及参与亚元市场活动等广泛的银行业务。由于限制性银行在存款业务上受到局限，对新元的贷款业务所需资金，主要通过新加坡银行同业货币市场进行筹措。

**C. 离岸牌照（Offshore Bank）**

持有离岸牌照的银行与持有限制性牌照的银行在外币存款业务上基本一致，但是他们关于新加坡本币市场业务受到诸多限制：

1. 不得吸收个人（新加坡居民和非新加坡居民）的新币有息存款，但是可以吸收已核准的金融机构的新币有息存款；

2. 对于债券承销所获收益可以进行新币兑换业务；

3. 对于非银行居民放贷总额度不能超过5亿新币；

4. 不能设立下属分支机构、营业网点。

**C1. 特许离岸牌照（Qualifying Offshore Bank）**

1. 不得吸收个人（新加坡居民和非新加坡居民）的新币有息存款，但是可以吸收已核准的金融机构的新币有息存款；

2. 新币兑换业务；

3. 对于非银行居民放贷总额度不能超过10亿新币。

4. 不能设立下属分支机构、营业网点。

（3）本土银行的发展。在外资银行牌照逐步放开的同时，新加坡本土银行的竞争力也逐步加强。

一方面，鼓励本土银行并购。截至2013年底，新加坡本土银行数量由1989年的13家减少到6家，其中星展、大华和华侨银行是三家规模最大的银行。新加坡金融管理局认为，在新加坡这样的小经济体，银行的并购整合是新加坡银行业在开放环境下的生存之道，形成具有国际竞争力的大银行是必然趋势；该部门在新加坡本土银行的并购中起到推进作用，如邮政储蓄银行并入星展银行的案例。

另一方面，对本土银行的监管具有灵活性。新加坡鼓励本土银行发展金融控股公司，形成规模经济效应，如大华金融并入大华银行、马来西亚银行金融公司并入马来西亚银行、华侨金融并入华侨银行等。此外，鉴于全面银行较高的准入门槛，批发银行牌照在2009年对国内银行放开，2010年一家本土批发银行成立。

（4）分类银行准入门槛。除了对于银行业务的分类批准以外，不同类型银行的准入门槛也不同，其差异主要体现在注册资本金方面，其主要依据是新加坡1993年10月修订的《银行法》（Bank Act）。

对于申请设立银行法人机构的本土银行或合资银行，申请全面银行许可证（Full Bank）的银行，其资本金不得少于15亿新元或者等值的自由兑换货币，注册资本应当是实缴资本。对于申请设立具有批发牌照（Wholesale bank）的本土银行或者合资银行，最低实缴资本（paid - up capital）要求要比申请全面银行许可证（Full Bank）的银行低很多，以降低进入门槛。其中最低实缴资本（paid - up capital）要求分为两类。对于只进行本国业务的批发型银行，要求其实缴资本要不少于1500万新币；对于需要在新加坡本国以外地区设立分行或办事处的批发型银行，要求其实缴资本要不少于1亿新币。已经具有批发牌照的外资银行分行，可以选择继续作为分行开展业务，也可以按照新的规定设立合资银行开展业务。

对于申请在新加坡设立分行的外资银行，无论许可证是全面型（Full Bank）、批发型（Wholesale bank）还是离岸型（Offshore Bnak），其新加坡分行均需要在新加坡保留总行资本金（head office capital funds）不得少于2亿新元。但是，对于1993年法案颁布之前已经获得银行许可证的外资银行则可以豁免总行资本金这一规定。

**2. 税收优惠政策**

1968年，新加坡开始发展亚洲美元市场，对于经营亚洲货币单位（ACU）的外资银行及金融公司，频繁实施了一系列税收优惠政策。首先，在存款业务上，1968年新加坡取消了非居民存款在亚洲货币单位的利息收入税收；1972年取消对亚洲货币单位20%准备金的规定，免征对提货单和可转让定期存单的印花税。在贷款业务上，1973年将亚洲货币单位境外贷款利息所得公司税率从40%大幅削减为10%；1983年准许亚洲货币单位从特定离岸贷款业务获得的利润免征税；1985年免征所有亚洲货币单位的离岸贷款合同印花税。在债券业务上，1980年，免征亚洲美元债券印花税；1984年准许亚洲货币单位从联合岸外担保、包销债券、轮转式包销和履行债券等获得的利润免征税。对于机构和个人，1977年将亚洲货币单位关于离岸业务的所得税由40%下调到10%，对非居民亚洲货币单位存款和债券免征财产税；1983年，取消非居民从亚洲货币单位管理基金获得的离岸收入税，基金经理的管理费只需要缴纳10%税收。

同时，在保护本土银行的初步发展阶段，对本土银行也实施税收优惠政策。1991年，商业银行每年一般准备金税额减免不超过25%净利润额和0.5%贷款总额的较低值；1997年，商业银行每年一般准备金税额减免上限提升到贷款总额的2%；1998年，商业银行每年一般准备金税额减免上限提升到贷款总额的3%。

除税收优惠外，1982年新加坡降低了银行外汇交易的经纪佣金，降低了银行经营成本。新币现货与期货交易佣金从每100万美元支付68新币降低到60新币；外币交易，如交易双方均为本地银行，则每100万美元佣金为70新币，否则每100万美元佣金为80新币。1982年9月，实行新的经纪佣金折扣优惠，对于每月佣金支付在5 000—15 000元、15 000—25 000元、25 000—35 000元、35 000元以上新元的银行，可分别享受20%、40%、60%和75%的回扣。该规定使多数银行交易佣金下降了20%—30%，极大地鼓励了银行进行大宗外汇交易。

**3. 经验小结**

新加坡银行业的开放进程和发展速度极为迅速，银行业资产从1989年的572亿新币上升到2012年的1849亿新币。特别是在银行业5年开放计划以后，2003年开始新加坡银行业资产迅速上升（见图7-2），有效地弥补了1997年亚洲金融危机产生的影响。总的来看，新加坡在银行业发展方面的成绩在于，不仅壮大了本土银行实力、打造了国内强大的银行体系，而且巩固了区域性金融中心的地位。并呈现以下特点：

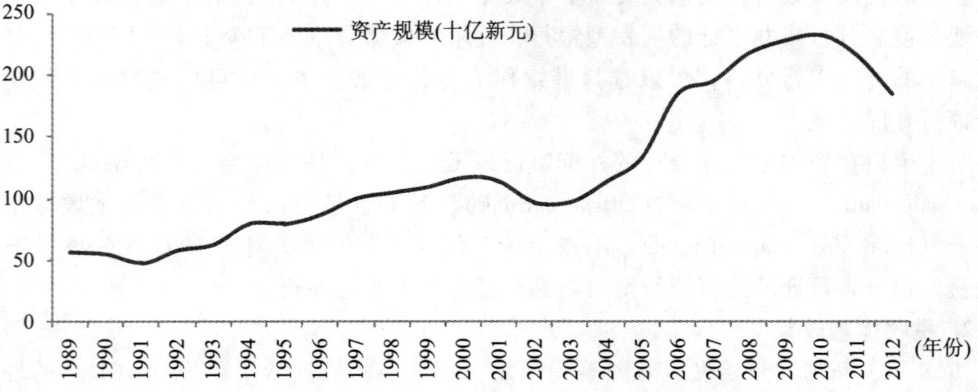


**图 7－2　1989—2012 年新加坡银行业资产规模**

（1）循序渐进。先对外资银行实行牌照限制以壮大本土银行实力，在本土银行体系壮大的基础上，再扩大开放、放宽牌照和入股限制，引入各类外资银行，巩固区域性金融中心地位。

（2）多元牌照管理是关键。对规模、风险承受能力、功能定位等不同的银行机构，建立多元银行牌照体系，并设立不同的准入门槛，以促进更多资本进入银行业的同时，维持金融体系的稳定。

（3）税收优惠发挥积极作用。税收优惠政策极大地推动了新加坡银行业的开放，外资银行大量涌入，成为推动新加坡成为区域性国际金融中心的主力军。

### 7.1.3　香港银行牌照管理经验

**1. 存款机构三级制及其形成**

（1）存款机构三级制。根据《银行业条例》，香港实行存款机构三级制（Three－Tier Banking System），分别为持牌银行（Licensed Bank）、有限制牌照银行（Restricted Licence Bank）及接受存款公司（Deposit－taking Company）。香港金融管理局是发给认可资格的机构，负责向所有三类认可机构发给、暂停及撤销认可资格。

持牌银行。只有持牌银行才可经营往来及储蓄户口业务，并接受公众任何数额与期限的存款、一级支付或接受客户签发或存入的支票。实收资本不少于 3 亿港元或其他核准货币计算的同等款额。

有限牌照银行。主要从事“批发型”业务，包括商人银行及资本市场活动业务，亦可接受 50 万港元或以上任何期限的存款。实收资本不少于 1 亿港元。

接受存款公司。主要从事“零售型”业务。大部分由银行拥有或与银行有联系，主要从事私人消费信贷及证券等多种专门业务。这些公司只可接受 10 万港元或以上、最初存款期最少为 3 个月的存款。实收资本不少于 2500 万港元。

（2）三级制的形成。

第一，两级银行制。从20世纪50年代到60年代初，香港银行业管理松散，缺乏完整的管理制度，银行业盲目发展、过度竞争。因此，1965年停止了银行牌照发放以控制银行数量。70年代初，香港经济飞速发展，存款大幅上升，银行业面临巨大发展机会，大量接受存款公司在监管外快速生长。为加强对该类公司的监管，1976年，香港政府颁布了《接受存款公司条例》，将接受存款公司归为银行的一部分，形成了持牌银行和接受存款公司的两级银行结构。

对于接受存款公司，该条例规定：除银行以外的所有存储机构必须向银行监理处登记，必须持有500万港元以上存款；不受任何监管和限制（包括不受清偿力的最低要求、持有股票和房地产方面的限制、银行利率协议的限制）。

第二，旧三级制。因为接受存款公司几乎不受任何管制，持牌银行也纷纷成立附属的接受存款公司来规避监管，政府的金融调控受到威胁；同时，接受存款公司业务深入房地产及金融各方面，金融风险积聚。1981年4月，政府对《银行业条例》和《接受存款公司条例》进行修订，确立了三级制管理，包括持牌银行、持牌接受存款公司和注册接受存款公司。

持牌银行：最低实收资本金为1亿港元，业务范围广泛，可向公众接受任何期限和数量的各类存款，可进行抵押放款、建筑放款、信用透支、进出口押汇、楼宇信贷、海外汇兑、证券投资、信托和保险代理等；必须加入银行同业公会，接受利率协议的约束。

持牌接受存款公司：实收资本不低于7500万港元，只能接受50万港元以上任何期限的存款，其业务属“批发性”，主要有包销、财务服务与咨询、集团贷款和可转让存款证买卖；就其业务范围看，持牌接受存款公司属于投资银行；不受利率协议约束。

注册接受存款公司：实收资本不低于1 000万港元，只能接受不少于5万港元、期限为3个月以上的定期存款（1986年调整为10万港元），其业务属“零售性”，主要有各类抵押贷款、股票、债券、外汇、黄金、可转让存款证的买卖，保险代理、信贷财务和消费者信贷等；不受利率协议约束。

第三，新三级制的形成。为利于持牌接受存款公司适用银行名称拓展国际业务，1990年立法局通过修订《银行业条例》，将持牌接受存款公司改为有限制持牌银行，将注册接受存款公司改为接受存款公司，并提高了对三级机构的最低实收资本金的要求。

**2. 与新加坡比较**

（1）分类牌照管理应市场需求而产生。与新加坡银行业自上而下的政府主导型规划不同，香港存款机构的三级制度是应市场需求而产生，经济的发展对银行业的金融服务提出差异性需求；且基于对金融风险的有效控制和银行业国际化发展需要，最终形成现行的三级牌照管理制度。

（2）税收优惠政策滞后于新加坡，初期发展也落后于新加坡。因20世纪60年代香港银行过度竞争并倒闭的阴影未去，政府金融政策变得保守；香港政府担心满足跨国银行撤销外币存款利息税的要求会破坏其自由放任的经济管理体制、影响港元的稳定，而坚持对银行体系的外币存款征收利息税，且在1978年之前均维持15%的外币存款税率；

而新加坡在1968年及时宣布废除外币存款利息税，满足外资银行设立离岸市场要求，启动亚洲美元市场，构筑内外分离式的金融管理体制。到1977年，新加坡外资银行达到64家，离岸借贷规模达到168亿美元以上；香港外资与合资银行共44家，离岸贷款规模约59亿美元，仅是新加坡贷款规模的1/3。当然，1978年税收优惠政策的施行，加上自由开放的金融环境，香港后发优势取得了巨大成绩。

### 7.1.4 建议自贸区探索构建银行牌照分类管理制度

**1. 构建全面牌照、有限牌照（批发牌照和零售牌照）、离岸牌照分类管理制度**

新加坡、香港等区域金融中心以业务范围为牌照分类依据。新加坡实行全面牌照、批发牌照和离岸牌照三类管理，香港实行持牌银行、有限牌照银行、接受存款公司三级制管理。

建议构建全面牌照、有限牌照（批发牌照和零售牌照）、离岸牌照三级牌照管理制度。在业务范围上，“全面牌照”持有者可经营银行法规定的所有银行业务（包括债券承销）。“有限牌照”中“批发牌照”和“零售牌照”并行，分别对存款、贷款业务设立限制；前者不可以吸收活期存款和一定额度以下的定期存款（如100万人民币），不可以发行信用卡，并限制其在自贸区内设立其他分支机构和ATM机的数量；后者设立贷款额度上限（如1 000万人民币），贷款对象主要为中小企业。“离岸牌照”可在自贸区内为区内非居民办理本外币自由贸易账户和相关业务，但不能为区内居民办理本外币自由贸易账户。在市场准入上，逐次降低全面牌照、批发牌照和零售牌照、离岸牌照的准入门槛，包括股东资产规模、注册资本金、总行划拨营运资金等。

实际上，以上牌照分类也是基于国内银行牌照管理体系现状的改革。具体来说，“批发牌照”实际上延续了外资银行分行在国内“人民币零售业务”的限制，未来其申请者可以是境内外贸企业客户丰富的中资、合资或外资银行，也可以是尚未进入中国市场、在降低资金门槛条件下定位于批发业务的中小国际银行。“零售牌照”则源于我国城商行、农商行和邮储银行的初始定位以及定位于“小存小贷”、“大存小贷”民营银行方案，针对性解决区内中小企业融资难问题。“离岸牌照”的设立主要基于自贸区非居民业务需求膨胀。

**2. 在市场准入方面不区分本地与外资，对外资银行实行“国民待遇”**

第一，在拟申请自贸区全面牌照、批发牌照、零售牌照和离岸牌照各类银行的资格认定上，不区分本土银行与外资银行；第二，在业务准入方面，对各类银行牌照的业务范围、经营方式均按照组织类型、业务性质实行统一标准。

外资银行申请自贸区全面牌照仅能以法人银行的组织形式，或在境内区外已获得法人银行牌照、进而设立自贸区分行，或在自贸区申请注册法人银行全面牌照；申请批发牌照和离岸牌照可以子行、分行或支行的形式，或已在境内区外设立法人银行或分行、进而设立分行或支行，或直接申请设立自贸区子行、分行。

建议豁免对拟在自贸区设立外资银行分行或法人银行的申请者的“代表处”年限要求。银监会2013年9月28日发布的《关于中国（上海）自由贸易试验区银行业监管有关问题的通知》也提到，“研究推进适当缩短区内外资银行代表处升格为分行，以及外资银行分行从事人民币业务的年限要求。”

**3. 建立牌照升降通道，构建存款保险制度在内的破产退出机制**

建立银行牌照升降机制，鼓励创新发展，加强行业竞争，提升资源配置效率。牌照升降通道，即对处于不同发展阶段、持有不同牌照的银行，根据其当下资产规模、治理结构、业务能力、风险防控强弱等多重指标，对应于各类牌照准入门槛，进行牌照的动态转换，可升可降，包括破产退出。

存款保险制度构成银行破产退出机制，是保护存款人利益、维护金融系统稳定运行的长效机制。一是建议在全国存款保险制度推行尚无时间表的前提下，在上海先行试行存款保险制度，建议由央行上海总部主导建立存款保险机构。二是建议申请存款保险初始基金由财政资金、央行和投保机构共同注资，对银行机构采取强制性投保模式，设置依据风险调整的差别保险费率。三是建议采取限额赔付，根据上海人均收入水平、银行机构存款水平、通货膨胀等因素综合确定赔付标准。

**4. 以税收优惠政策作支撑，促进国际金融中心形成**

以外资银行为例，国内现行税制涉及外资银行的税种主要包括营业税、企业所得税、印花税、个人所得税等。第一，营业税税率为5%，计征营业额有三种方法：一是对一般贷款等中介服务以取得的利息收入全额或手续费收入全额确定为营业额；二是对外汇转贷，按贷款利息收入减去支付境外的借款利息支出后的余额为营业额；三是对外汇有价证券等金融商品转让，按卖出价减去买入价后的差额为营业额。金融机构之间相互占用拆借资金取得的利息收入不征收营业税。第二，企业所得税税率为25%，非居民企业区别不同情况就其来源于中国境内、境外的所得纳税，应纳税所得额为企业每一纳税年度的收入总额，减除不征税收入、免税收入、各项扣除和允许弥补的以前年度亏损以后的余额。第三，外资银行涉及印花税的凭证主要有借款合同、财产租赁合同、产权转移书据、营业账簿、权利、许可证照等。借款合同以借款金额为计税依据，税率为0.005%；财产租赁合同以租赁金额为计税依据，税率为0.1%；产权转移书据以书据所载金额为计税依据，税率为0.05%；记载资金的账簿以实收资本和资本公积的合计金额为计税依据，税率为0.05%；其他账簿每件贴花5元；权利、许可证照每件贴花5元。此外，无息、贴息贷款合同，免征印花税；外国政府或国际金融组织向我国政府和国家金融机构提供的优惠贷款书立的合同，免征印花税。第四，对储蓄存款利息所得和证券投资资本利得不征收个人所得税。

对于以盈利为目的的商业银行来说，优惠的税收环境是促进银行业进驻自贸区、使金融高效服务于实体经济的催化剂。在自贸区发展之初，关于银行业税收优惠可在以下几方面作出尝试：①降低所得税税率，由25%降至10%—15%，尤其在自贸区建立初期企业融资需求强烈，降低银行贷款利息所得税率极为必要；②减免借款合同、大额可转让存单、提货单等印花税；③在自贸区内试行营业税改征增值税。

## 7.2 投资银行

在上海自由贸易试验区的金融改革中，中国证监会在2013年9月29日出台的《资本市场支持促进中国（上海）自由贸易试验区若干政策措施》中，提到以下三点：第一，“支持自贸区内符合一定条件的单位和个人按照规定双向投资于境内外证券期货”。具体来说一是“区内金融机构和企业可按照规定进入上海地区的证券和期货交易所进行投资和交易”；二是“在区内就业并符合条件的境外个人可按规定在区内证券期货经营机构开立非居民个人境内投资专户，开展境内证券期货投资”；三是“允许符合条件的区内金融机构和企业按照规定开展境外证券期货投资”；四是“在区内就业并符合条件的个人可按规定开展境外证券期货投资”。第二，“区内企业的境外母公司可按规定在境内市场发行人民币债券。根据市场需要，探索在区内开展国际金融资产交易等”。第三，“支持证券期货经营机构在区内注册成立专业子公司”，“支持区内证券期货经营机构开展面向境内客户的大宗商品和金融衍生品的柜台交易”。

因此，对于投资银行在自贸区内经营证券业务的组织形式、业务模式，以及相应的合规和风险控制，是管理层和证券公司关注的焦点。本部分将对以上问题进行研究和探讨，并提出自贸区证券业务发展面临的政策需求。

### 7.2.1 投资银行开展自贸区证券业务的重要意义

**1. 微观层面，推动投资银行创新转型，推进国际化发展战略，增强核心竞争力**

通过开展自贸区证券业务，投资银行可进一步延伸和拓展公司在组织、制度和产品方面的创新转型。从产品创新上推进汇率市场化与利率市场化。支持人民币跨境投融资服务、发展人民币汇率和利率避险产品，除传统的无本金交割远期市场（NDF）和即期兑换外，提供利率互换、期权等产品交易；并为境内和跨境主体提供多样化的人民币产品和风险管理，推进人民币债券市场建设，开展FICC业务，从产品端完成汇率与利率的市场定价。

根据上海自由贸易区的相关政策，上海自由贸易区将成为跨境投融资业务的平台。因此，开展自由贸易区证券业务有利于打通“三个市场”（区内市场、区外境内市场和境外市场），开拓“三类客户”（区内居民、非居民客户、境外客户），为客户提供跨境投融资等创新业务机会，满足公司跨境业务进一步发展的需求，对投资银行国际化战略意义重要。

上海得天独厚的金融中心地位及自贸区的发展前景将会吸收诸多国际知名券商、律所、会计师事务所在区内设立分支机构，自贸区将不仅是资本积聚中心，同时也是信息和人才汇聚的中心。全球各地的经济、贸易、技术信息的各种变化都会迅速传递到自贸区，并在市场上得到体现。投资银行通过在自贸区设立分公司，一方面将迅速获取快速的环球信息，另一方面将自贸区公司作为投资银行与海外业务的连接桥梁，担当公司海外业务的窗口，承担业务联络、信息反馈及新产品引进等职能，加速公司业务向海外延伸。另外，还可以为公司培养综合性全方位人才，为公司的海外业务拓展提供人力资源储备。

**2. 宏观层面，服务自贸区实体经济建设，推动上海国际金融中心建设进程**

国外先进经验表明，证券公司从国内一流向国际知名转变最好的依托就是本土企业的海外扩张。目前，我国在人口红利支撑的“中国制造”优势逐渐丧失的情况下，企业已经进入了大规模对外投资阶段（离岸市场的发展），自贸区的设立使海外市场与内地的联系越来越密切。投资银行通过设立自贸区分公司，整合海内外资源，利用自贸区发展机会，帮助企业境外融资、海外并购，为国有企业、中小企业海外扩张发展提供风险对冲、投资咨询等服务，可更好地服务于实体经济发展。

人民币国际化是21世纪我国重要的国家战略之一。上海自贸区发展的核心是投资自由化和金融制度改革深化，明确提出对人民币资本项目可兑换、利率市场化、人民币跨境使用等方面创造条件进行先行先试。构建自贸区离岸人民币市场，以足够的市场深度和广度容纳离岸人民币，推动人民币国际化。通过人民币在岸市场与离岸市场的无缝对接深化金融改革，推动货物贸易、服务业开放、产品创新和完善市场体系。投资银行通过在自贸区开展证券业务，打通“三个市场”、开拓“三类客户”、利用“三种资源”（区内、区外境内和境外资源），在风险可控的前提下，创新产品和服务，通过国际化和综合化经营，推动人民币国际化及上海国际金融中心建设。

### 7.2.2 自贸区投资银行牌照管理及组织形式

截至2014年6月30日，已有国内两家证券公司——国泰君安证券公司和海通证券公司，在上海自由贸易区设立自贸区分公司。尽管证监会提到“支持证券期货经营机构在区内注册成立专业子公司”，但“专业子公司”则意味着公司对于自贸区证券业务的发展模式有准确的判断，也对区内证券业务的发展前景有十足的把握。对于尚处于发展初期的自贸区来说，投资银行进驻自贸区的组织形式不以“专业”为目的，而是以构建公司入驻自贸区的业务基础和拓展客户基础为主攻方向，因此“分公司”是投资银行在自贸区建设初期进驻区内安全的组织形式。

然而，中资投资银行不管是以“分公司”还是“子公司”形式入驻自贸区，在业务范围上均存在一定的局限性。就“分公司”形式来说，目前，不少证券公司的资产管理牌照已通过设立资产管理子公司剥离至子公司，母公司本身并无资产管理牌照，由此在自贸区成立的分公司，其经营范围即不包括资产管理业务。事实上，自贸区分公司的资产管理业务与现有资产管理业务有较大不同，认购资产管理计划或公募基金的资金的来源、集合、分红和归还均为区内自由贸易账户，自贸区内的资产管理业务属于封闭运作的状态，将两者归为同种业务确有不妥。就未来可能出现的“子公司”形式来说，由于证券公司各子公司的业务牌照具有排他性，在境内区外已设立资产管理子公司的投行设立的自贸区子公司不能从事资产管理业务，倘若尚未在境内区外设立资产管理子公司，则投行在自贸区设立该类子公司后，仅能在自贸区内从事资产管理业务，境内区外经营范围不再包括此业务。

因此，投资银行在自贸区开展相关业务的组织形式所涉及的问题，已经深究到我国投资银行牌照管理这个根本性问题，这也是当前证券行业监管“放宽证券公司的设立门槛，实行证券业务牌照管理”的热门话题，若借自贸区来先行先试中国投资银行业牌照管理和监管制度的改革，将为国内投资银行业监管转型提供重要的借鉴意义。

**1. 海外证券经营机构牌照管理研究**

我们主要对美国、英国、澳大利亚、新加坡和香港特区等国家和地区的证券经营机构牌照管理体制的相关经验进行了深入研究，具体材料不作展示，主要结论如下：

（1）“宽进严管”是海外证券经营机构牌照管理体制的总体原则。通过对美国、英国、澳大利亚、新加坡和香港特区等样本的证券经营机构牌照管理体制考察发现，总体上这些国家和地区在证券经营机构准入方面相对宽松，但均在准入后的管理方面有严格的要求和一整套完整的监管体系，强调通过注册前端导入信息和后继信息集成，重视事中和事后监管。

对于“宽进”，可以从这样几个方面得以体现：

首先，监管机构对管辖业务活动、证券产品和证券机构的界定范围较宽。无论是从分业经营重返混业的美国，还是混业性质更强的英式金融体系或德国大陆综合银行体系下，根据各自的证券法规，在界定证券经营范围时多采用较宽的口径，在很大程度上仅是排除传统的银行存贷和保险业务后涉及各类金融市场的各类证券产品和服务，而不是仅仅限于交易所市场公开发行的证券。

其次，监管机构对准入审核的相关资质要求明文列示，门槛限制相对较低，鼓励市场竞争。在明确界定管辖范围的基础上，各国监管机构对申请人必须具备的各项条件（包括财务资质、人力资源、内控制度、风险管理、商业计划及信息设施等）都出台了详细的指引文件，申请人能够很便利地获知相关要求并可寻求专业帮助完成整个申请和审核流程。同时，监管机构非常在意市场竞争，对准入的财务资源要求通常都设有较低的门槛准入，便于从事简单业务和利基策略的申请者进入行业，仅对那些体量规模较大和从事风险程度较高的申请人提高准入标准。并且，从实际牌照发放情况来看，尽管审核流程非常详尽，但只要申请人符合监管机构事前所列各项要求，通常都能获得执业牌照，监管机构并未主观刻意对经营机构数量和类别进行控制。以美国为例，向 SEC 注册的经纪商和交易商超过 4 000 家，投资顾问则超过 1 万家，即便是近年来监管层颇为担忧妨碍市场完整性的另类交易系统，仍有 96 家机构获准运营此类电子交易平台。行业结构由市场参与者自由竞争所决定，宽准入口径是促成美国证券行业差异化竞争模式得以形成的一个重要因素。

最后，参与形式的多样性和自由化。在美国、英国和澳大利亚注册证券经营实体通常给予申请人法律组织形式的选择更加多样化，除股份公司外，合伙制、独资、有限责任公司乃至个人均可以申请经营证券业务，这种处理方式实际上能够更好地便于申请人充分发挥各种资源配置效应，尤其是在承销、并购和顾问等进入资本要求较高的子业务方面。同时，如英国和澳大利亚这类“自选菜单”式牌照申请流程，经营实体与相关证券业务之间的联系更为灵活多变，美国则将经纪商、交易商和投资顾问的子业务牌照充分细化，也能起到同样的效果，都为申请者申请执业提供了便利。

此外，尽管监管机构根据相关法案对管辖范围界定非常宽泛，但同时也设立了大量的豁免条例，对非经常性、针对合格投资者的私人性质较强的业务预留了足够的空间，也使得整个证券业务牌照体系更具弹性。

对于“严管”，同样可以从如下几个方面加以理解：

首先，在“宽进”的基础上，各监管机构对进入的经营机构设置了一整套详细的监管安排，既包括经营机构自行上报的各项合规报告、财务报告和审计报告，也包括定期核查、投诉调查、分支机构检查、人员资质检查、专项调查等多样化的检查项目。以美国为例，经纪商和交易商平均每年必须接受来自美国证券交易委员会（SEC）、FINRA 和其他 SROs 以及州监管者的各项检查超过 200 次，在合规方面花费的支出占净收益的比重超过 13%。

其次，“严管”的内容覆盖经营主体的雇员、业务活动和内控管理等各方面，并在各方面都制定了详细的规范文件，且通过与各自律组织以及行业协会的积极互动和沟通评论，相关规则更新效率亦能得以保证。同时，强大的信息采集系统和合规数据的积累也极大地提升了严格监管的效率，如美国 FINRA 及 SEC 等监管机构都建有强大合规记录数据库并共享互通，英国 FCA 的技术部门就拥有 4 000 余名雇员。

最后，强调事中、事后监管，从注册前端数据导入风险评估监管体系，能够最大程度提升监管资源使用效率。在前端注册流程主要审核申请人是否符合相关注册资质，满足相关条款即予放行，但这仅是经营机构进入监管视线的第一步，此后从业活动是否规范以及相关资质条件能否持续满足监管要求才是整个监管体系关注的重点。但自由进出市场在实践中无疑会给监管机构带来巨大的工作压力，因此一个完善和有效的风险评估系统是其分配监管资源的主要依仗，而一旦这个风险评估系统需要更新调整，往往也会直接涉及前端注册各项信息和电子材料表格的变更，这同时也会改变事中、事后监管的资源分配方式。

此外，从动态视角来看，次贷危机后全球金融监管趋严已是不争的事实，包括场外交易、衍生品、私募业务豁免等都出现不同程度的收紧。另外，“双峰制”监管的流行让审慎监管的戏码变得更重，尤其是近年来热议的“影子银行”问题，很多都是涉及证券业务的监管规避创新，审慎监管也已成为整个证券经营机构监管体系的重要组成部分。

（2）机构与业务具备一定的对应关系，但在不同金融体系中不尽相同。通过对美国、英国、澳大利亚、新加坡和香港特区等样本的证券经营机构牌照管理体制考察发现，在证券业务牌照划分方面，均涵括证券交易、投资顾问、资产管理和承销等较为清晰的框架安排，以及资信评级、托管、清算等其他证券业务，但不同监管主体对子业务项目的划分及其与申请机构身份的对应方式却存在差异。

首先，纵览各样本监管主体所管辖的证券经营业务范围，证券交易（含证券经纪）、投资顾问、资产管理以及承销业务都是最为典型的几类证券业务，其他相关证券业务还包括资信评级、托管、登记、清算等。但在不同的样本国家，对子业务划分方式和详尽程度则大相径庭。其中，美国和新加坡较为类似，先从大类上区分了经纪商、交易商、投资顾问和投资公司，然后在就每一身份主体细分子业务，尤其是美国的经纪商和交易商，包括29个子业务，选项非常细致。而英式监管则选择较为综合的处理方式，先通过选择业务大类，比如证券交易、提供投资顾问或运营资产管理计划等，然后以“产品×客户”的方式来确定详细的业务许可并选择合适的“身份关键词”，香港则直接将管辖的证券业务划分为十个子类别，实施“持牌人”制度。

其次，由于各样本主体在证券业务牌照划定方面存在差异，因此证券经营机构与证券业务之间的对应关系也就不尽相同。在美国，需要事先确定证券经营机构的身份，申请人可以选择经纪商、交易商、投资顾问、投资公司、资信评级、清算代理人、登记代理人等等，然后再从相应身份内选择具体的证券业务。而在澳大利亚，则是先选择所从事业务类型，也即从交易金融产品、为金融产品做市、提供投资建议、运营资产管理计划、保管存托服务以及传统信托公司服务中选择一项或多项，然后再依据“产品×客户”组合方式进行执业许可详细定位，最后才选择“身份关键词”。而在其他研究样本中，新加坡的方式比较接近美国，全能银行模式的德国则将前端的身份划分为银行、金融服务机构、保险及资产管理公司几大类，英国与澳大利亚高度类似，香港也带有明显的英式风格。

（3）注册证券经营机构准入要求均涉及财务资源、人力资源、IT资源、合格股东、稳健内控、合规记录、适当的风险管理系统和完备的商业计划等，并形成标准格式的电子化表格，便于前端导入数据并在各监管主体间信息共享。

在本书研究的诸样本中，无论注册何种证券经营机构，在准入要求方面都包括财务资源（最低净资本及杠杆比率）、人力资源（雇员专业资质、从业经历和关键雇员的数量等）、IT资源（符合要求的信息技术设备及其他硬件设施）、合格股东（股权结构及股东的合规、犯罪记录等）、稳健内控（是否构建适宜的内控和治理制度）、合规记录（包括股东、管理人、雇员及其他重要关联人和实体的犯罪记录）、风险管理系统（风险管理系统是否符合要求，风险应对措施是否充分等）以及商业计划（包括组织结构、资本来源、市场拓展计划、财务预算、业务战略等）等。

从横向对比来看，不同样本的准入门槛和限制程度不尽相同。以净资本为例，美国对经纪商最低准入的净资本要求仅为5 000美元，新加坡对介绍经纪商的最低资本要求为50万新币，德国对不从事本金交易的经纪商最低资本要求则为5万欧元。再例如对股东和申请人法律组织形式的要求，美国、澳大利亚和英国在这方面就享有更大的自由度，香港和新加坡对股东的记录、声誉和排名都非常重视，尤其是新加坡在申请注册时往往特别要求股东填报承诺书或担保函。

这种差异往往与法律制度、金融监管体制等基础背景因素有关。另外值得注意的则是各样本大都根据申请人拟从事业务规模、复杂性和风险程度来设定差异化标准，尤其是类似美国、英国这样拥有复杂而庞大金融体系的国家，在注册资格要求方面均针对申请人从事业务来制定和调整相关标准。以资本金约束为例，通常会针对不同业务类型规定不同的最低资本金标准，如衍生品交易这类复杂程度和风险程度较高的业务会单独制定一个较高的最低资本限额，同时又依据经营机构营业规模来设定一个杠杆比例，以确保不会暴露过度风险敞口。

另外，针对前述的各项要求，各监管主体均制定了标准格式的电子表格，这些电子表格往往具备典型的“Check the Box”和“Fill the Blank”特征，并能在不同监管主体之间传递和共享，极大地提升了注册和前端数据导入的便利程度和效率。

（4）灵活的豁免条例有利于增加证券经营机制牌照管理制度的弹性。尽管对证券业务的界定范围通常采用较宽的视角，但监管机构并非对所有证券业务和证券机构均执行同样的监管力度，且还存在一些因为难以清晰定义或混业演变导致的监管权再分配等需要特殊处理的情况，因此各国的证券经营机构牌照管理体制都会留有一些豁免条款。

首先，在分业向混业转变的过程中，其他非证券类机构如银行、保险机构拓展证券业务时，在原有的机构分业监管模式下，往往容易出现监管权的争议，详情可以参阅前文关于美国证券行业开放历程中商业银行拓展证券业务的相关材料。但随着金融自由化浪潮和功能监管转型，经过银行、证券监管机构的积极磋商，对其他金融机构证券业务的监管框架也逐渐形成，总体上按照业务归属银行类机构的证券业务也属于证券监管机构的管理范畴，但对于某些银行证券业务，则给予不同程度的豁免便利，某些业务只需向证券监管机构履行告知或报告义务即可。

其次，除混业因素导致的豁免，通常还存在一些“私募性质”的豁免条款。一般来讲这类豁免通常需要考虑这样两个因素：一是业务规模，比如证券发行的数量或某些私募基金的 AUM 等；二是参与人资质要求，通常是针对各种类别的合格投资者，或家族、集团内部等，并大多对投资者数量设有限制。另外，这些豁免条款通常也对公开招揽方式的使用有所限制，但随着信息化和网络技术的扩展，近年来也存在部分约束松动的情况。

最后，某些证券业务难以在现有证券业务牌照框架内进行准确定义的，还可以采用申请无异议函或者自行填报的方式来加以处理。这方面最典型的是美国注册经纪商和交易商通常的第 29 个子项目，开展并购业务的经纪商或交易商往往将其用其他选项填报，某些综合性业务还可以在执业时向 SEC 申请无异议函的方式来完成。

此外，和前文混业监管的处理方式类似，在不同监管机构之间注册的主体为避免重复注册成本准予申请人以备案方式注册，这种做法在“双峰制”模式国家也很常见。

（5）私募业务的牌照管理——发行制度建设是关键。以美国为例，由于 SEC 和 NASD（FINRA 的前身）在其设立之初就重点监管经纪商和交易商的场外市场业务（这与美国证券行业自场外向交易所市场发展的历史背景有关），私募业务也是经纪商和交易商开展最广的业务线（将近六成的经纪商和交易商开展此项业务，其比重远高于交易所证券或政府证券交易）。实际上，这离不开美国非公开发行的一整套完整而富有弹性和包容性的制度安排，除 1933 年证券法 4（2）条款、D 条例、144A 规则外，还包括州内豁免、1001 规则、701 规则、A 规则、E 规则等众多非公开发行豁免通道以及众筹、PIPE、DPO、DPP 等非公开融资渠道，这是其场外市场能够汇聚中小企业的一个重要原因。数据显示，1985年来美国公司私募融资金额和发行数量占比分别位于20%—50%和30%—65%区间，如果计算融资规模，近年来私募融资总量均高于公开发行融资。尤其是对冲基金、私募股权基金和风险资本基金是使用这些豁免发行条款的主要机构。

正是得益于这一整套完备的制度安排，美国对证券经营机构的私募业务和场外业务管理相对规范，在其BD表格的29个子业务项目中特为此设立了三个子类可供选择，部分申请人还通过其他项目填报一些场外非标准业务的申请。对于私募基金顾问及私人投资公司，SEC也都出台了相应的监管规则，对豁免范围做了明确界定。在2010年多德—弗兰克法案之后，SEC对私募基金的豁免有所收紧，对于服务客户或AUM超过一定限额的私募基金要求其履行注册业务，不满足要求的私募基金则必须保存完整的记录并按情况提交报告。

再以香港为例，香港将资产管理作为一项单一的证券业务牌照，其中就包括向非公众销售的私募基金管理（主要是对冲基金等），对于从事私募基金的经营实体必须向证券和期货委员会（SFC）注册，其产品如果向公众销售必须通过审批，对向非公众销售的对冲基金产品可以豁免，但必须遵守SFC关于资产管理的各项行为准则要求，并向持有人及时披露季报、中报、年报等各项材料。新加坡的情况与香港类似，在统一的基金管理牌照准入体系下，私募基金可以申请A/I LFMC或RFMC来充实私募基金业务，但必须遵守货币管理局（MAS）关于客户资质、客户数量、AUM和招徕方式等方面的要求。

（6）“互联网证券业务”的牌照管理——仍是“宽进严管”。自20世纪60年代后期危机以来，信息技术和互联网对证券行业的影响逐渐深远，包括网络折扣经纪商、另类交易系统、众筹平台这类与互联网密切相关的新的证券经营模式和主体逐渐发展起来。然而，如果从证券经营机构业务牌照管理来看，并无诸如互联网证券业务这样的子业务牌照设计，使用何种技术和业务模式则由申请人自行选择。对于与网络相关业务的牌照管理，仍旧遵循“宽进严管”原则。

对于宽进，可以从这样几个案例窥见。例如，在讨论经纪商的综合账户管理服务是否需要注册为投资顾问时，SEC采取了比较包容的处理方式，认可这类综合账户仍属于经纪商的业务范畴。而在场外电子交易平台和众筹融资平台方面，也积极出台相应规则将其纳入规管范畴，是促进证券行业竞争和业务模式多元化的关键。例如，SecondMarket成立不到10年便成为全球最大的私募转让市场。SharesPost是负责其创始人在线销售汽车的方式，仅申领私募发行、场外证券交易等几项牌照便迅速打造了一条Pre-IPO业务生态链，对于已注册的经纪商和交易商，发起设立电子交易平台（包括黑池和ECN）也不存在明显的限制。

与宽进所对应的必然是严管。对于证券业务“触网”的经营机构，监管机构往往持谨慎监管态度，一定程度上是因为涉及客户广泛和业务规模较大会将其推入风险评估系统的高风险等级，必须遵守严格的信息披露和合规要求。以众筹为例，从市场反应来看，SEC出台的指引文件对其各项要求基本参照经纪商和交易商的先行管理框架，在众筹发行、客户资金证券分离、顾问服务限制、客户招徕等方面都设定了严格的规范，以保护投资者利益。在投资顾问方面，SEC要求纯粹从事网络顾问的主体必须注册。

同样的情形在澳大利亚和香港亦能找到证据支持，比如澳大利亚准入 Chi－X 后开启上市证券的场外交易，香港也在其设定的10类业务牌照中开设了自动化交易服务一项。

（7）功能监管——混业金融体系下证券牌照管辖权分配的基本方略。在单一金融监管主体的混业金融体系中，如澳大利亚、英国和德国，机构和业务之间的对应关系较严格分业经营的金融体系要弱，但在监管方面依然存在与分业监管类似的大类划分。以全能银行模式的典型代表德国为例，在传统存贷业务和保险业务外，其余的金融服务机构基本都属于证券类经营机构，但申请人可以以持股公司或银行的方式经营所有金融业务，监管主体 BaFin 在机构设置方面同样采用银行、保险和证券的传统分类模式。混业经营分业监管的金融体系内，香港的持牌制度可算是一种典型安排，通过按照业务分类授予牌照，无论持牌人身份是证券机构还是银行或保险类机构，证券期货监管委员会则对持牌人持牌业务实行监管。

美国则是机构监管向功能监管的典型，在废除格拉斯—斯蒂格尔法案后，SEC 与银行类监管机构在多次磋商后才真正将功能监管的可行框架确定下来。在原则上，SEC 是依据1933年《证券法》、1934年《证券交易法》、1940年《投资顾问法》以及1940年《投资公司法》等主要联邦证券法案对证券类业务和机构进行监管的主体，银行机构证券业务的管辖权详细分配则由 SEC 与美联储和货币监理署等银行类监管机构协议商定，银行类监管机构在出台证券相关规则时必须与 SEC 沟通或与其保持基本一致。同时也要对现有的混业格局保持尊重，通过豁免、注册互认、备案、数据报送等方式对跨业持牌实行有效监管。

**2. 自贸区证券经营机构牌照管理优化方案及改革建议**

通过前文对境外证券经营机构牌照管理经验的梳理和总结，再结合对国内证券经营机构牌照管理现状，不难明确未来证券经营机构牌照管理体制优化的大体方向和基本原则：通过“宽进”明确界定证券监管范围，吸引更多资源进入证券行业，优化市场竞争结构和促进行业盈利模式转型，通过“严管”确保市场公正、有序和防止欺诈，保护投资者利益和防范系统性风险。

在坚持“宽进严管”这个基本原则的基础上，我们进一步提出证券经营机构业务牌照管理体系优化的新方案，具体结构参见图7－4。在总体上，我们将证券业务牌照划分为证券交易、证券投资顾问、资产管理、融资服务和其他五个大类，这一划分方式既能较好地与我国现有的证券经营机构准入和监管体系相衔接，也遵守国际通用的惯例和标准。

（1）证券交易。对于证券交易牌照，实际上涵括了现有的证券经纪和自营交易两个板块，类似于美国经纪商与交易商的概念，既对应了交易和投资两大基本功能，也为未来做市商制度推出留下了充分的空间。交易产品则涵括交易所交易的股票、债券、基金、衍生证券、新三板挂牌股票、区域股权市场交易的各项证券、银行间市场交易的各项证券以及券商、基金、信托和银行发行其他金融产品等。当然，一个备选的方案是将证券

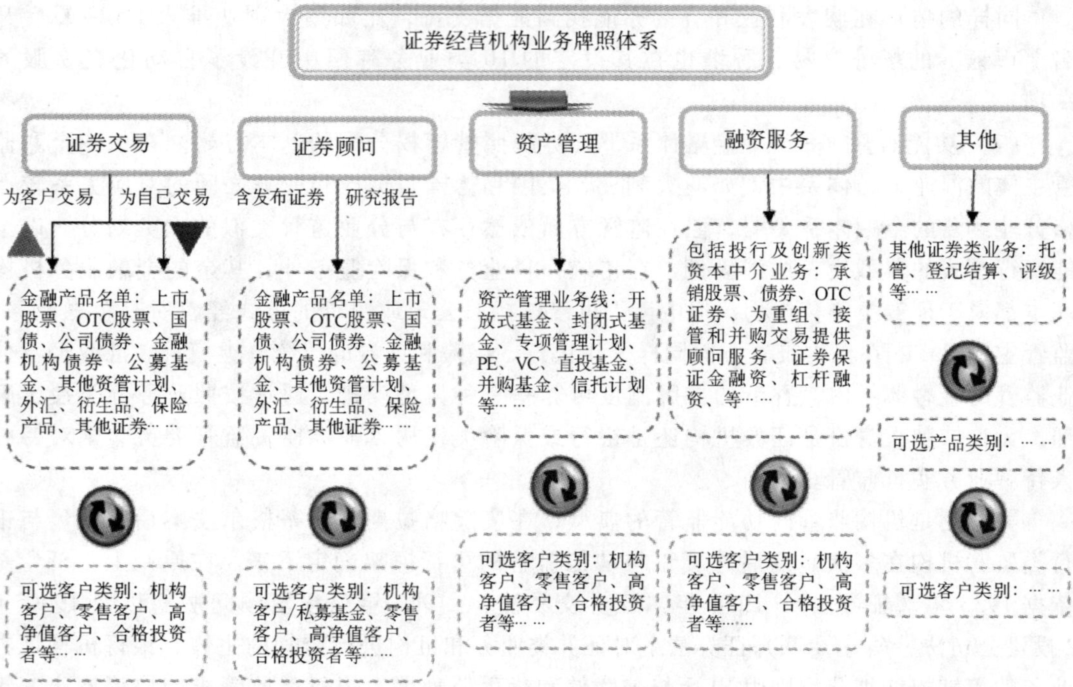


**图 7-4 证券经营机构牌照管理体系优化方案**

资料来源：海通证券研究所。

交易划分为证券经纪和自有资本金证券交易两类。

（2）证券投资顾问。证券投资顾问则是就各类可供交易的证券产品向客户提供建议，包括以纸质、电子或声讯方式所发布的各类研究报告。按照境外经验来讲，这类业务牌照往往申请者众多且市场结构相对分散，需要针对产品和客户类别的差异来对投资顾问牌照进行细分，部分满足特定条件的顾问则可以豁免注册要求。

（3）资产管理。可以通过客户分类的不同划分来对资产管理业务线进行一次梳理（新加坡和香港在这方面更易借鉴），包括向公众发售的各类基金（开放式基金、封闭式基金、ETF 等）以及向特定客户发售的各类基金，将现有的基金管理公司、证券公司资产管理部门、证券公司的附属资产管理公司以及证券公司的柜台市场部门等对其他客户发售的资产管理计划均纳入进来，组成一个层次分明的子业务牌照线条。对于向一般投资者发售证券投资管理计划的经营实体，均注册为公募基金牌照，对于向特定投资者（包括不同数量不同类别的专业投资者或合格投资者）发售证券投资管理计划的可以要求注册为私募基金牌照或备案乃至豁免注册等。

（4）融资服务。这项业务牌照既涵盖了承销、并购和财务顾问等传统的投资银行业务，也包括了目前证券行业业务创新的重点——资本中介创新业务，如融资融券、杠杆融资、股票质押、股票回购等。在具体处理时，可以将证券承销（公开发行和非公开发行）、并购顾问和财务顾问独立开来，将其余资本中介业务作为一个子项目处理。

（5）其他。其他证券经营机构业务牌照包括未纳入或难以纳入前述四项的其他业务牌照，包括资信评级业务、证券登记、证券托管、证券清算等。

在对基本原则和业务牌照结构划分做了大致论述后，接下来还需要对一些需要特别关注和实践新方案的配套要求逐一说明。

首先，关于准入要求，由于新方案在大类划分的基础上坚持采用“产品（业务活动）×客户”的业务牌照定位方式，因此新方案对准入者的要求可以做到更加灵活且更符合业务本质和风险匹配管理原则。以资本金要求为例，可以设定一个相对较低的准入门槛值，然后根据业务规模以及产品和客户类型的差异来对那些风险曝露更高的牌照设置更高的要求。

其次，关于私募业务的证券牌照管理，新方案将其纳入统一的牌照管理体系，包括私募证券的发行、承销以及私募基金管理等，这种方式在很大程度上参照了美国证券业务牌照管理和私募市场发展的经验。实际上，就美国的经验看来，私募市场发展并非是完全放任自由的，SEC 及 NASD 在成立之初就重点监管私募市场，适度的规范和标准统一对发展私募市场反而能起到有效推动作用。就我国的实际情况来讲，仅仅规范私募业务牌照还不足够，建立并完善多层次非公开发行制度体系才是关键。另外，关于私募业务的豁免权也可以采取视情况分类处理的方式，比如对部分私募业务牌照实施完全豁免但要求保存完整业务记录和数据，对部分私募业务则要求备案登记或按照不同频率来报送业务数据、财务报告或合规报告的方式灵活处理。

再次，关于新业务的管辖权，纵观境外证券经营机构牌照管理体制，我国证券业务牌照管理所涉的金融产品还比较匮乏，一个典型的例子就是外汇交易，外汇交易作为一项证券业务牌照在美国、香港特区、新加坡、澳大利亚和英国都早已成定局（近年来韩国证券公司亦在积极争取外汇业务牌照），目前国内证券公司正在积极发展 FICC 业务，对于以何种方式将外汇交易业务纳入牌照体系仍在探索。与此同时，包括众筹或场外电子交易平台等与互联网关系甚密的新业务（这最终涉及证券法关于证券的定义和法律修改），境外各证券监管机构均积极应对并将之纳入现有牌照管理体系，如此能为证券行业吸纳更多资源，壮大证券行业的力量。一个现实的案例、根据本文提交的新方案，现有的区域股权市场以及协会主办的机构间市场均能在其中获得精确的牌照定位，如依此注册为证券交易电子平台也便于对其进行规范管理和提升业务拓展效率。

最后，从注册到监管搭建一整套电子化监管流程。牌照管理是整个证券监管体系的门户，根据新方案可以设计统一的电子表格，从申请人注册伊始导入各项数据，不仅能提升注册和风险评估效率，还能为事中监管和事后监管提供充足的数据支持。这在一定程度上也涉及监管机构的组织结构变化，如能针对业务牌照注册体系来重新构建事中事后的监管体系设计显然能够更好地发挥新牌照机制的功效。同样地，如果参照美国的市场化模式或澳大利亚和英国的高效模式，可以在证券牌照注册甚至监管流程方面通过分工协作来提升效率，比如将部分证券业务牌照的注册审核流程交由证券业协会来负责完成（证监会可以根据情况设立复核机制），或通过证券协会的电子信息传输系统填报、传递注册备案、业务数据、财务数据和合规数据报告等。在对监管对象进行检查方面同样可以使用分工协作的方式，提升资源使用效率。

此外，考虑到混业趋势稳步深入，本文提出的新方案也能完全适应这个趋势，但要求金融监管向功能监管转型来匹配。新方案并没有严格将证券业务和执业机构一一对应，证券监管机构对划定的证券业务和证券产品以及注册业务牌照的机构行使管辖权，这是完全符合功能型金融监管的基本原则的。如果银行、信托或保险等非证券类机构申请证券业务牌照，必须按照新方案的基本要求向证监会申请注册，对于部分与银行现有业务重合的证券交易业务，证监会可以与银监会及人民银行协商豁免注册或互认注册等，在证券业务的规则制定和变更方面，须同证券监管机构协商并在原则上保持一致。另外，随着审慎监管在现代金融监管体系中的角色越来越重要，针对以证券方式的影子银行业务以及跨行业经验主体的防火墙设置，都还需详细论定。

另外，对于本文设计的证券机构牌照管理新方案，除“宽进严管”的基本原则和应用“产品（业务活动）×客户”界定方式外，主要优点总结如下：首先，机构与业务不再完全一一对应，申请人可以根据自己的业务战略自由选择业务组合，便于市场资源灵活配置。其次，优化证券经营机构准入要求和标准体系，使之能够更好地与基于风险评估的监管体系相匹配，同时也便于更多资源进入证券行业，合理释放证券经营机构的杠杆倍数。再次，新方案能够为前端数据导入到事中、事后监管提供一整套电子化流程安排，有助于提升信息处理效率和更好地实现监管目标。最后，新方案将私募业务纳入统一业务牌照管理体系，解决了现有业务牌照管理体系“重公募轻私募”的缺点，为证券行业场外市场业务发展提供制度保障。此外，新方案遵循了功能监管的基本原则，为监管转型和应对混业挑战做好了准备。

### 7.2.3 投资银行进驻自贸区的业务模式

证券公司自贸区证券业务模式当以“央行30条”政策中的“自由贸易账户”为核心，通过自由贸易账户开展自贸区相关的经纪代理、投资银行、投资交易、资产管理、柜台市场私募业务、登记、托管、清算等业务，业务模式清晰，并实现账户分类合算，与现有业务形成有效隔离。区内业务的资金均源于自由贸易账户，在按规定进行投资交易后，又回到自由贸易账户，形成封闭运作；自由贸易账户和一般账户的资金往来将严格遵循相关监管规定，受监管批准的总额度的控制和管理（见图7－5）。

**1. 自贸区经纪代理业务**

（1）代理区内金融机构和企业在上海地区证券和期货交易场所的证券投资和交易，代理区内个人客户（主要是区内境外个人）投资于境内的证券和期货交易场所。

客户资金应来源于区内自由贸易账户。从自由贸易账户向境内的投资与境内现有的三方存管体系完全一致，通过与区内自由贸易账户一一对应的特殊的资金账户和股东账户进行投资和交易。通过自由贸易账户向境内的投资资金进行额度管理，以防范跨境资金流动对境内市场的冲击。

（2）代理区内金融机构、企业以及个人客户对区内（如有）和境外的证券及期货交易场所的投资交易，投资范围限定为证监会与境外证券（期货）监管机构签署的《监管

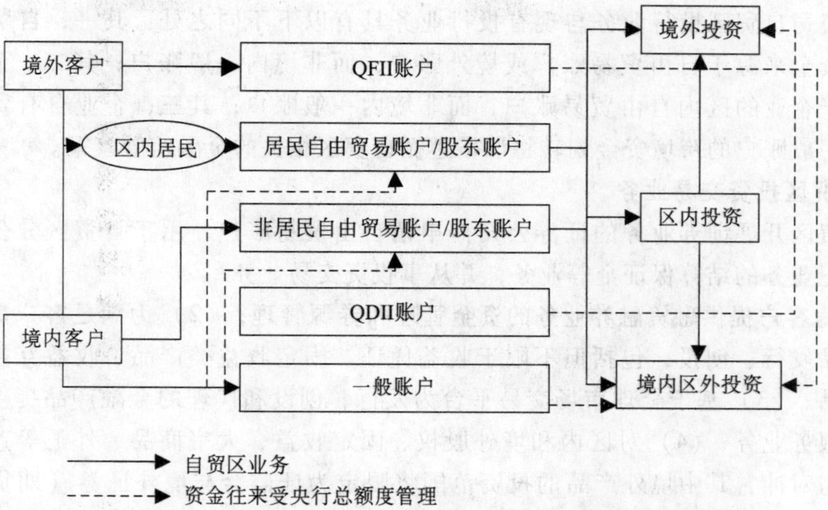


图7-5　分账核算单元模式

合作备忘录》。

客户资金应来源于区内自由贸易账户。代理经纪模式有二：其一，总公司（或自贸区分公司）直接成为境外交易所的会员，客户通过自贸区分公司向境外交易所报送买卖申请；其二，采取复委托的方式，自贸区分公司在境外交易所的会员处开户，客户通过自贸区分公司和交易所会员两层代理投资于境外交易所。以上两种模式中，投资者账户里的证券将直接托管在自贸区分公司，由自贸区分公司提供清晰的账户记录。

（3）为区内企业客户提供以融资融券为代表的融资业务，融资业务的资金主要来源于自贸区分公司或子公司的自有资金。

在条件成熟后，可借鉴国际投行的通行做法，在协议约定范围内调用客户信用担保账户中的闲置资金或证券，促进金融资金的有效利用。

（4）将提供区内金融产品和经许可的境外金融产品的代销服务，产品买卖的资金来往均应通过区内自由贸易账户。

自贸区经纪代理业务和现有经纪代理业务具有以下不同之处：其一，客户资金的来源与结算均是区内自由贸易账户，而非境内一般账户；其二，客户投融资均是通过区内自由贸易账户封闭运作，与现有境内区外的一般账户形成隔离，且跨境资金划转应严格遵循相关监管规定；其三，区内自由贸易账户内的外汇兑换应符合现有的外汇管理相关规定。

**2. 自贸区投行业务**

（1）为区内企业发行股票和债券等证券产品；（2）在监管许可的条件下，将为境内区外企业在区内发行股票和债券等证券产品；（3）在监管许可的条件下，将协助区内企业的境外母公司在境内证券交易场所发行人民币债券；（4）在监管许可的条件下，将申请全球主要交易所的承销资格，协助区内企业到境外上市或发行债券，所融境外资金应归集至区内企业的自由贸易账户；（5）将为跨境并购提供财务顾问服务。

证券公司自贸区投行业务与现有投行业务具有以下不同之处：其一，自贸区投行业务的所融资金来源于自由贸易账户或境外账户，而非境内一般账户；其二，企业所融资金应归集于企业的区内自由贸易账户，而非境内一般账户；其三，企业自有贸易账户和境内区外一般账户的跨境资金划转将严格遵循自贸区相关的金融监管政策。

**3. 自贸区投资交易业务**

在自贸区开展证券业务的证券公司需申请自由贸易账户，用于自贸区分公司的日常运营、经纪业务的结算保证金等业务，并从事投资交易业务。

（1）为客户提供融资融券业务的资金管理和券源管理；（2）为满足客户需要而进行的金融产品发行、创投，包括但不限于收益凭证、固定收益类产品、收益互换、期权等金融衍生品；（3）基于全球市场交易平台为发行、创设和代理的金融产品提供做市和流动性管理服务业务；（4）对区内和境外股权、固定收益、大宗商品、外汇等产品及衍生品的投资与对冲，其中境外产品的投资范围将限定为证监会与境外证券（期货）监管机构签署的《监管合作备忘录》；（5）基于前述业务的风险对冲和流动性需要，自贸区账户资金也会在监管范围内开展适当和必要的境内投资。

证券公司自贸区投资交易业务与总公司在区外境内的投资交易业务具有以下不同之处：其一，资金的来源和结算均为自贸区分公司的自由贸易账户，与总公司的一般账户形成严格隔离，并严格遵循监管机构关于自由贸易账户管理规定；其二，投资交易业务的主要目的是服务于客户需要；其三，投资交易标的以区内和境外金融产品为主，向境内投资交易的目的是为了对冲和风险管理，不同于现有投资业务。

**4. 自贸区内的资产管理业务**

（1）作为管理人在区内发行集合理财计划或公募基金，资金的来源为区内自由贸易账户，集合后的资金通过托管的区内的自由贸易账户，进行境外、区内以及境内区外的投资。当产品分红或运作结束时，资金将回到客户的区内自由贸易账户。（2）可对信贷资产、企业资产和不动产等资产进行证券化，为区内企业提供创新型资本中介服务。（3）结合自贸区内金融创新的便利，利用区内的各类资产交易平台，开发满足境内区外、区内乃至境外投融资需求的创新资产管理产品。

自贸区内的资产管理业务与现有资产管理业务的不同之处在于，认购资产管理计划或公募基金的资金来源、集合、分红和归还均为区内自由贸易账户，实现了区内资产管理业务的封闭运作。

**5. 自贸区内面向合格投资者的私募产品柜台市场业务**

根据客户需求，面向区内的合格投资者，发行销售柜台市场的各种私募产品、资产证券化产品、各种受益凭证、期权等金融衍生品，并提供相应的做市、转让、登记、托管等服务。区内柜台市场业务与现有柜台市场业务的不同之处在于区内的资金来源为自由贸易账户，归集的资金也严格按照自由贸易账户的规定使用。

**6. 自贸区内登记、托管、清算业务**

（1）对于向境内的投资，将参照现有境内体系，通过与区内自由贸易账户一一对应的特殊的资金账户和股东账户，进行资金和证券的登记、托管和清算。

（2）对于向境外的投资，将根据区内经纪业务的需要，为区内客户开立托管账户，并对托管账户内的资产履行资产登记、托管和清算等综合托管职责。无论区内经纪业务是采用直接申请交易所会员资格还是复委托的模式，自贸区分公司均务必确保投资者资金、账户安全，确保内部账户登记清算的清晰明了。

总之，自贸区证券业务模式将以自由贸易账户为核心，通过自由贸易账户开展自贸区的投资银行、经纪代理、投资交易、资产管理、柜台市场私募业务、登记、托管、清算业务，实现账户分类合算，业务模式清晰，并与现有业务有效区分。区内业务的资金均来源于自由贸易账户，在按规定进行投资交易后，又回到自由贸易账户，形成封闭运作；自由贸易账户和一般账户的资金往来将严格遵循相关监管规定，受监管批转的总额度的控制和管理。

### 7.2.4　自贸区证券业务合规及风险控制

为确保投资银行在自贸区开展证券业务的合规运行，防范和管理相关风险十分必要，包括加强洗钱、恐怖融资风险控制，信息隔离墙风险控制，投资者适当性管理，公司净资本管理等。

**1. 洗钱、恐怖融资风险控制**

由于在上海自由贸易区内开展跨境投融资较为便利，客观上增加了洗钱、恐怖融资的风险。为预防洗钱和恐怖融资活动，切实履行证券公司反洗钱、反恐怖融资的职责，投资银行需严格按照反洗钱法律法规要求履行反洗钱、反恐怖融资的义务，并根据中国人民银行发布的《关于切实做好中国（上海）自由贸易试验区反洗钱和反恐怖融资工作的通知》执行。

第一，证券公司需根据公司在自贸区业务模式的实际情况，细化公司有关自贸区反洗钱、反恐怖融资制度；第二，公司需成立反洗钱工作小组，组织协调分公司反洗钱、反恐怖融资工作；第三，强化相关客户身份识别，妥善保存客户资料及交易记录；第四，切实履行大额交易和可疑交易的检测报告义务；第五，加强反洗钱、反恐怖融资的培训教育，提高员工反洗钱意识。

**2. 信息隔离墙风险控制**

自贸区证券业务模式不同于传统业务模式，因此不能简单套用原有的信息隔离墙制度。在遵守基本法律法规的基础上，自贸区分公司需树立“以风险为本”的指导思想，牢牢守住“不损害投资者合法利益”和“风险可测、可控、可承受”的两条底线，紧紧围绕内幕交易、利益冲突和公司声誉损失风险，从这些风险发生的可能性、严重程度等方面出发判断是否采取信息隔离墙措施以及采取何种措施。

自贸区证券业务信息隔离墙风险控制主要包括以下八个方面：第一，自贸区分公司业务与公司现有业务适度分离，可从业务区域、资金来源和结算路径、客户对象、业务模式、业务标的等方面，在一定程度上避免利益冲突和同业竞争问题。第二，自贸区分公司利益冲突部门间进行一定物理隔离，经纪代理、投资银行、投资交易、资产管理等业务，实行适度的物理隔离，同时前、中、后台也适度分离。第三，自贸区分公司人员岗位适度分离。第四，自贸区分公司业务与公司现有业务实行资金、账户隔离，账户独立设置、分开管理、分类核算。第五，根据信息隔离墙风险程度，研究考虑观察名单和限制名单等管理措施。第六，加强对自贸区分公司部门间可能涉及敏感信息的业务交流沟通监控。第七，加强信息隔离墙培训宣导，促进员工主动合规、主动识别并处理信息隔离墙风险。第八，强化自贸区分公司员工执业行为（包含执业行为、工作电话、工作邮件、办公电脑等信息交流情况在内）的合规监测。

**3. 投资者适当性管理**

首先，执行适当性管理的组织架构、职责分工与协作机制。其次，了解投资者风险承受能力的方法 、流程与分类标准，了解所提供服务及产品信息的方式、流程与分类标准，在为投资者提供产品及服务时，根据投资者的风险承受能力等级、金融产品的投资期限、品种及风险登记，进行适当性匹配的原则。另外，需指定适当性管理的留痕机制，以及与适当性管理相对应的投资者教育、投诉处理等工作的安排。

**4. 公司净资本管理**

境内证券公司均已建立以净资本为核心的风险控制指标体系，按照《证券公司风险控制指标管理办法》的规定计算净资本和风险资本准备。根据业务发展和需求，证券公司需及时对风控指标监控系统进行升级和功能扩展，全面覆盖自贸区分公司所有影响公司净资本等风控指标的业务环节，及时反映各业务和市场变化对公司净资本等风险控制指标的影响，确保在风险可测、可控、可承受前提下开展各项业务。

自贸区分公司涉及未规定净资本计算比例和风险资本准备计算比例的新产品、新业务，公司在投资该产品或该业务前，将事先向中国证监会、上海证监局报告；公司需在自贸区分公司投资新产品或开展新业务之前对净资本等风险控制指标进行敏感性分析或压力测试，作为公司决策依据，合理确定相关产品或业务的最大规模，确保各项风控指标符合监管要求。

**5. IT 信息系统的安全建设**

配合公司在自贸区的发展战略和业务需求，需对自贸区分公司的信息技术系统实行统一规划，并构建相适应的 IT 信息系统。

首先，需要确保 IT 信息系统高效实现区内自由贸易账户和境内区外一般账户、境外账户的隔离，达到业务隔离的目的；其次，确保 IT 信息系统满足自贸区内客户管理、营销管理、产品管理、风险管理等多项业务需求，且具有一定的灵活性、拓展性和前瞻性；再次，确保 IT 系统在业务层面、应用层面、网络层面和基础建设层面具有严格的安全管理机制、快速的处理能力、海量的存储容量、高级板的数据备份机制，提高信息系统安全保障系数。

### 7.2.5 自贸区证券业务亟需的政策需求

**1. 在自贸区先行证券经营机构牌照管理改革**

从第二部分证券经营机构牌照管理的改革建议来看，对于子公司证券业务的经营范围，各子公司之间的牌照无须具有排他性。就美国投行发展的经验来看，各子公司申请牌照既是集团公司的战略布局，同时也与该集团公司业务经营的细分程度有关，尽管从表面上看各子公司的牌照具有交集，但各子公司实际上处于该项业务的不同分支链条，或是前台与后台的差异，或是利益分割的原因（比如经纪业务中将金融产品第三方销售分离开来）。由此，自贸区子公司或分公司经营模式也具有合理性，以资产管理业务来说，自贸区内和自贸区外业务经营的资金来源不同，自贸区内认购资产管理计划或公募基金的资金的来源、集合、分红和归还均为区内自由贸易账户，与现有境内区外资产管理业务并不冲突。

因此，自贸区先行证券经营机构牌照管理改革，不仅可以吸引海外投行来此作集团战略部署，吸引民间资本设立单一牌照证券公司、注入新生力量、壮大本土证券行业，而且有利于本土投行的“走出去”战略。

**2. 允许自贸区分公司在代理境外投资时按照二级托管制度开展业务**

二级托管制度是境外成熟市场普遍采取的制度体系，即投资者不直接在交易所开户，而是通过证券公司向交易所报送买卖申请，证券公司以自身名义代替客户持有证券，并行使各种权利，客户的证券明细账目直接托管在证券公司，并在证券公司内部进行清算。

在自贸区内对代理境外投资实行二级托管制度可以简便客户买卖证券的交易流程，节约客户在每家交易所开户的投资成本，同时促进金融资产的有效利用。自贸区分公司对客户各账户的集中统一管理，也有利于发挥证券公司的交易和清算功能，更好地维护客户的利益。

**3. 允许自贸区分公司为客户开立与自由贸易账户一一对应的资金和股东账户从事境内投资**

与自贸区内向境外投资不同，当客户需要从自贸区内向境内区外投资时，建议遵循现有的一级托管和第三方存管模式，为客户开设与自由贸易账户一一对应的特殊的资金和股东账户从事境内投资，这一模式对托管银行、中登、交易所而言与现有模式是一致的。然而由于增设了特殊股东账户，若同一投资者的一般股东账户和特殊股东账户合并持股已达5%，则需要中登采取监控。这一监控可以通过要求同一投资者的一般股东账户和特殊股东账户在同一证券公司开设，通过证券公司内部账户的合并计算进行监控。

**4. 允许自贸区分公司申请自有额度和自由贸易账户境内投资额度**

为保证自贸区内外汇流入和流出的安全，兼顾资金的有效性，建议外汇管理局设立对自贸区分公司设立自有额度和自由贸易账户境内投资额度。

自有额度是自贸区分公司自由贸易账户的自有资金额度，用于保证金结算、日常运作、流动性管理、投资交易等用途。自由贸易账户境内投资额度是指自由贸易账户对境内的投资额度；从区内进入境内区外的资金必须经过自由贸易账户再进行投资，资金将遵循央行的额度管理和额度限制。按照当前两市约20万亿的流通市值测算，假设自贸区自由贸易账户持股占比约为境内总流通市值的5%，则建议自由贸易账户境内投资额度为人民币1万亿元。

**5. 允许自贸区分公司借鉴国际经验，在制度方面先行先试**

自贸区作为深化金融改革的试验田，其创新发展的不竭动力正是持续深化开放创新和政策的先行先试。在坚持投资者保护、业务隔离、信息披露等原则的基础上，建议允许自贸区分公司借鉴国际投行的业务经验，在制度方面先行先试，探索可复制、可推广的创新业务及管理模式，促进自贸区的金融建设。

总之，自贸区内的证券业务涉及利率市场化、资本项目可兑换等资金市场改革的关键方面，是自贸区金融体系建设的重点之一，也是加快自贸区建设和上海国际金融中心建设的重要力量，其探索有助于形成可复制、可推广的金融运营经验和金融管理模式。

## 7.3 保险公司

自贸区有关投资、贸易、金融等一系列的改革政策，为保险业提供了巨大的发展机遇。“保八条”（保监会支持上海自贸区建设的八项举措）中明确提出，未来自贸区保险功能的发挥需要完善上海保险市场体系，推进自贸区金融改革创新与上海国际金融中心建设的联动机制，“支持上海完善保险市场体系，推动航运保险定价中心、再保险中心和保险资金运用中心等功能型保险机构建设”，重点支持自贸区健康保险、航运保险、再保险等保险业务的发展，鼓励保险公司产品创新；同时加大保险业的对内对外开放，“支持在自贸区内试点设立外资专业健康保险机构”、“支持自贸区保险机构开展境外投资试点，积极研究在自贸区试点扩大保险机构境外投资范围和比例”。继“保八条”之后，2014年5月，保监会推出支持自贸区保险业发展的首批细则，其主要精神在于简政放权，一是允许上海航运保险协会试点开发航运保险协会条款，报备后由会员公司自主使用；二是取消在沪航运保险营运中心、再保险公司在自贸区内设立分支机构的事前审批，由上海保监局实施备案管理；三是取消自贸区内保险支公司高管人员任职资格的事前审批，由上海保监局实施备案管理。这三项细则具有较强的操作性，也为区外保险业提供了可复制、可推广的经验。

### 7.3.1 航运保险

在保监会发布的支持自贸区保险业发展的简政放权细则中，三项细则中有两项专门针对“航运保险”：“一是允许上海航运保险协会试点开发航运保险协会条款，备案后会员公司可以自主使用；二是取消在沪航运保险营运中心、再保险公司在自贸区内设立分支机构的事前审批。”可见航运保险是自贸区保险业改革创新的切入点。传统的航运保险主要包括货运保险、船舶保险和保赔保险，新兴延伸出来的业务有海事责任保险，包括物流责任保险、码头操作责任保险等。

**1. 上海航运保险发展现状及问题**

首先，从航运保险市场的发展基础空间来看，上海港货物吞吐量和集装箱吞吐量均居于世界第一位，2013年货物吞吐量和集装箱吞吐量分别达到7.76亿吨和3 361.7万标准箱；同时，上海聚集了全世界规模排名前20的集装箱班轮公司，中国最大的3家海运公司均已将总部设立于此。因此，航运保险业发展的基础很扎实。

其次，从上海航运保险保费收入在全国的比重看，2014 年上半年，上海船舶保险保费收入规模约为 19.15 亿元，占据全国的半壁江山；货运险保费收入达到 8.87 亿元，约占全国市场的 16%。保费收入规模显著的原因也在于产业集聚效应。

从产业集聚现状看，2010 年 12 月人保航运保险运营中心和太保产险航运保险事业运营中心在上海成立后，截至 2014 年 8 月 8 日，上海已有 5 家航运保险中心正式成立，4 家获得批文准备筹建，其中，华泰保险是上海自由贸易实验区成立后设立航保中心的首家保险企业。航保中心在上海集聚的重要原因在于税收优惠政策，在 2009 年国务院下发的《关于推进上海加快发展现代服务业和先进制造业，建设国际金融中心和国际航运中心的意见》中，明确提出，对所有在上海地区与国际航运相关的保险业务免征营业税，包括远洋船舶保险、集装箱保险、进出口运输保险等。

然而在以上规模发展的同时，与伦敦、香港、新加坡等国际航运中心相比，上海航运保险市场依然存在一些问题：①产品同质化竞争严重、产品创新滞后，国际化程度低。人保、太保、平安三家主要的航运保险运营中心的经营范围主要包括船舶保险、货运险、保赔保险等，多以准入门槛较低的险种为主，缺乏对技术要求较高的险种，如承运人责任险等。另外，保赔保险发展滞后，大型海运公司 80% 的保赔保险投保在海外。②国际结算便利程度低。与海外市场相比，我国外汇管制相对严格，资本项目尚未完全开放，跨境资金的流动受到较大程度的限制，由此导致航运保险在国际结算方面效率低下。③相关税负较高。上海地区除免营业税外，尚无其他税收优惠政策，相比而言，香港水险保险人的所得税率为 16.5%，新加坡对船舶险和水险责任险免征所得税，我国依然保持 25% 的所得税率，而且在所得税计税扣除项目中对手续费、防灾费等税前扣除比例均有额度限制，海外税前扣除项目更多而且一般没有额度限制。④法制不完善。不仅没有专门的航运保险法律，甚至《保险法》中对航运保险也界定不明确，显然法制保护已经落后于航运保险业的发展。⑤人才缺乏。航运保险业对人才要求较高，要同时具备物流、保险、法律、会计英语等多方面素质，而我国国内保险人才的专业知识结构较为单一，复合型人才的培养迫在眉睫。

**2. 航运保险在自贸区的发展机遇**

第一，贸易活动的繁荣为航运保险业的发展提供了坚实的基础。上海港以上海市为依托，经济腹地广阔，其装卸、转口的货物来源于全国各省市。根据上海市交通港口局的数据显示，2011 年上海港货物吞吐量首次超过 7 亿吨，并在 2013 年达到 7.76 亿吨，再创新高，其中集装箱吞吐量完成 3 361.7 万标准箱，该数值继续保持世界第一（见图 7-6）。

上海自由贸易区以更为开放的投资环境、更为宽松的金融制度、更为优惠的关税政策吸引了内外资本的流入及更大规模货物的流通，吞吐量规模的扩大必定将为航运保险业的发展提供坚实而更高的平台，上海自由贸易区也将由中国的货物集散地拓展为亚洲地区的贸易中转站，航运保险必将受益。

第二，内外资保险公司将竞相于自贸区开展航运保险服务，吸引外资保险企业在区内创新，推动内资保险企业提高竞争力。《中国保监会办公厅关于进一步简化行政审批支

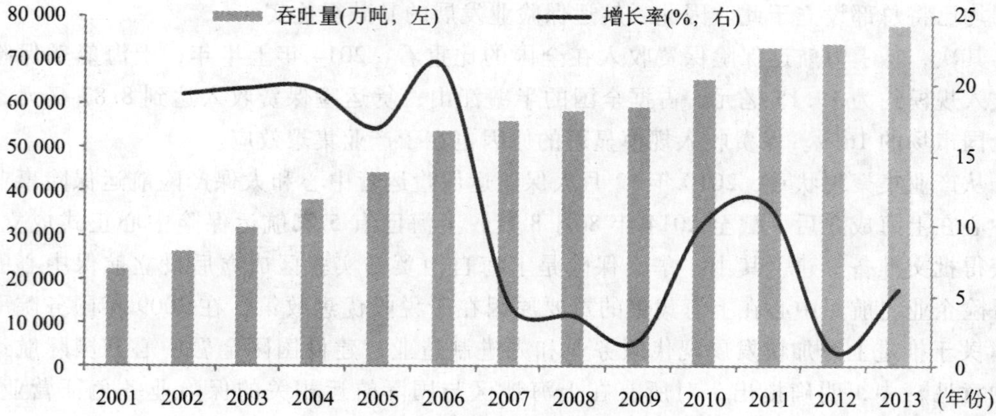


**图 7-6 2001—2013 年上海港货物吞吐量**

持中国（上海）自由贸易试验区发展的通知》规定："取消在沪航运保险营运中心、再保险公司在自贸区内设立分支机构的事前审批。"

在保监会简政放权、减少事前审批的监管理念下，上海自贸区的成立已经吸引一批内资保险公司在上海设立航运保险运营中心，产业集聚效应将持续发酵。

对于外资保险公司来说，自贸区"负面清单"制度的确立，将在未来为外资投资保险公司放开限制（尽管目前 2014 版负面清单尚未放开），更多外资险企有望入驻自贸区与国内险企相竞争，共同享受自贸区扩大开放、加快改革的红利。当前国内航运保险产品创新性不足、人才空缺、法律制度不完善，外资成熟保险公司的引入将加快自贸区航运保险市场的发展，并产生一定的溢出效应，提高内资险企的竞争力。

第三，航运保险配套服务体系的红利将辐射保险公司。目前，自贸区正在筹备设立海损理算中心、航运保险定价中心、海事仲裁中心等航运保险相关配套服务体系，以保证自贸区内航运保险业的健康发展和货物贸易的风险防范。"保八条"中也明确提出，"支持国际著名的专业性保险中介机构等服务机构以及从事再保险业务的社会组织和个人在自贸区依法开展相关业务，为保险业发展提供专业技术配套服务"，专业中介机构的入驻将提高航运保险的服务效率及便利程度。

待自贸区航运保险体系逐渐完善，产品的定价水平将趋于科学，产品的创新步伐将逐步跟进，产品的质量将逐步提升，航运事故的海损理算成本将趋于降低，纠纷仲裁的效率也将大大提高。

第四，自贸区航运保险的先试先行将推进保险业的国际化发展。在保监会首先推出的"简政放权"的细则中"允许上海航运保险协会试点开发航运保险协会条款，备案后会员公司可以自主使用"，正是借鉴了英国航运业"定约自由"法则（Free Contract）。该举措将吸引外资保险公司的加入，促进航运保险协会条款的国际化，将上海航运中心的建设更推进一步。

第五，自由贸易账户的设立和自贸区外汇管制的放开，将催化航运保险借机向海外扩张。目前，中资保险公司向外扩张的程度依然有限，自贸区为险企"走出去"提供了良好的契机。由于我国航运保险产品发展滞后、国际化程度低，以及基于国内的外汇管制，该业务尚未走出国门。随着自贸区航运保险业的规模化、国际化发展，航运保险运营将日益成熟，同时基于外汇管制的放开及自贸区“自由贸易账户”体系，保险机构可以航运保险为突破口、实施“走出去”战略。

**3. 发展建议**

（1）加快航运保险产品创新步伐。

首先，航运保险产品的创新是航运新风险不断出现的客观要求。保险产品的职能在于分散、转移和管理风险，因此航运新风险的出现是航运保险产品创新的根本动力，也是航运保险行业生存和发展的基础，航运保险产品的细分和多样化也是航运市场需求驱动而产生的。随着航运业的多元化发展和需求的滋生，航运保险业的产品创新层出不穷，比如海洋石油管道运输事故风险产生了海洋油气管道运输险，海盗猖獗带来的风险催生了海盗赎金及租金保险。

其次，航运保险的创新是行业自身发展的内在要求。创新是一个行业持续发展的不竭动力，也是增强行业竞争力的重要源泉。在当前经济金融全球化、行业界限逐渐模糊的大背景下，要以更低的成本，为航运市场提供更高效的服务，保险行业也需要推进创新，与同行业及其他行业进行横向竞争。国内航保中心的设立也是航运保险业的创新之一，其与各航运组织、港航企业、货运代理、专业保险经纪公司等加强合作，将保险理赔服务拓展至融合航运资讯、风险管理、保险经纪、保险交易、勘察理赔于一体的一站式服务。

（2）加大航运保险税收优惠力度。

首先扩大营业税的免税范围。航运保险的概念不仅包括当前纳入营业税免征范围的船舶险、进出口货运险等传统水险业务，还包括航运发展其他领域的风险保障，如码头综合责任、船舶建造、承运人责任、提单责任等。建议进一步扩大航运保险营业税免征范围的覆盖面，可将船舶建造险、修船人责任险，码头综合保险、码头机械设备保险等港口码头相关综合性险种，无船承运人保证金责任险、船舶抵押权保证保险、国际货物运输代理人责任保险、油污责任保险等均纳入免税险种范围。

其次，增加所得税减免项目，调整所得税税率。

（3）完善航运保险相关法律法规。完善航运保险相关法律法规体系，提高航运保险海事的司法和仲裁水平，是航运保险业健康持续发展的重要保障。作为航运大国，我国缺乏指导航运保险的特别法。比如在保证制度上，航运保险中的保证是指被保险人担保将作为或不作为某种特定事情，或履行某项条件，而当前我国《海商法》或《保险法》，均没有对航运保险的保证制度作任何规定，以至于在实践中，往往会对是否违反保证及其违反保证的后果认定和判决产生争议。

（4）大力培养航运保险相关人才，做好人才储备和人才供给工作。相关部门（如上海航运保险协会）可以建立有关航运保险人才的培养、引进制度，形成系统完善的人才培养储备流动机制。首先，利用建立自贸区的契机，为航运保险人才的引进出台一系列优惠政策，尤其是吸引海外人才参与到自贸区航运保险业的发展中来；其次，加强本土人才的内生培育机制，联合上海相关高校和研究机构，联合培养具备法律、物流、金融、英语知识的复合型人才，为航运保险业的发展添砖加瓦。

### 7.3.2 健康医疗保险

2006年8月7日，由中国保险监督管理委员会发布的《健康保险管理暂行办法》中明确指出："保险公司通过疾病保险、医疗保险、失能收入损失保险和护理保险等方式对因健康原因导致的损失给付保险金的保险。"其中"疾病保险，是指以保险合同约定的疾病的发生为给付保险金条件的保险"，"医疗保险，是指以保险合同约定的医疗行为的发生为给付保险金条件，为被保险人接受诊疗期间的医疗费用支出提供保障的保险"，"失能收入损失保险，是指以因保险合同约定的疾病或者意外伤害导致工作能力丧失为给付保险金条件，为被保险人在一定时期内收入减少或者中断提供保障的保险"，"护理保险，是指以因保险合同约定的日常生活能力障碍引发护理需要为给付保险金条件，为被保险人的护理支出提供保障的保险"。目前在中国保险市场上健康保险产品的种类主要包括疾病保险、医疗保险，而失能收入损失保险和护理保险在国内保险市场上几乎是空白。

关于自贸区健康医疗保险的发展，"保八条"中明确提出"支持在自贸区内试点设立外资专业健康保险机构"。以上海自由贸易区的开放与改革为契机，"扩大投资领域和服务业的开放"、"推动金融服务业对符合条件的民营资本和外资金融机构全面开放"。以自贸区为试点，引入外资促进我国商业健康医疗保险的创新与发展，为国内健康医疗保险的改革与开放提供借鉴意义。

**1. 上海市商业健康保险发展状况**

我国现行的医疗保障体系呈现多层次特征，其中起基本保障作用的社会医疗保险，包括城镇职工基本医疗保险、城镇居民基本医疗保险、新型农村合作医疗，基本社会医疗保险具有"覆盖广"的特点；起补充作用的商业健康医疗保险，作为基本医疗保险的补充保障，我国商业健康医疗保险仍处于初级发展阶段。

目前，上海市城镇职工基本医疗保险发展较为完善。从缴费水平来看，缴费比例为职工工资总额的14%，其中个人缴纳2%，单位缴纳12%，与西方高福利国家水平相近，如德国平均缴费比例为14.3%，个人与单位各承担一半的保费①。从覆盖率来看，截至2012年底，上海城镇职工基本医疗保险的覆盖率已经达到90%以上，居民医疗保险得到基本保障（见图7-7）。

在基本医疗保障体系较为完善的同时，商业健康医疗保险发展较为滞后。从外在环境看，第一，在一定程度上，商业医疗保险的市场需求被基本医疗保险90%的高覆盖率所挤占，基本医疗保险体系从无到有到比较完善，使得人们忽视了商业保险的需求，商业健康医疗保险意识薄弱。第二，商业医疗保险对接医保目录尚未实现，从医疗资源配置的角度，若商业医疗保险对接医保目录，则易造成医疗资源的拥挤。第三，商业医疗保险的相关法律法规不够完善。

① 丁纯：《世界主要医疗保障制度模式绩效比较》，复旦大学出版社2009年版。

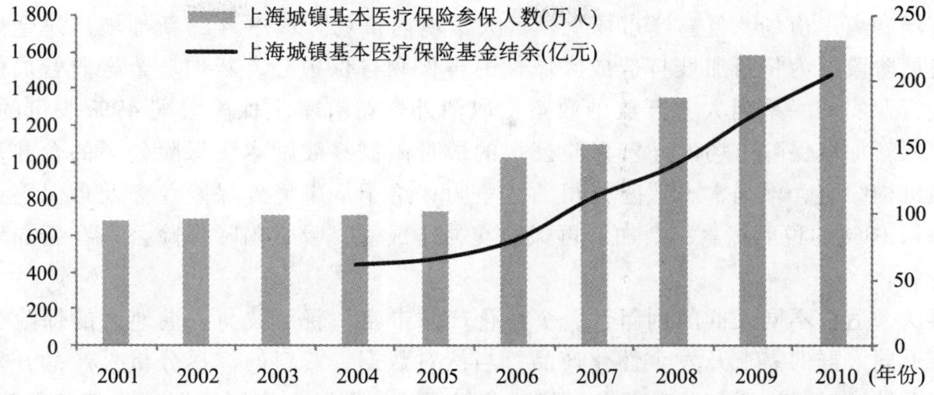


图 7－7 上海城镇基本医疗保险发展状况

从健康医疗保险自身的发展来看，商业保险公司提供商业保险的动力不足。首先，保险人与被保险人“信息不对称”。与强制性的基本医疗保险市场相比，自愿性的商业医疗保险市场存在着严重信息不对称，保险公司可能不愿意提供完全保险，这个市场具有严峻的道德风险，从而导致保险失效。其次，与人身保险其他险种相比，商业医疗保险赔付率较高，商业健康医疗保险存在经营风险。统计数据显示，商业医疗保险赔付率在60%—90%之间，甚至高达100%或200%，因此，商业保险公司经营商业医疗保险方面利润较薄、风险较高。从保费比例上看，商业医疗保险在商业保险公司中只是从属业务，医疗保险在保险公司人身险中的占比不超过10%。而且由于个人最为关注的门急诊、住院医疗费用不是商业保险公司产品开发的重点，因此企业是商业医疗保险最大的主要客户群。再者，商业医疗保险作为短险品种，近年来作为保险公司扩大短险规模的产品或者为占据保险市场规模的渠道，不被注重但又不得不涉及。监管政策对于保险公司合规风险要求的加强，使得近年保险公司战略转型，相比于短险品种，长期保险的合规风险较大，因此短险市场受到各大公司的关注，商业医疗保险成了扩大短险规模的手段，或者是销售其他产品的渠道。

**2. 新加坡和香港地区商业健康保险发展模式**

新加坡和香港地区都是全球著名的自由港，也是亚洲保险市场发展水平较高的地区。由于新加坡、香港地区与上海在开放性、人群基础、经济发展上均具有多处共同点，因此，新加坡和香港地区商业医疗保险发展的经验值得借鉴。

首先，监管自由是商业医疗保险大力发展的沃土。一是实行宽松的行为监管，对产品、费率和保险条款的约束较少。比如，香港相关法律明确规定保险业监理处不得干预保险产品的开发和产品费率的确定；新加坡保险公司也可自行确定保险费率，只有在新的产品或业务上市时才需要获得金融管理局的批准。二是行业协会的自律监管成效突出。香港和新加坡保险行业均有比较健全的行业协会，对保险行业、保险公司管理人员、保险从业人员等制定监管规则、实施自律监管。

其次，开放的环境和优惠的政策吸引了海外保险机构的入驻。新加坡保险市场分为境内市场和离岸市场，且离岸市场规模远大于境内市场。1999 年，新加坡离岸金融进入大力发展阶段，为将新加坡打造成区域性的再保和自保中心，新加坡金融监管局保险署对保险行业实施一系列大力开放的政策：取消外资持有本土保险公司 49% 股份的上限；取消进入新加坡保险市场的外资保险公司的数量限制；鼓励本土保险公司的合并及与其他金融机构结盟，增强本土保险公司的竞争力；给予从事境外保险业务及再保险业务的保险公司 10% 的税后优惠；新加坡再保险交易所成立，吸引国际保险公司在新加坡开展亚洲业务。

再次，适合不同人群的创新性、个性化产品丰富。新加坡与香港地区的保险公司不断基于不同人群的需求开发个性化产品，当然对数据、资料的详尽分析是产品开发的基础。如香港针对吸烟者和非吸烟者，其“危机保障计划”制定了不同的保费和保险内容；新加坡针对旅游业发达、而旅游投保率低的情况，开发出“NATAS Tracel Joy”旅游保险，既能提供旅游保障，又保值增值。

最后，多元化的营销方式也是推动商业医疗保险规模化发展的重要因素。国内商业医疗保险的销售主要依靠公司外勤，并以兼职代理辅助，整个营销体系缺乏系统性。相比而言，香港地区其医疗保险推销人员整体素质和业务水平都较高，也容易取得客户的信任。且香港地区保险业务的经营方式丰富，银保合作是重要的方面，或银行设立自己的保险公司，或银行与保险公司联营，或保险公司与银行协议销售保险产品。

**3. 自贸区商业健康医疗保险发展建议**

目前，国内本土健康险市场主要有两种经营方式：第一，专业的健康医疗保险服务公司，以人保健康、昆仑健康、和谐健康、平安健康为代表；第二，兼营健康险业务的寿险公司。两种模式在国内的经营均不理想。相比而言，外资健康险公司在高端健康险方面经营更足、经营更具优势，目前进入中国市场的外资健康险公司包括瑞士再保险、维朋、DKV 德国健康保险、GBG（全球福利集团）、MSH（万欣和）、Bupa（保柏集团）和美国信诺等。这些外资健康险企业基本以参股的形式曲线入华，如 DKV 参股了人保健康；Discovery 参股了平安健，并在 2013 年宣布增持计划；美国信诺则与招商局旗下子公司深圳鼎尊合资成立了招商信诺人寿保险。在上海从事健康险业务的 9 家主要保险机构中，5 家为本土保险公司，1 家为外商独资保险公司，3 家为中外合资保险公司。

（1）以开放政策和税收优惠吸引外资专业健康保险机构。在开放政策上，可以借鉴新加坡保险市场开放的经验，适时放开自贸区外资进入保险市场的股份限制，以及减少对外资专业健康保险机构入驻自贸区保险市场的事前审批制度，发挥引入外资保险机构的鲶鱼效应，在自由竞争中加快中国健康医疗保险市场的发展。在税收政策支持上，首先可以减轻保险机构的税负，由于经营健康险的风险较高，是保险公司亏损的重要方面，因此自贸区可试行通过递延税、税收减免等方式为健康保险机构提供良好的发展环境；其次对于投保企业而言，保险支出是企业员工的长期福利，企业为员工购买健康医疗保险的支出作为当期收入的抵扣项目，而不能作为税前支出，这在一定程度上降低了企业购买保险的需求，自贸区内可以试行将企业团体投保的保费支出在一定额度内税前列支，同时对个人缴纳的保费和获取的医疗保险金不征收个人所得税。

（2）推动商业健康医疗保险产品创新，迎合个性化医疗保健需求。目前国内健康险产品种类单一，居民的个性化需求有待挖掘，健康医疗保险市场的巨大潜力也有待挖掘，老龄护理保险、旅游保险、高端医疗保险等都是未来健康险的发展方向。以老龄护理保险为例，全国老龄工作委员会办公室在2006年发布的《中国人口老龄化发展趋势预测研究报告》中指示，中国将于2001—2020年快速步入老龄化阶段，到2020年，老年人口将达到2.48亿，老龄化水平将达到17.17%，老年人的医疗保健支出也将成为社会和家庭的沉重负担。而与人口老龄化相对应的是，计划生育政策形成的倒三角家庭结构，老年人健康和生活问题突出。个性化的老年人长期照护保险正是这个背景下产生的需求，在缓解人口老龄化问题的同时，也以市场导向型的产品丰富了商业健康医疗保险品种。

（3）建立自贸区医疗数据对接中心。只停留在引进和设立专业健康医疗保险公司是不够的，重要的是要能建立保险公司与医院之间的对接机制，在当前信息技术快速发展的时代背景下，应建立医疗数据对接中心，降低保险公司与被保险人之间的信息不对称，提高医疗保险监控效率和保险公司的风险管理能力。具体来说，医疗数据对接中心在保证信息安全的基础上，在自贸区试点进行保险机构与上海医联网、上海社保网之间构建数据中心、进行数据对接，实现保险公司、被保险人及医院之间的信息共享。对被保险人来说，数据中心有助于了解及时信息，减少与保险公司直接的信息不对称，保护自身权益；对保险机构来说，能够降低运营成本，提高保险效率，遏制医疗费用适用不当现象的发生；对监管者来说，加强保险监控，降低监管效率。

另外，引进再保险公司、设立再保险交易所，可以分散健康医疗保险机构的业务风险，促进健康医疗保险机构的生根发芽，利于健康险的发展。

### 7.3.3 再保险

再保险是指原保险人在原保险合同的基础上，通过签订分保合同，将其所承担的部分风险和责任向再保险人进行保险的行为。再保险业务是保险服务在自贸区发展的重要业务之一，“保8条”中明确体指出：一方面境内再保险业务要“走出去”，发展人民币跨境再保险业务，“支持保险公司在自贸区内设立分支机构，开展人民币跨境再保险业务”；另一方面，要让境外再保险机构“引进来”，打造再保险中心，“支持国际著名的专业性保险中介机构等服务机构以及从事再保险业务的社会组织和个人在自贸区依法开展相关业务，为保险业发展提供专业技术配套服务”，“支持上海完善保险市场体系，推动再保险中心等功能型保险机构建设”。自贸区的设立以及自贸区的一系列改革措施为再保险市场提供了巨大的发展机遇。

首先，自贸区的各项金融改革为离岸再保险市场的发展提供了可能性。自贸区所推行的资本项目开放、外汇管理体制改革及支持人民币跨境使用的相关金融改革，为自贸区发展离岸再保险市场提供了巨大的可能性。其一，自贸区内资本项目开放，为保险费用的投资提供了极其广阔的空间，自贸区内的金融产品投资不存在任何限制。其二，自贸区外汇管理体制改革使得再保险机构免受境内区外外汇管理条例的限制，汇率自由化降低了外资再保险主体的汇率风险，且其产品币种和交易的自由化，为再保险主体的业务运营提供了极大的便利。其三，自贸区人民币跨境使用方面的金融改革将推进跨境人民币再保险业务的大力发展，之前再保险业务的跨境发展需要境内保险公司与境外保险公司签署合作合同才能开展，自贸区的人民跨境结算为自贸区再保险机构的发展提供了便利。

其次，航运中心建设和航运保险发展为再保险市场的发展提供了业务基础。从国际经验看，航运保险业务是再保险业务的主要来源。上海港作为全球货运量最大的港口，上海建设航运中心的定位为航运保险的发展提供了巨大的业务潜力。自贸区作为国家特殊的功能区域，具有货物自由进出、免税、投资自由、金融自由等特点，贸易自由与金融自由相互制约，航运中心的建设正是需要金融服务体系的大力支持，航运保险和再保险都体现了金融为实体经济服务的重要原则。目前，对于在上海注册的保险公司从事国际航运保险所得收入免征营业税，具体包括进口货运保险、出口货运保险、远洋船舶保险、集装箱保险，这些优惠政策也将利于航运保险企业集聚于上海，航运保险业务的发展为再保险市场的发展提供了潜在的业务基础。

以下将从我国再保险市场的发展现状出发，为自贸区构建再保险中心提供针对性的发展建议。

**1. 我国再保险市场发展现状**

目前，我国共有专业再保险公司8家，其中中资再保险公司2家，分别为中国财产再保险公司、中国人寿再保险公司；外资专业再保险公司6家，世界前三大再保险公司在国内均有分支机构，即慕尼黑再保险公司、瑞士再保险公司、通用再保险公司，另外还有法国再保险公司、汉诺威再保险公司、劳合社。同时，境外约还有200家离岸再保险人接受我国的再保险业务。由此，我国的再保险业务市场形成以中资再保险公司为主、外资再保险分支机构为辅、离岸再保险人为补充的市场体系。2013年我国再保险市场规模达到1238亿元，并在支持经济社会稳定发展方面发挥了重要作用。一方面在一些重大事故中，保障了民生、减轻了灾害；另一方面，支持了我国基础设施和大型项目建设的顺利进行。[①]

但由于我国再保险市场起步晚、底子薄、技术弱、人才少，与再保险服务的市场需求相比，再保险市场的发展相对滞后。

（1）再保险主体数量较少，区域性市场体系和市场竞争均尚未形成。正如上文所述，我国境内专业再保险主体仅有8家，且其中6家为外资分支机构，本土再保险主体的缺乏与我国巨大的再保险市场形成鲜明对比。这8家专业再保险公司中，在上海设立分支机构的仅有5家，包括中国财产再保险公司、中国人寿再保险公司、通用再保险公司、汉诺威再保险公司、劳合社。对于一个成熟完善的再保险市场或再保险中心而言，多个市场主体竞相发展是必须要素。与再保险主体数量较少相应的是，再保险经纪公司的匮乏，目前国内尚没有一家专业的再保险经纪公司，也影响了市场体系的完备性。

---

① 参见中国保监会政策研究室主任熊志国2014年8月18日在中国政府网就《国务院关于加快发展现代保险服务业的若干意见》的交流讲话。

（2）再保险主体资本规模较小，承保能力较弱。保险公司的资本规模大小直接决定了其承包能力的强弱。中国再保险集团旗下的两个再保险子公司——中国财产再保险和中国人寿再保险在国内再保险市场具有绝对的垄断地位，但是截至2013年末，两者净资产共计196.99亿元，慕尼黑再保险公司2013年末净资产约262亿欧元，相当于前者的10倍。资产规模的悬殊直接决定了再保险供给能力的差距，对境外再保险公司的需求，也表明了我国再保险业务对境内外市场具有一定的依赖性。

（3）再保险市场产品和技术创新能力较弱，专业人才匮乏。中资再保险主体缺乏专业技术人才，产品开发和技术服务能力依然较弱，而外资再保险公司在我国境内的分支结构基本不掌握风险模型、精算定价等核心技术。由此，国内再保险产品较为单一，主要集中于传统的财产再保险，如车险、财产险等分保项目，而责任险等高风险业务的分保比例较小，市场创新不够，产品开发能力和风险管理能力均有待提高。从国际著名的再保险集团看，其再保险产品几乎涵盖了各类风险领域，可以满足保险人多样化的产品需求。

（4）再保险监管有待加强。再保险市场的开放，也同样需要监管跟上，建立多维度、全方位的再保险风险防范制度、防范风险的跨境传递，是再保险市场大力发展和再保险行业大力开放的重要保障。

可见，中国再保险业务的跨境发展和自贸区再保险中心的建成都面临着巨大的挑战，不仅需要微观经济主体的持续努力，更需要多方面制度的改革和政策的大力支持。

**2. 自贸区再保险市场发展建议**

自贸区为再保险市场和我国再保险行业提供了重大发展机遇，但基于当前再保险市场初级发展现状，本土再保险市场亟待开发、中资再保险机构尚未走出去、国际再保险机构的引入空间巨大、区域性再保险中心的建设距离甚远，因此自贸区不仅要抓住再保险市场发展的机遇，更需要从多方面进行改革和创新，扩大开放，提供政策优惠。

（1）培育和发展再保险市场主体。随着直接保险业务的发展，保险市场对再保险业务的需求持续增加，而陷于中国再保险市场主体数量较少、规模较小、技术创新水平较弱，国内再保险市场的供给远低于市场需求。因此，应当汇聚社会力量，引导国内社会资本进入再保险行业，支持中资保险集团设立再保险公司，加强本土再保险机构的竞争力；同时，研究制定自贸区引进国际再保险机构的优惠政策，在税收等多方面给予政策支持，吸引国际再保险机构于自贸区设立分支机构、开展再保险业务，加强自贸区再保险中心的集聚效应。

（2）构建再保险经纪人制度。保险经纪人是一个完善的保险体系中不可或缺的元素，我国尚没有一家专业的再保险经纪公司。以伦敦劳合社市场为例，该市场规定再保险业务的分入和分出必须经过再保险经纪人，美国市场的大量再保险业务也是通过再保险经纪人分给劳合社。在国际成熟的再保险市场，再保险经纪人专业知识丰富、信誉较高、市场经验丰富，能够为原保险公司和再保险公司设计出比直接交易更完善的再保险计划。因此，自贸区应先行构建再保险经纪人制度，完善再保险市场体系。

（3）加大再保险监管制度改革，推动技术创新。将上海自贸区作为再保险监管制度改革创新的试验田，先试先行，为再保险市场的发展创造良好的环境。简政放权，改事前审批制度为事中、事后监管，改变传统的以机构为主的静态监管，实施现代以功能为主导的动态监管，将监管的注意力从前段机构准入转向动态监测、识别及应对市场风险。以监管制度的改革，鼓励自贸区内的再保险产品和技术创新，如跨境人民币再保险产品等。

（4）加强再保险专业人才的培养与引进。人才的缺乏是制约再保险市场发展的又一个重要因素。首先，加强教育机构与保险行业需求的对接，从教育机构向社会直接输送具有基本专业知识的对口人才；其次，保险行业协会可组织再保险经纪人考试来筛选再保险人才，为构建再保险经纪人制度、完善再保险市场体系培育再保险人才。另外，以一定的税收优惠政策吸引外来再保险人才入驻自贸区，提高再保险行业的整体素质，并产生一定的溢出效应。

## 7.4 融资租赁公司

自2013年9月自贸区挂牌以来，融资租赁成为自贸区最热门的行业之一。自贸区内在境外融资、税收优惠、市场准入、境内外业务等多方面进行了制度创新，取得了明显的成效，改革的红利正在吸引越来越多的企业入驻加盟。截至2014年5月底，上海自贸区融资租赁企业增至419余家，注册资本已逾300亿元人民币。在这400多家融资租赁企业中，母公司111家，特殊目的公司（Special Purpose Vehicle，简称SPV）308家，开展业务涵盖飞机、直升机、船舶及海洋钻井等大型设备。然而融资渠道单一、融资成本高等问题仍然制约着我国融资租赁行业的发展，未来仍需进一步加大创新力度。

### 7.4.1 我国融资租赁发展现状

当前国内融资租赁公司依据监管所属、设立门槛及监管要求的不同，分为三类，分别是金融租赁公司、内资租赁公司和外资租赁公司，具体如表7－4所示。

表7－4 各类型租赁公司准入门槛及监管要求

| 项目 | 监管机构 | 监管法规 | 设立门槛 | 监管指标 |
|---|---|---|---|---|
| 金融租赁公司 | 银监会 | 《金融租赁公司管理办法》 | 1亿元人民币 | 资本充足率不得低于8% |
| 内资租赁公司 | 商务部和国家税务局总局联合监管 | 《关于从事融资租赁业务有关问题的通知》<br>《关于加强内资融资租赁试点监管工作的通知》 | 1.7亿元人民币 | 风险资产不得超过净资产总额的10倍 |
| 外商租赁公司 | 商务部 | 《外商投资租赁管理办法》 | 1 000万美元 | 风险资产不得超过净资产总额的10倍 |

资料来源：海通证券研究所。

**1. 融资租赁市场规模增长**

我国融资租赁业起步于20世纪80年代的计划经济体制时代，经过30多年的摸索发展，在复杂多变的环境里不断发展壮大。近几年，随着市场经济的不断规范、法律政策的不断完善，融资租赁业结束徘徊期进入高速增长阶段。2007年以来，我国融资租赁业进入爆发式增长阶段，这与国家政策扶植、相关审批的放宽和效率的提高密切相关。

从2007年至2014年6月底，内资租赁公司由原来的26家增长为123家，外资租赁公司则由56家迅速增加至1202家。截至2013年年底，全国在册运营的各类融资租赁公司已达1026家，比2012年底的560家增加466家，增长了83.2%；整个行业的注册资金达到3060亿元人民币，比上年底的1890亿元增加1170亿元，增幅为61.9%；全国融资租赁合同余额约为21000亿元人民币，比上年底15500亿元增加约5500亿元，增长幅度为35.5%。

作为仅次于银行信贷的第二大融资方式，融资租赁业市场需求巨大。在巨大的市场需求下，近年来，我国银行业金融机构业纷纷成立租赁公司，加速布局金融租赁业。根据银监会相关数据，截至2014年底，我国已有26家金融租赁公司，其中有银行背景的有15家，另有8家金融租赁公司正在筹备。26家金融租赁公司资产总额达到1.22万亿元，净利润120亿元（见表7-5、表7-6、表7-7）。

**表7-5　2007—2013年融资租赁公司数量变动情况**

| 年份 | 行业总体 | 金融 | 内资 | 外资 |
|---|---|---|---|---|
| 2007 | 93 | 11 | 26 | 56 |
| 2008 | 118 | 13 | 37 | 68 |
| 2009 | 148 | 13 | 45 | 90 |
| 2010 | 182 | 17 | 45 | 120 |
| 2011 | 294 | 20 | 66 | 210 |
| 2012 | 560 | 20 | 80 | 460 |
| 2013 | 1 026 | 23 | 123 | 880 |

资料来源：中国租赁联盟。

**表7-6　2008—2013年融资租赁公司新增情况**

| 年份 | 行业 | 金融 | 内资 | 外资 |
|---|---|---|---|---|
| 2008 | 25 | 2 | 11 | 12 |
| 2009 | 30 | 0 | 8 | 22 |
| 2010 | 34 | 4 | 0 | 30 |
| 2011 | 112 | 3 | 21 | 90 |
| 2012 | 266 | 0 | 14 | 250 |
| 2013 | 466 | 3 | 43 | 420 |

资料来源：中国租赁联盟。

表 7－7 2007—2013 年我国融资租赁规模

| 年份 | 租赁合同余额（亿元） | 增速（%） |
| --- | --- | --- |
| 2007 | 240 | — |
| 2008 | 1 550 | 545.83 |
| 2009 | 3 700 | 138.71 |
| 2010 | 7 000 | 89.19 |
| 2011 | 9 300 | 32.86 |
| 2012 | 15 500 | 66.67 |
| 2013 | 21 000 | 35.50 |

资料来源：海通证券研究所。

**2. 融资渠道**

融资困难是目前公认的制约我国融资租赁业发展的最大障碍。对此现状，我们对我国融资租赁行业的各融资渠道和融资现状加以分析。目前我国融资租赁的主要渠道有：资本金、银行贷款、接受租赁保证金、发行股票或债券、同业拆借、信托融资、保理融资、资产证券化融资、外债融资、互联网金融平台融资等。

（1）股东出资。资本金是指股东对融资租赁公司的出资额。它对于融资租赁公司而言，使用期长、成本低，是最好的融资方式。但是股东对融资租赁公司的增资毕竟有限，仅依靠股东出资，不使用杠杆，就难以扩大融资租赁公司的规模，因此必须寻求其他融资方式。

（2）银行信贷。银行贷款是融资租赁行业最传统和最主要的融资渠道。除金融租赁公司可进行同业拆借外，一般内外资融资租赁公司的资金来源中 80%—90% 是银行信贷。但银行贷款审批要求高，且资金成本不低；此外，当遇到信贷紧缩等国家宏观政策时，融资租赁公司就会陷入资金不足的窘境。

（3）接受租赁保证金。从我国多家上市公司与金融租赁公司开展融资租赁业务的公告来看，融资租赁公司会要求承租方缴纳一定的保证金，且大多不计息。保证金比例最高为 13%，最低为 1.5%，一般为 4%—5%。由此可见，保证金对于融资租赁公司的融资贡献是很小的，不能成为主要融资渠道。

（4）发行股票和债券。发行股票包括境外上市和境内上市；发行债券品种包括金融债券、公司债券、企业债券和短期融资券。值得注意的是，这两种融资方式对公司的资质有着很高的要求，监管严格，获批难度大。截至 2013 年底，我国上市及在新三板挂牌的融资租赁公司仅有三家；债券融资同样十分有限，但在 2010—2013 年，债券融资募集资金额度呈不断上升趋势（见表 7－8）。

（5）同业拆借。根据《同业拆借管理办法》，我国仅金融租赁公司可以从事同业拆借。即便是金融租赁公司，从事同业拆借也存在诸多限制，比如公司必须两个年度连续盈利，最高拆入限额不得超过实收资本的 100% 等。因此，目前获得同业拆借资格的金融租赁公司数量十分有限。同时，同业拆借的资金成本也较高。

表 7-8　　我国上市及挂牌融资租赁公司一览表

| 上市公司 | 上市板块 | 公司类型 | 证券代码 |
|---|---|---|---|
| 渤海租赁 | 深交所 | 内资融资租赁公司 | 000415. SZ |
| 远东宏信 | 香港主板 | 外资融资租赁公司 | 03360. HK |
| 融信租赁 | 新三板 | 内资融资租赁公司 | 831379. OC |

资料来源：海通证券研究所。

（6）信托计划。融资租赁公司通过与信托公司合作，拓展融资渠道，可概括为单一信托模式和自主合作模式。

单一信托计划是融资租赁公司更多采用的模式，其实质为银行表外贷款，在这类融资过程中信托仅扮演通道功能，对接银行理财资金或自营资金。以对接银行理财资金的单一信托计划为例，其资金成本在7%左右，稍高于贷款利率。

自主合作模式是指信托公司与融资租赁公司合作发放信托计划，细分为两种子模式，包括融资租赁集合信托模式和租赁资产收益权受让集合信托模式，目前在业内均已成功落地，信托公司在自主合作模式的合作过程中越来越占据主导地位，并直接参与到融资租赁的过程中去（见表7-9）。

表 7-9　　融资租赁公司通过信托计划融资的两类自主合作模式

| 细分模式 | 具体内容 |
|---|---|
| 融资租赁集合信托模式 | 信托公司购买设备转租给租赁公司，最终转租给承租人，为贷款信托 |
| 租赁资产收益权受让集合信托模式 | 信托公司直接作为出租人，将设备出租给承租人，融资租赁公司作为投资顾问参与其中，为财产权信托 |

资料来源：海通证券研究所。

（7）保理融资。保理融资即租赁公司将应付账款债权转让给银行，银行作为保理商向供应商融通资金。目前提供的保理服务中，多为有追索权保理，银行不承担承租人不付款的风险。保理融资的成本是贷款利率加千分之几的保理费。值得注意的是，该融资渠道更多地是一种变相贷款，本质仍为银行信贷。

（8）租赁资产证券化。租赁资产证券化是指租赁公司集合一系列用途、性能、租期相同或相近，并可以产生大规模稳定的现金流的租赁资产（租赁债权），通过结构性重组，将其转换成可以在金融市场上出售和流通的证券。融资受益权的资产证券化进一步提升了公司资产的周转效率。

在证监会两度开闸券商资产证券化业务中，2013年仅有远东租赁、华融租赁、广汇租赁三家融资租赁公司作为发起人成立了四单资产证券化产品。融资租赁资产证券化成功案例屈指可数，主要是由于市场认可度的不足。首先是市场收益率，上述几单融资租赁资产证券化产品的收益率在5.5%—7%之间，该收益对投资者吸引程度不足，从租赁公司角度来看融资成本又偏高；其次是资产出表问题，由于融资租赁公司有经营杠杆倍数的限制，如果资产证券化能够实现资产出表，则可以扩大融资租赁公司的业务出表。但在实际操作中，融资租赁公司并不愿意出表，原因在于，融资租赁一般是非标准的金融资产，如果公司把好的资产拿出来做资产证券化，会影响公司的整体融资能力，而如果公司把不好的资产拿出来资产证券化，又意味着道德风险。

（9）外债融资。相对国外资本市场来说，我国资金成本较高，外债融资可以有效降低融资租赁公司的融资成本，但目前我国对融资租赁公司的外债融资额度有明确限制，因此该途径融资能力有限。

内资融资租赁公司进行外债融资有严格的审批流程。根据2003年国家计委、财政部、国家外汇管理局联合发布的《外债管理暂行办法》，境内中资机构在境外发行中长期债券由发改委会同外管局审核后报国务院审批；在境外发行短期债券由外管局审批。向境外银行借款方面，境内中资企业举借中长期国际商业贷款，须经发改委批准；举借短期国际商业贷款则实行余额管理，余额由外管局核定。因此内资融资租赁公司进行外债融资比较困难。

对于外资融资租赁公司，《中外合资经营企业法》及其实施条例、《外资企业法》及其实施细则等法律、法规赋予了外商投资企业举借外债的权利，因此其进行外债融资相对容易，但外债融资额度有明确限制。我国《融资租赁企业监督管理办法》第二十二条规定："融资租赁企业的风险资产不得超过净资产总额的10倍。"外商投资融资租赁公司对外借款额度即据此确定，具体而言，根据外商投资融资租赁公司提供的上年度经审计的报表，计算出上年度末风险资产总额（A），再计算净资产的10倍（B），然后将（B－A）作为新年度期间该公司可新借外债的余额的最高限额。前述风险资产按企业的总资产减去现金、银行存款、国债和委托租赁资产后的剩余资产总额确定，而且，借用外债形成的资产全部计算为风险资产。

（10）互联网平台融资。为了获得资金，目前多家内资租赁公司开始尝试P2P平台，开辟直接融资渠道。但该路径存在诸多问题：一是P2P融资成本过高，这提高了融资租赁公司的资金成本，压榨其利润空间；同时也进一步提高了公司的租赁价格，使得租赁公司在市场中缺乏竞争力，难以开发优质客户，只能挑选经过银行、金融租赁公司和其他成本低的融资租赁公司剩下的相对劣质的客户；二是P2P平台提供的大多为一年以下的短期融资，而融资租赁产品的期限往往较长，这就使得P2P产品与融资租赁产品产生期限不匹配等问题，使得公司暴露于较大的流动性风险中。

上述多种融资途径中，信托计划、保理融资大多都是通道业务，本质是变相银行贷款；租赁资产证券化、外债融资、互联网平台融资发展有限；股票债券发行、同业拆借收益公司有限；因此可以看出融资租赁行业的主要融资渠道仍为银行贷款，相对来说融资渠道窄，融资方式单一。

### 7.4.2 中国融资租赁发展瓶颈

**1. 融资渠道过窄，融资方式单一**

融资租赁行业的资金来源中，80%—90%是银行贷款，其他融资渠道或是发展有限，或是为通道业务，即变相银行贷款，而用股东投资的自由资金作为业务资金也非常有限。但银行贷款对于融资租赁公司来说，无论是贷款审批要求，还是资金成本，都很高。资金资本的严重不足极大地限制了融资租赁业的发展。

另一个值得注意的现象是，在融资租赁行业，有金融背景的银行系融资租赁公司自身实力雄厚，对于外界资本依赖度较少，但是他们往往最易外部成本；而其他一些内资融资租赁公司需要资金，却渠道有限，这种情况造成资金供需不匹配，不利于中小规模的融资租赁企业的发展。

**2. 融资成本过高，资本市场开放不足**

与国外租赁企业相比，国内租赁公司的债务成本明显偏高，这和国内居高不下的融资成本息息相关（见表7－10、表7－11）。一方面，国内产能过剩，严重的过剩产能提高了风险，使得银行提高风险溢价，银行贷款普遍在基准利率基础上进一步上浮，同时我国目前仍处于投资驱动的发展阶段，投资需求旺盛，融资需求大，这两点使得我国的融资成本高。另一方面，我国目前尚未开放国际收支项目下的资本项目，境内外资金不能自由流动，这就造成了境内资金价格高于境外的局面。

而目前人民币在资本项目下不可兑换，因此除试点的上海自贸区外，境内企业无法从境外融资；即使上海自贸区内企业也只能进行人民币境外融资，相对美元境外融资而言，其成本仍然更高，且其融资额度和用途有严格限制。

**表7－10　国内外上市融资租赁公司债务成本对比（%）**

| 公司名称 | | 2008年 | 2009年 | 2010年 | 2011年 | 2012年 | 2013年 |
|---|---|---|---|---|---|---|---|
| 国内 | 渤海租赁 | 3.30 | 4.10 | 3.94 | 3.70 | 3.63 | 4.05 |
| | 远东宏信 | 2.91 | 3.46 | 3.72 | 3.59 | 3.31 | 3.58 |
| | 联合租赁 | 3.57 | 6.39 | 5.28 | 1.76 | 2.31 | 3.07 |
| 国外 | 爱美可 | 3.55 | 2.49 | 3.94 | 3.36 | 1.74 | 2.39 |
| | Rider | 1.75 | 3.10 | 2.66 | 1.48 | 1.53 | 2.35 |
| | 赫兹 | 3.06 | 6.58 | 5.49 | 1.89 | 1.03 | 1.60 |
| | 爱卡索 | 0.99 | 1.45 | 0.82 | 0.34 | 0.30 | 0.41 |

资料来源：WIND。

**3. 风险控制不足，保险体系缺失**

在发展初期，国内融资租赁企业一味追求资产规模的增长，放松了对承租人的风险控制，这为融资租赁业的后续发展埋下了隐患。近几年来，融资租赁企业大量增长，融资租赁业务不断扩张，伴随着的是坏账率的不断上升，这些无疑会制约融资租赁业务的发展。

表 7－11 远东宏信随着境外融资占比提高其负债成本逐步降低

| 年份 | 境外融资金额（亿美元） | 境外融资占比（%） | 有息负债成本率（%） | 净利息差（%） |
|---|---|---|---|---|
| 2009 | — | — | 5.2 | 1.2 |
| 2010 | — | — | 4.6 | 1.7 |
| 2011 | 8.9 | 18.8 | 6.2 | 3.0 |
| 2012 | 11.4 | 19.5 | 5.6 | 3.2 |
| 2013 | 34.6 | 37.3 | 4.4 | 3.2 |

资料来源：WIND。

另一方面，我国的融资租赁企业缺乏担保保险体系，企业需独资承担坏账风险，缺乏有效的风险管理方式。当市场波动、经济下行时，企业会很快陷入困境，甚至面临倒闭的结局。

**4. 社会信用体系尚未建立**

融资租赁业风险管理上的不足与我国信用体系的缺失也是密切相关的。我国目前金融市场信用环境较差，缺乏一个统一的征信系统，无法对违约者形成强有力的约束，不能对出租企业提供有力保护。从长期看，这将是制约我国融资租赁发展的一个重要短板。

**5. 租赁资产处置困难，设备二手市场不完善**

融资租赁的租赁资产大多数为专用设备，流动性不足，处置困难，加上目前设备二手市场不完善，进一步加大了融资租赁公司处置资产的难度，阻碍了融资租赁行业的发展。

**6. 租赁业务同质化严重**

大部分公司正在做的通道业务、政府平台项目等，都是寄希望于大额、风险低，项目大多对接银行，租赁公司大多赚一点通道费用，成了银行的客户经理或者就是银行的工具。很多融资租赁公司在做的项目上集中于售后回租，租赁资产大多为专用设备，设备处置非常困难，因而必须增加厂房、土地抵押等其他增信措施，成了类银行贷款产品。在企业选择上如果企业能够在银行取得贷款，就不会选择融资租赁途径，这造成了融资租赁公司的客户大多是抵押品不足以在银行贷款的客户，而融资租赁最大的风险控制手段——设备所有权也没法发挥作用，加大了租赁公司的运营风险。这样没有特色的同质化竞争格局使各家融资租赁公司陷入价格战的困境。

**7. 行业配套条件滞后，市场尚未规范**

目前，融资租赁行业相关的环境支持——法律、监管、税收、会计这四大支柱滞后，阻碍了行业健康可持续发展。

在法律规范方面，目前多部门管理与法律条款零散、部门规章并行，成为制约融资租赁行业发展的瓶颈。在税收优惠方面，海外目前多采用直接税率优惠、加速折旧等政策来鼓励租赁行业发展；而我国，虽然各地区为鼓励租赁行业发展均出台了相应的税收优惠政策，但尚无全国性的行业税收优惠政策。在 2011 年推行“营改增”之后，经营性租赁业务、售后回租租赁业务的税负较高，影响了行业未来发展。

### 7.4.3 自贸区针对融资租赁的相关政策

自2013年9月自贸区挂牌以来，从国务院、国家外汇管理局、中国人民银行到上海市政府及浦东新区，均针对融资租赁行业出台了一系列政策措施，既包含覆盖所有融资租赁企业的普遍性政策，也有单独针对内资、外资或金融租赁公司的针对性政策，具体见表7-12。

表7-12 自贸区关于融资租赁相关政策一览表

| 政策条令 | 颁布时间 | 具体条文 | 受益公司类型（仅限区内） |
|---|---|---|---|
| 《国务院关于印发中国（上海）自由贸易试验区总体方案的通知》 | 2013—9—27 | 允许和支持各类融资租赁公司在试验区内设立项目子公司，并开展境内外租赁服务 | 所有融资租赁企业 |
| | | 将试验区内注册的融资租赁企业或金融租赁公司在试验区内设立的项目子公司纳入融资租赁出口退税试点范围 | 所有融资租赁企业 |
| | | 对试验区内注册的国内租赁公司或租赁公司设立的项目子公司，经国家有关部门批准从境外购买空载重量在25吨以上并租赁给国内航空公司使用的飞机，享受相关进口环节增值税优惠政策 | 内资租赁公司 |
| | | 融资租赁公司在试验区内设立的单机、单船子公司不设最低注册资本限制 | 所有融资租赁公司 |
| | | 允许融资租赁公司兼营与主营业务有关的商业保理业务 | 所有融资租赁公司 |
| 《国家外汇管理局上海市分局关于印发支持中国（上海）自由贸易试验区建设外汇管理实施细则的通知》 | 2014—2—28 | 区内外商投资企业外汇资本金意愿结汇 | 外资融资租赁公司 |
| | | 区内企业提供对外担保，可自行办理担保合同签约，无须到外汇局申请办理事前行政审批手续 | 所有融资租赁公司 |
| 《试验区境内外租赁服务外汇管理操作规程》 | 2014—2—28 | 允许试验区内融资租赁项目公司从境外购入飞机、船舶和大型设备并租赁给承租人时，凭合同、商业单证等材料办理付汇手续 | 所有融资租赁公司 |
| | | 支持开展境外租赁，对试验区内融资租赁公司开展对外租赁业务由审批制调整为登记管理，对外租赁信息在资本项目信息系统中办理登记，实施统计监测 | 所有融资租赁公司 |
| | | 融资租赁类公司开展对外融资租赁业务时，不受现行境内企业境外放款额度限制 | 所有融资租赁公司 |
| | | 融资租赁类公司可直接到所在地银行开立境外放款专用账户，用于保留对外融资租赁租金收入 | 所有融资租赁公司 |
| | | 允许试验区内非金融类融资租赁公司在境内收取外币租金，解决货币错配问题 | 非金融类融资租赁公司 |

续表

| 政策条令 | 颁布时间 | 具体条文 | 受益公司类型（仅限区内） |
|---|---|---|---|
| 《中国人民银行上海总部关于支持中国（上海）自由贸易试验区扩大人民币跨境使用的通知》（银总部发［2014］22号） | 2014—2—21 | （一）区内企业借用境外人民币资金规模（按余额计）的上限不得超过实缴资本×1倍×宏观审慎政策参数 | 内外资融资租赁公司 |
| | | （二）区内非银行金融机构借用境外人民币资金（按余额计）的上限不得超过实缴资本×1.5倍×宏观审慎政策参数 | 金融租赁公司 |
| | | 五、试验区跨境双向人民币资金池<br>（一）区内企业可根据自身经营和管理需要，开展集团内跨境双向人民币资金池业务 | 所有融资租赁公司 |
| 《浦东新区促进金融业发展财政扶持办法》 | 2012—12—4至2015—12—31 | 1. 对新引进的融资租赁企业，给予一次性落户补贴；对融资租赁企业增资，给予一定补贴<br>2. 对新引进融资租赁企业，按其对新区的贡献程度，给予一定补贴。对增资一定规模的融资租赁企业，按其对新区的新增贡献程度，适当加大补贴<br>3. 对在浦东新区购买自用办公用房的，给予一定购房补贴<br>4. 鼓励融资租赁企业为新区内企业提供融资租赁服务，特别鼓励其开展船舶、飞机租赁等航运租赁业务，按其业务量，给予一定补贴<br>5. 对融资租赁企业购入新区先进装备制造企业生产的设备，购入新区企业制造的飞机、船舶，按照合同金额，给予一定补贴<br>6. 对融资租赁企业新购入船舶和飞机，给予一定登记费补贴<br>7. 对融资租赁企业设立在上海综合保税区和陆家嘴金融贸易区的飞机和船舶租赁项目子公司，加大补贴力度<br>8. 新区内的政府采购，公用事业建设、基础设施建设等各类政府财力投资项目建设，在同等条件下优先考虑采用融资租赁方式融资 | 新引进的融资租赁企业 |
| 《上海海关关于在中国（上海）自由贸易试验区开展融资租赁业务的公告》 | 2014—4—22 | 对于进口融资租赁，由国内承租人报关的，承租人可向海关申请分期缴纳关税和进口环节增值税，并允许采取保证书的方式提供担保 | 所有融资租赁公司 |

续表

| 政策条令 | 颁布时间 | 具体条文 | 受益公司类型（仅限区内） |
| --- | --- | --- | --- |
| 《中国人民银行关于金融支持中国（上海）自由贸易试验区建设的意见》 | 2013—12—2 | （十六）区内企业可根据自身经营需要，开展集团内双向人民币资金池业务，为其境内外关联企业提供经常项下集中收付业务 | 所有融资租赁公司 |
| | | （二十三）支持试验区开展境内外租赁服务。取消金融类租赁公司境外租赁等境外债权业务的逐笔审批，实行登记管理。经批准，允许金融租赁公司及中资融资租赁公司境内融资租赁收取外币租金，简化飞机、船舶等大型融资租赁项目预付货款手续 | 金融租赁公司 |
| | | （二十四）取消区内机构向境外支付担保费的核准，区内机构直接到银行办理担保费购付汇手续 | 所有融资租赁公司 |

资料来源：根据公开信息整理汇总。

除上述政策外，区内还将外资融资租赁公司的审批权限下放，由自贸区管委会经济发展局负责审批3亿美元以下注册资本的外资融资租赁公司。同时，在《国务院关于印发中国（上海）自由贸易试验区总体方案的通知》中还提到："允许金融市场在试验区内建立面向国际的交易平台。"为响应该政策，上海联交所于2014年5月28日推出融资租赁资产交易平台，这是国内首个标准化的、面向境内外的融资租赁产权交易专业平台，旨在开展涵盖境内、跨境乃至离岸的融资租赁资产的物权、债权和股权交易。

我们对自贸区推行的融资租赁的受惠政策做了详尽梳理，发现自贸区主要从以下几个方面进行了制度创新，以期推动融资租赁业的发展：

第一，准入门槛降低：各类融资租赁公司在区内设立项目子公司（SPV）无最低资本限制。

第二，监管权限下放：将区内3亿美元以下注册资本的外资融资租赁公司的审批权限下放至自贸区管委会经济发展局。

第三，税收、补贴等优惠政策：①将各类融资租赁公司区内注册的SPV纳入融资租赁出口退税试点范围；②国内融资租赁公司或其SPV，经国家有关部门批准从境外购买空载重量在25吨以上并租赁给国内航空公司使用的飞机，享受相关进口环节增值税优惠政策；③对于进口融资租赁，由国内承租人报关的，承租人可向海关申请分期缴纳关税和进口环节增值税；④区内的融资租赁公司可享受《浦东新区促进金融业发展财政扶持办法》中关于新设立融资租赁公司的补贴政策（2015年12月31日止）。

第四，境外借款：各类融资租赁公司可按额度进行境外人民币借款。

第五，境外业务及配套流程优化：①支持开展境外租赁，对试验区内融资租赁公司开展对外租赁业务由审批制调整为登记管理；②允许开展跨境双向人民币资金池业务；③融资租赁类公司开展对外融资租赁业务时，不受现行境内企业境外放款额度限制；④融资租赁类公司可直接到所在地银行开立境外放款专用账户，用于保留对外融资租赁租金收入；⑤允许各类融资租赁公司境内收取外币租金；⑥取消区内机构向境外支付担保费的核准，区内机构直接到银行办理担保费购付汇手续；⑦从境外购入飞机、船舶和大型设备并租赁给承租人时，凭合同、商业单证等材料办理付汇手续；⑧区内外商投资企业外汇资本金意愿结汇。

第六，商业保理业务：允许融资租赁公司兼营与主营业务有关的商业保理业务。

第七，融资租赁资产交易平台建立：允许金融市场在试验区内建立面向国际的交易平台。

除此之外，在《中国（上海）自由贸易试验区条例（草案）》中，还提到了信用管理方案："管委会、驻区机构和有关部门应当记录企业及其有关责任人员的信用相关信息，并向市公共信用信息服务平台自贸试验区子平台归集。""鼓励信用服务机构利用各方面信用信息开发信用产品，鼓励企业使用信用产品和服务。"虽然此条政策并不针对融资租赁行业，但考虑到融资租赁行业发展的一个重要制约因素就是风险管理，信用体系的建立将利于融资租赁企业衡量承租人的信用风险，减少坏债损失，优化风险控制。当然该政策推行也只是国内征信体系建立的一个起步，融资租赁行业从中受益仍然十分有限。

进一步分析这些政策，我们可以看出：其一，自贸区首先是一个对外窗口，政府希冀通过自贸区拓宽融资租赁企业境外业务，提高我国融资租赁业的国际竞争力。其二，区内对融资租赁行业给予了税收、补贴等优惠政策，降低了准入门槛，下放审批权限，允许混业经营，为融资租赁行业提供一个更宽松优厚的生长土壤。其三，自贸区开始准许境外借款，这将有利于融资租赁企业降低融资成本，目前融资成本过高是制约融资租赁企业未来发展和国际竞争力的一个重要因素。其四，融资租赁资产交易平台的建立将大大促进融资租赁企业的资产流动性，一定程度上拓宽融资租赁企业的融资渠道，缓解其资本问题的约束。

同时，我们相信，自贸区作为我国金融改革试验田，融资租赁作为目前国际市场仅次于银行信贷的第二大融资方式，后续两者会有更多的碰撞，自贸区内将会有更多关于融资租赁的优惠和创新政策推出。

### 7.4.4 美国融资租赁业发展经验

#### 1. 美国融资租赁业发展历程

美国融资租赁行业诞生于20世纪50年代，成长于二战后经济复苏的市场背景之中，历经60余年的发展，已经形成了规模庞大、观念普及、方式多样、相对成熟的现代租赁业。根据美国租赁行业专家阿曼波的理论，美国融资租赁行业的发展可以分为五个阶段(见图7-8)。

对应比较我国的融资租赁发展情况，我国目前处于第三阶段——经营租赁产生阶段，发展水平和美国20世纪70年代相当。未来成长空间仍然非常广阔，新的融资方式和交易模式有望涌现。

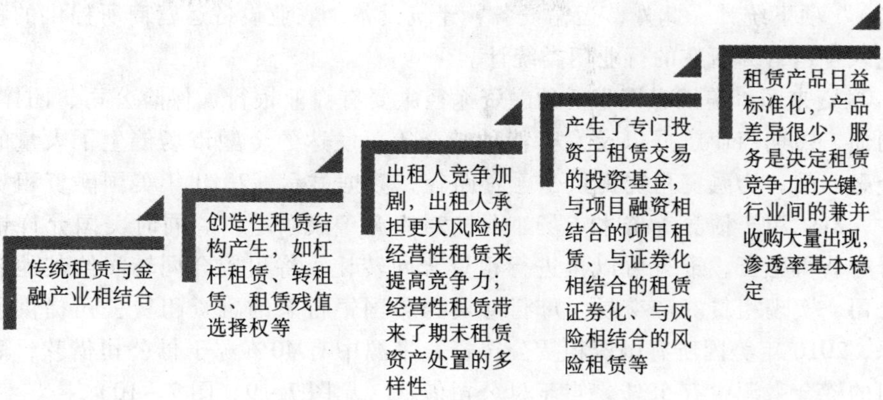


**图7-8　美国融资租赁业发展阶段**

**2. 美国融资租赁业发展要素分析**

综合来看，美国租赁业的高速发展归因于两个方面：一是行业制度完善。监管、法律、税收、会计是融资租赁行业发展的四大支柱，美国监管宽松、法律完善、税收优惠、会计制度通用，为融资租赁业的发展提供了优厚的生长土壤。二是美国发达的金融市场和成熟的市场机制，为融资租赁的发展提供了众多支持。比如完善的信用体系利于风险控制，发达的金融市场提供了更好的融资来源等等。综上，我们对美国的融资租赁市场进行进一步剖析。

（1）行业制度。

第一，监管方面。美国的租赁公司分为三种，分别是独立的租赁机构，约占40%；有银行背景的租赁机构，约占35%；有厂商背景的租赁机构，约占25%。不同种类的租赁公司监管有所不同，但总体持宽松开放态度。厂商背景和独立背景的租赁公司被视为普通工商企业，不采取特殊监管；银行背景的融资租赁公司则采取并表监管模式，纳入银行监管部门的管理范围。成立租赁公司采取注册制，无市场准入的行政审批，同时允许银行直接从事租赁业务。

第二，法律方面。美国采取分散立法模式，对租赁业不单独立法监管，相关法规分散在民法、商法、税法等法律法规之中，由多个部门的法律综合调整租赁业的法律关系。

第三，税收方面。美国对融资租赁业采取税收优惠，主要采用的是投资税收抵免制度和设备加速折旧。其税负水平为3%—7%，主要为消费税。1962年《税收减免法》提出投资税收抵免制度：投资者在资本设备投资的当年，可从企业的应纳税额中直接扣除投资金融的一定比例的税收，一般为10%；1981年《经济复兴税法》提出加速成本回收制：折旧年限低于3年的设备减税2%。折旧3至5年的设备减税6%，折旧年限5年以上的减税10%。

第四，会计制度方面。美国联邦政府未对租赁业建立统一的统计制度，对于租赁服务的统计分散于各个行业部门。北美行业分类体系（NAICS）规定，普通租赁纳入“房地产出租和租赁（53）”项下的“出租与租赁服务（532）”，融资租赁服务纳入“金融与保险（52）”项下统计。此外，运输设备、建筑设备、农业设备运营商所提供的租赁服务则分别纳入各运营商所在的行业门类统计。

（2）融资来源。美国融资租赁的融资途径主要有商业银行、保险公司、团体投资人、发行公司债、短期商业票据以及发行特种基金等。发达的金融市场催生了大量的融资租赁创新金融产品，为融资租赁提供了融资路径，数据显示，2010 年美国融资租赁公司资金来源中，21% 源于债券等资本市场工具，24% 源于股东增资。同时美国允许银行类出租人从母行获得融资，银行可以再进行租赁合同转让，将租赁合同转卖给其他银行或融资租赁公司，实现租赁资产交易。母行融资为美国银行系的融资租赁公司提供了充足的资金来源，2010 年美国所有融资租赁公司资金来源中有 40% 源于母公司借款，而银行系租赁公司的资金来源中有 58% 来自于母公司借款（见图 7－9、图 7－10）。

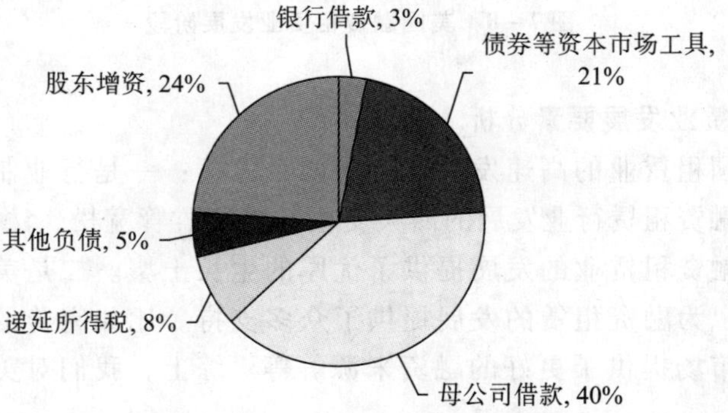


**图 7－9　2010 年美国融资租赁公司资金来源**

资料来源：廖岷：《中美两国融资租赁业的比较研究》，2013 年。

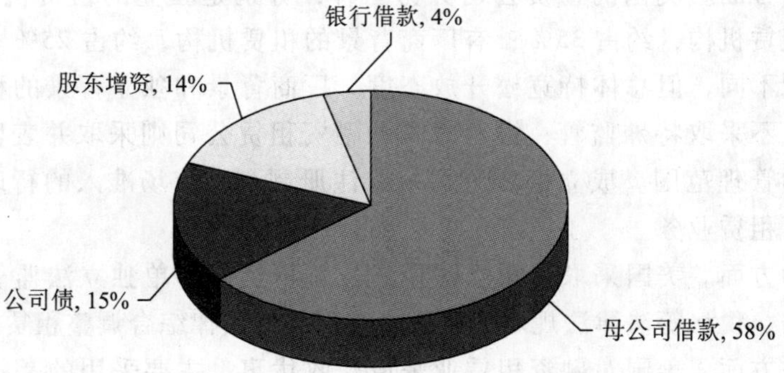


**图 7－10　2010 年美国银行系租赁公司资金来源**

资料来源：廖岷，《中美两国融资租赁业的比较研究》，2013。

（3）风险控制。

第一，建立保险与担保政策。政府对租赁公司，特别是在发展中国家开展业务的租赁公司提供全面的政治风险保险，进出口银行对租赁公司的对外租赁交易提供综合性出口信贷、出口担保和出口保险等。

第二，建立托拉斯信贷制度。由若干出租人组成托拉斯代理公司，共同向金融机构筹资购买设备后出租给承租人，共同承担风险与收益，以降低单一出租人在出租飞机等大型设备时面临过高的风险。

第三，建立信用评估体系。便于租赁公司准备评价承租人的信用。

第四，建立坏账政策和保证金制度。美国租赁业规定逾期三个月就计为坏账，而坏账比例一般控制在0.75之内，同时，出租人根据承租人的信用等级向其收取不同额度的保证金，以减少现金流风险。

第五，建立回购制度。美国80%的租赁项目都是通过供应商推荐的，租赁公司与供应商之间都有回购协议，以降低运营风险。

#### 7.4.5 自贸区融资租赁业发展建议

综合分析我国目前融资租赁业的发展瓶颈，自贸区所作出的政策突破，借鉴美国的发展经验，我们对自贸区在融资租赁业方面的政策发展提出以下几点建议：

**1. 建议由银监部门统一牌照管理和监管政策**

当前国内融资租赁公司依据监管所属、设立门槛及监管要求的不同，分为三类，分别是金融租赁公司、内资租赁公司和外资租赁公司，分别由银监会、商务部与国家税务总局联合，商务部实施监管，形成融资租赁机构监管三分天下的格局，不利于融资租赁行业政策的制定、监管的实施及行业创新的发展。建议在自贸区试点统一牌照管理，由银监部门统一监管政策和标准、负责监督管理区内所有融资租赁机构，在服务实体经济和防范风险的前提下，放宽市场准入、加强事中和事后监管。

**2. 在试点稳定后，进一步扩大跨境人民币借款额度**

目前，自贸实验区允许区内的融资租赁公司开立跨境人民币专户，向境外借取跨境人民币贷款；区外的融资租赁公司尚未获得该权限。但是自贸区对跨境人民币的借款做了严格限制。《关于支持中国（上海）自由贸易试验区扩大人民币跨境使用的通知》中规定：区内非银行金融机构和企业可以从境外借用人民币资金，但数额不得超过实缴资本倍数乘以宏观审慎政策参数，其中区内企业的实缴资本倍数为1倍，非银行金融机构的实缴资本倍数为1.5倍，且借用期限必须超过1年。区内借款企业可以根据相关规定在上海地区的银行开设专用存款账户，并且只能用于区内或境外，包括区内生产经营、区内项目建设、境外项目建设等。区内银行借款资金则必须进入试验区分账核算单元。

首先是借款额度的限制。对于融资租赁机构，其自由资本较少，将借款额度和实缴资本挂钩后，其贷款额度必然受到较大的限制。其次，是借入资金使用用途的限制。借入的境外人民币只能用于区内或境外经营，这一规定减少了热钱流入的投机性风险，但也限制了融资租赁公司区外业务的扩展。

**3. 建立融资租赁保险担保体系，增加对融资租赁公司的监管风险控制**

目前，我国融资租赁市场良莠不齐，融资租赁公司数量的快速增长伴随的是公司坏债率的提升。因此建立有效的风控监管机制，是我国融资租赁市场能够长远发展的关键所在。我们认为融资租赁市场可以借鉴美国的风险管理机制：第一，建立保险与担保政策。政府和相关进出口银行可以对租赁公司提供相关保险和担保，特别是一些具有政策导向的融资租赁行为以及大型设备的融资租赁。第二，建立托拉斯信贷制度。由若干出租人组成托拉斯代理公司，共同向金融机构筹资购买设备后出租给承租人，共同承担风险与收益，以降低单一出租人在出租飞机等大型设备时面临过高的风险。第三，建立信用评估体系。建立对承租人的信用评估体系，将有利于融资租赁公司进行风险控制，降低坏账风险。

**4. 进一步扩大融资渠道，鼓励直接融资途径发展**

大量研究分析表明，目前制约我国融资租赁行业发展的最大要素是融资渠道单一，资金不足的问题。自贸区虽然推出了境外融资政策，希望通过境外成本相对低廉的资金来降低融资成本，但该举措对于我国融资租赁行业融资难的问题帮助有限。因此，我们建议进一步推出新的创新制度，帮助解决融资租赁的资金来源问题。

在我国融资租赁业的现状分析中，我们列举了目前国内融资租赁业十种主要融资方式。目前国内融资租赁公司仍主要依赖银行信贷；信托计划、保理融资则更多是一种通道业务，实质为变相银行信贷；租赁资产证券化虽然已经政策可行，且已获推行，但受限于目前国内不成熟的证券化市场和交易平台，发展有限，2013 年仅 4 例成功案例；债券发行仅限于上市的金融租赁公司。在这几种渠道中，我们认为可以在保理融资、证券化融资、信托融资上进一步突破，进行政策上的鼓励和法律上的跟进。

**5. 进一步加大税收政策优惠**

虽然自贸区针对融资租赁行业开始试行了一系列的税收优惠政策，但是相比美国等发达市场的税收优惠，政府的政策支持仍显不足。加上之前“营改增”对融资租赁行业的冲击，我们认为自贸区应该进一步扩大进口环节增值税优惠范围，将船舶、医疗器械设备等与飞机一样，纳入进口环节增值税优惠方位。为通过融资租赁促进我国飞机、船舶和成套设备的出口，建议对融资租赁机构在出口退税方面加大支持力度。

# 第8章
# 自贸区金融改革初期风险管理体系构建

以期货、期权等金融衍生品为代表的衍生工具，是应对经济环境、金融环境日趋复杂化、金融风险规避需求日趋多样化的重要风险管理手段。率先探索上海自贸试验区如何发展原油、黄金期货交易等的模式和政策，构建对冲和管理金融风险的衍生金融工具发展体系，同样是上海自贸试验区进行金融改革必须综合考量、预先推进的重要制度保障。

## 8.1 自贸区原油期货市场构建

国务院在2013年9月18日发布的《中国（上海）自由贸易试验区总体方案》中，明确表示“允许金融市场在试验区内建立面向国际的交易平台。逐步允许境外企业参与商品期货交易。鼓励金融市场产品创新”，同时，“建立试验区金融改革创新与上海国际金融中心建设的联动机制”。

随后，证监会在2013年9月29日出台的《资本市场支持促进中国（上海）自由贸易试验区若干政策措施》中，也提到“拟同意上海期货交易所在自贸区内筹建上海国际能源交易中心股份有限公司，具体承担推进国际原油期货平台筹建工作。依托这一平台，全面引入境外投资者参与境内期货交易。以此为契机，扩大中国期货市场对外开放程度”。就目前证监会出台的相关政策措施来看，国际原油期货平台是加快推进我国原油期货市场建设的重要基础，也是促进自贸区发展成为吸引境外投资者来华投资的主要平台。2013年11月22日，上海国际能源交易中心在上海期货交易所挂牌成立。原油期货平台的顺利为期货衍生品市场的改革发展提供了重要契机；预期未来，还会有更多的衍生品市场的交易平台在自贸区挂牌。

### 8.1.1 原油期货市场发展的必要性

**1. 我国商品期货市场的发展**

目前我国有三个商品期货交易所，分别为上海期货交易所、郑州商品交易所、大连商品交易所。其中上海期货交易所主要交易贵金属和工业产品；而郑州商品交易所和大连商品交易所主要交易农产品和化工产品。上海期货交易所目前上市交易的有黄金、白银、铜、铝、锌、铅、螺纹钢、线材、燃料油、天然橡胶、沥青等 11 种期货合约；郑商所目前上市交易期货品种有小麦（包括优质强筋小麦和普通小麦）、早籼稻、粳稻、棉花、油菜籽、菜籽油、菜籽粕、白糖、动力煤、甲醇、精对苯二甲酸、玻璃；大连商品交易所现上市交易的有玉米、黄大豆 1 号、黄大豆 2 号、豆粕、豆油、棕榈油、线型低密度聚乙烯、聚氯乙烯、焦炭、焦煤 10 个期货品种。

过去 20 年间，我国商品期货市场取得了迅猛的发展。2013 年，国内三家商品期货交易所累计成交额达 126.47 万亿元人民币，累计成交 18.68 亿张合约，分别是 1993 年的 229 倍和 209 倍，年化增速达 31.22% 和 30.64%。自 2009 年开始，我国商品期货交易量跃居全球第一，2009 年成交量约占全球商品期货期权市场的 43%，2013 年该比重为 46.13%。商品期货合约中，白银、菜籽粕、螺纹钢、豆粕、天然橡胶的交易量位居前五，2014 年前四个月交易量分别占国内期货量的 13.72%、12.95%、12.31%、9.50%、5.30%（见图 8－1、图 8－2）。

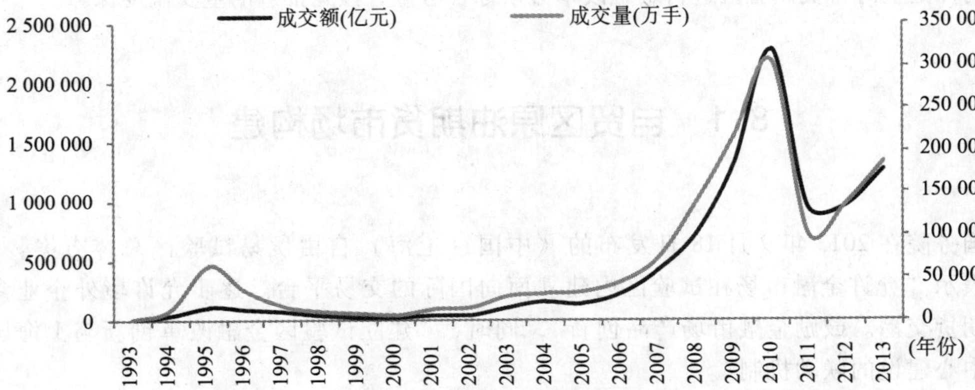


**图 8－1　1993—2013 年我国商品期货市场交易情况**

数据来源：中国期货业协会。

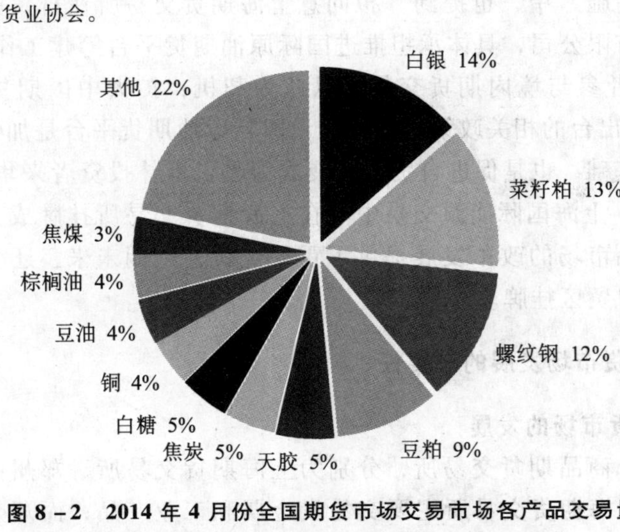


**图 8－2　2014 年 4 月份全国期货市场交易市场各产品交易量**

数据来源：证监会《2014 年 4 月份全国期货市场交易情况统计》。

**2. 原油期货市场发展的必要性**

尽管我国的商品期货交易量连续5年处于世界首位，但是石油类期货产品匮乏，目前只有上海期货交易所有燃料油期货产品。燃料油期货自2004年8月25日在上海期货交易所上市以来，曾一度与燃料油现货市场保持较强的相关性；但随着国内经济结构调整，燃料油消费税出台，致使燃料油期货交易量锐减。2008年燃料油期货成交6 162.11万手，2013年其交易量仅达2 078手，与其他贵金属相比，该数据微不足道。

石油与国民经济密切相关，作为国家实体经济发展的重要商品，其价格波动对我国相关产业及宏观经济影响重大。自1993年开始，我国原油消费水平超出产出水平，到2012年进口依存度达到57.10%，该年生产2.07亿吨、消费4.84亿吨原油，为世界第二大石油进口国和消费国。事实上，自1998年我国石油价格管制改革后，石油价格逐渐市场化，并与国际原油价格接轨；纵观1998年以来原油价格走势（以国际影响力最大的WTI原油期货合约为例），原油价格基本保持上升趋势，且年内涨跌幅较大。作为世界第二大石油进口国和消费国，我国尚没有建立自己的原油期货市场，对原油定价没有话语权，这不仅不利于国家能源战略、为经济发展带来不确定因素，也不利于国内石油石化及其相关企业有效地进行避险保值（见图8－3、图8－4）。

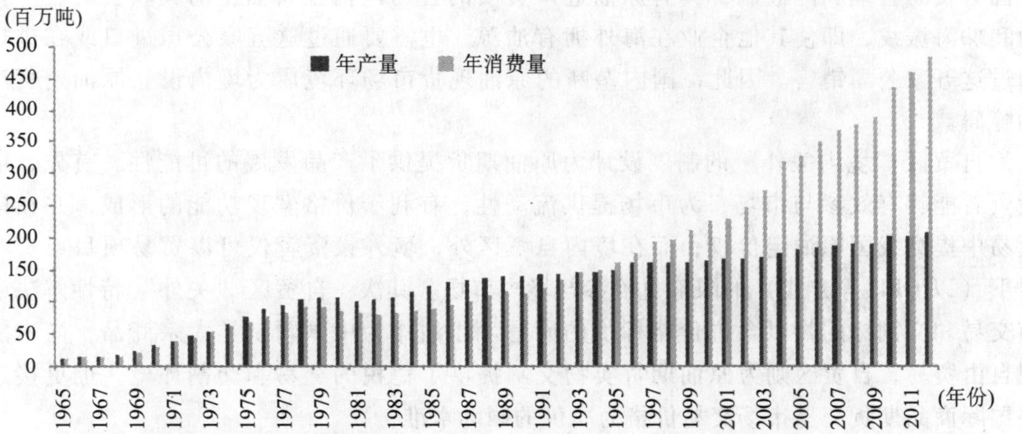


**图8－3 1965—2012年中国原油产量和消费量（百万吨）**

数据来源：WIND。

## 8.1.2 自贸区发展原油期货市场的优势

从实践经验和运营历史来看，期货市场的产生和发展对运行环境具有特殊要求：其一，现货市场发达，市场化水平和开放度高，供求信息充分；其二，经济体系较为开放，不存在进出口管制和价格管制；其三，期货交易所处于开放的金融环境，标价货币在资本项目下可自由兑换；其四，健全的法制环境，相关法律法规完善，可实施切实有效的监管。

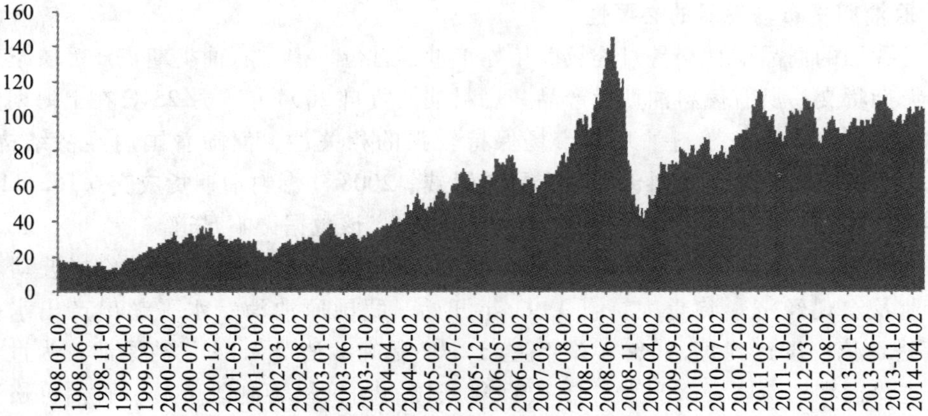


**图 8-4　1998—2014 年美国西德克萨斯轻质原油期货（WTI）价格变动情况**

数据来源：WIND。

**1. 自贸区为原油期货的发展提供了开放、市场化、国际化的现货环境**

目前我国以原油为代表的上游战略资源商品交易基本处于垄断状态，对原油进口实行国有贸易管理和配额制，具有原油进口资质的公司包括三大油企的关联公司、中化集团和珠海振戎，即使其他企业在海外拥有油源，也需要通过这五家公司进口或在进口后通过这五家公司销售。因此，国内垄断的原油现货市场环境成为境内设立原油期货产品的障碍。

自贸区“境内关外”的制度设计为原油期货提供了产品发展的可能性。首先，境外投资者能够有效参与市场，为市场提供流动性，有利于价格发现功能的形成，并在国际贸易中提高我国原油定价权；而在境内自贸区外，境外投资者仅可以贸易项目或资本项目下（以 QFII 等方式）的限额兑换参与境内市场。其次，自贸区“关外”特性解决了目前交易和交割标的物以含税价格标价的问题。原油作为中国管制类大宗商品，尚未能实现自由贸易，自贸区则为原油期货实物交割提供了免税的交易和交割环境，也更接近主要国际商品期货交易市场交易价格为净价的国际水准。

**2. 自贸区拥有开放的金融环境，资本项目下本外币可自由兑换**

在国务院发布的《中国（上海）自由贸易试验区总体方案》中，明确五大主要任务：加快政府职能转变、扩大投资领域的开放、推进贸易发展方式转变、深化金融领域开放创新、完善法制领域的制度保障。加快金融制度创新是深化金融领域开放创新的重要方面，方案中提到“在风险可控前提下，可在试验区内对人民币资本项目可兑换、金融市场利率市场化、人民币跨境使用等方面创造条件进行先行先试”。这为原油期货市场的建立提供了开放的金融环境，原油期货的标价和结算问题得以解决。

**3. 自贸区原油期货市场的发展基于上海发达的金融腹地和完善的法制环境**

上海金融要素市场已经相对完备，包括股票、债券、货币、外汇、商品期货、金融期货、场外衍生品、黄金等多类。2013 年上海金融市场交易总额为 639 万亿元，随着更多交易平台的构建，更多产品的增加和更多交易主体的参与，金融市场交易额也将获得更多机会的增长。根据《“十二五”时期上海国际金融中心建设规划》，2015 年上海金融市场（不含外汇市场）的交易额将达到 1 000 万亿元左右，主要金融市场规模保持或进入世界同类市场前列。当然，金融市场的稳定发展是由较完善的法制环境提供保障的。

### 8.1.3 海外石油期货市场发展经验及教训

目前国际上最为关注的两个原油期货合约是纽约商品交易所的西德克萨斯中质油（WTI，也称轻质低硫原油）期货合约和伦敦国际石油交易所的布伦特原油（BRENT）期货合约，两个期货合约分别影响着北美地区和欧洲地区的原油定价。而新加坡国际金融交易所和东京工业品交易所是亚洲主要的石油交易场所。

**1. 纽约商品期货交易所**

20 世纪五六十年代，整个石油工业的生产链主要由 7 家国际大型石油公司[①]控制，因此他们垄断了国际原油价格，当时的原油价格基本稳定在 3 美元/桶。到 70 年代，石油输出国组织（Organization of Petroleum Exporting Countries，简称 OPEC）的影响力逐渐强大，通过联合限产的方式，与跨国原油公司在原油定价权方面展开了激烈争夺，使得原油价格一路飙升。原油价格的剧烈波动使得原油及相关企业迫切需要能够分散和降低价格波动风险的衍生工具。

1982 年，纽约商品交易所（NYMEX）推出世界上第一只原油期货合约——轻质低硫原油（Light sweet crude oil）期货合约，该合约以美国西德克萨斯中质原油（WTI）为交易标的，品质规定为含硫小于 0.42%，API 密度介于 37—42 的若干种美国本土原油和外国原油，期货交割地位于俄克拉荷马州的库欣。由于轻质低硫原油期货合约具有高度的流动性以及公平的交易环境，该合约交易量迅猛上升，并成为北美原油价格最重要的晴雨表。

基于轻质低硫原油期货合约的成功，纽约商品交易所于 1994 年引进了取暖油及原油间的炼油毛利期权合约以及汽油及原油间的炼油毛利期权合约。2001 年，纽约商品交易所又引进了基于布伦特原油和西德克萨斯中质原油间差价的期权合约。

**2. 伦敦国际石油交易所**

作为欧洲最重要的能源期货期权交易场所，伦敦国际石油交易所（IPE）成立于 1981 年 4 月，推出了欧洲第一个能源期货品种——重柴油（gas oil）期货交易。1988 年 6 月，伦敦国际石油交易所又推出了具有国际原油定价基准的英国北海布伦特原油（Brent）的期货合约。合约的标的——布伦特原油产于英国北海，并且通过石油管线输送到苏格兰东北部的设得兰群岛终端。一经上市，布伦特原油的期货合约就成为该交易所最活跃的期货交易品种，原因在于合约本身交易规则具有高度灵活性，同时该合约能够满足国际石油工业巨头对于风险规避要求。2001 年 6 月，伦敦国际石油交易所（IPE）与大陆能源

① 这 7 家公司号称石油“七姐妹”，分别是美国的埃克森（Exxon）、荷兰皇家壳牌石油公司集团（Royal Dutch/Shell Group of Companies）、英国石油公司（BP，British Petroleum，Ltd.）、美孚（Mobil）、德士古（Texaco）、雪佛龙（Chevron）和海湾石油公司（Gulf Petroleum Corp.）。

交易所（Continental Power Exchange）合并成为洲际交易所（Intercontinental Exchange）。目前布伦特原油期货合约与布伦特现货及15天布伦特远期合约共同构成布伦特原油定价体系，这一价格体系涵盖了世界原油交易量的65%。

布伦特期货合约自产生以后，就被原油交易者作为套期保值和投机套利的重要工具之一。目前，欧洲地区乃至整个泛太平洋地区的原油交易价格都以布伦特原油定价体系作为基准。而布伦特原油和西德克萨斯中质原油之间的套利交易已经构成了原油市场的一个重要层面。

**3. 东京工业品交易所**

受到自身资源的限制，日本是传统的石油消费大国和进口大国，国内所需石油几乎全部依赖进口。1999年下半年，东京工业品交易所推出了汽油和煤油期货交易，并使日本成了亚洲较成功的汽油和煤油期货市场。

长期以来只能勉强将欧美原油市场价格作为原油交易标准的日本为了突破这一困境，日本东京工业品交易所（TOCOM）于2001年推出了中东石油期货交易。该合约标的以迪拜原油（DUBAI）和阿曼原油（OMAN）为对象，合约规定为千桶/手，采用现金交割方式，交割结算价格为普氏能源市场资讯报当月价格平均价。该期货合约突破石油期货以前传统的美元计价，以日元报价，计量以日本国内的千升（kiloliter）为单位。由于亚太地区使用的石油70%来自中东，中东石油期货给亚洲原油交易者提供了透明的价格基准和套利工具。

在石油期货上市之前，日本石油市场价格一直被十几家大型石油公司垄断。石油期货的出现，期货市场的公平性和市场性使得日本的石油期货市场蓬勃发展，打破了大公司对石油价格的垄断。而那些开始强烈反对推出石油期货的大型石油公司也渐渐参与到期货市场来，利用石油期货合约来对冲价格波动风险，石油期货成为重要的定价参考指标。

**4. 新加坡国际金融交易所**

新加坡毗邻马六甲海峡南口，其著名的裕廊工业区汇集了全球重要的炼油企业，来自中东的原油在这里转运、冶炼，销往需求庞大的东南亚和中国。得天独厚的地理位置、便利的资本流动、完善的法制管理使得新加坡在没有成立石油期货交易市场的情况下，场外交易机制早已日臻成熟。原新加坡国际金融交易所于1989年2月推出亚太地区的第一份石油期货合约——高硫燃料油期货合约。但是缺乏灵活性的合约设计和本地区石油需求的限制使得合约并没有取得成功。1995年，原新加坡国际金融交易所又推出了布伦特原油期货，该合约除标的交割地不同之外，与WTI的布伦特原油期货合约基本相同。尽管该合约在推出之后表现不俗，但是从1999年开始交易量急剧下滑，最后被迫于2002年摘牌退市。2002年11月，改制后的新加坡交易所在东京工业品交易所的帮助下又推出了中东石油期货合约，与东京工业品交易所推出的中东石油期货合约不同的是，新交所的合约交易以美元报价。原本期望建立继西得克萨斯轻质原油（WTI）期货合约和布伦特原油（Brent）期货合约之后，具有全球原油定价基准功能的期货合约，但运行两年后停止交易。

**5. 小结**

通过世界石油期货市场的介绍可以看出，由于纽约商品交易所和伦敦国际石油交易所率先推出了原油期货，目前的原油期货的主要交易战场还是在欧美地区发展完备的市场，亚洲缺少具有世界原油价格影响力的期货产品和期货市场。

日本石油期货市场的成功来自于现货交易的良好基础。在石油期货推出之前，日本的石油市场已经基本开放，各石油公司都可以进口石油。而合约采用普氏能源市场资讯报作为基准，提供了公平、透明的交易环境，培养了活跃的国内市场。从汽油、煤油的期货交易开始，日本交易所就采用世界先进的新型电子化交易方式，电子操作、远程控制的交易方式与欧美主要期货交易市场接轨的硬件系统大大提升了交易所的国际化和便捷程度。

而新加坡推出石油期货屡屡“触礁”的原因在于场外交易的先发优势牵制了原油期货发展。新加坡最活跃的市场是掉期合约，投资者主要基于普氏能源市场的定价机制进行场外交易。此外由于新加坡地理位置与欧美有时差，市场上国际投资机构较少，仅依靠亚洲投资者参与，导致市场交投不够活跃，交易资金和产品流动性比不上欧美两大市场。

### 8.1.4 自贸区原油期货市场发展建议

**1. 吸引境外投资者加入，给予其国民待遇的投资条件，完善投资环境**

2013 年，我国以原油生产 2.08 亿吨，进口 2.82 亿吨，消费 4.90 亿吨，成为世界第五大石油生产国、第二大石油消费国和进口国。对于石油巨大的消费和需求量使得原油期货市场的建立具有一定的市场基础。但是参照新加坡和日本石油期货市场的发展经历来看，对于石油的巨大需求是石油期货市场发展的必要条件，但不是充分条件。新加坡和日本在建立石油期货市场之前，已经具有了客观的石油现货交易和石油价格的市场化。

石油现货市场的成熟是石油期货市场发展的基础，只有现货交易量发展到一定阶段，市场参与者才会逐渐提出对套期保值和价格发现等市场工具的需求。失败的期货很多就是缺少高度市场化的石油交易这种保障。而目前，我国的原油现货没有公开市场的买卖，并且只有中石油和中石化是具有上下游、内外贸完整一体化产业链的集团公司，其他原油生产、炼制和进出口企业的产业链都在不同程度上有所缺失。

基于此，我国境内区外没有充分的条件建立起原油期货交易市场。国际原油期货平台设立在自贸区，可以利用自贸区在资本项目可兑换、人民币跨境使用、外汇管理等方面的诸多金融创新政策，吸引境外投资者的加入，从而弥补境内区外缺乏现货市场这一缺陷，立足于亚太区域性的原油市场甚至全球原油市场，构建原油期货的交易平台，并实现原油等大宗商品期货的国际化。

值得注意的是，目前对于国际原油期货平台的产品报价暂定为以人民币标价，这在一定程度上限制了境外投资者的参与程度。如果在投资条件方面再有所限制，依照目前国际原油期货交易所得竞争程度，很难在新建立的国际原油期货平台上吸引到大量的跨国公司交易者。此外，根据上海期货交易所的安排，交易产品将以人民币标价，主要通过离岸人民币进行交易，对于境外投资者来说，人民币的获取主要通过离岸人民币市场。因此国际原油期货交易所的发展需要依托自贸区离岸人民币市场的发展。

**2. 放宽其他企业的原油销售限制，壮大国内原油交易参与者**

尽管，自贸区内的国际原油期货交易平台在设立初期是需要吸引境外投资者的加入，壮大市场规模，但是随着市场的不断发展，如果缺少境内投资者的参与，国际原油期货交易平台也就失去了它的另一个主要目标——改革国内石油交易市场，为境内石油期货市场发展提供基础。

目前，我国对于原油现货交易的主体设置了层层门槛，国内大多数石化下游相关贸易和加工企业都无法参与上游交易。尽管因为履行了加入世贸组织的承诺，开放了适合的进口权，但是20多家具有贸易原油进口权的非国营资质的企业中只有部分企业拥有销售资质，大部分企业依然要通过中石油、中石化进行原油销售。可以认为我国的石油进口和销售权几乎被中石化、中石油、中海油等央企垄断。

原油期货作为一个大品种，未来上市之后如果想交易活跃，除了开展套期保值的央企外，还应该有大量贸易商、加工企业等参与到原油期货的交易中来，唯有交易主体多元化，才能成为一个成熟的品种。所以，应适度的开放其他企业的原油销售限制，鼓励其他企业开拓石油上游交易市场，发展上下游产业链，建立各自独立的石油生产、炼制和进出口体系。只有打破垄断，让其他石油企业进入石油市场，形成三大石油集团、石油消费企业、各级经销商、石油贸易企业以及期货交易所之间互相竞争的局面，才能不断壮大国内本土原油交易参与者。

**3. 逐步丰富交易品种**

上海期货交易所设立的国际能源交易中心主要交易品种为中质含硫原油，此类原油也是我国进口量最大的原油种类。我国作为原油进口的第一大国，推出原油期货能够满足我国原油进口企业控制风险的需求。而将中质含硫原油作为国际能源交易中心推出的第一个产品，可以充分利用国内的需求量，带动交易所的交易量；同时又能为国内进口原油的企业提供保值工具。

在石油期货合约之中，原油期货是交易量最大的品种。但是国际石油市场中除了原油期货，其他石油期货品种还有取暖油、燃料油、汽油、轻柴油等。而任何一个石油期货市场都不止有一种石油期货产品。例如，纽约商业交易所除了WTI（西德克萨斯中质原油）期货合约还有取暖油期货合约、无铅汽油期货合约；伦敦国际石油交易所（ICE）除了BRENT（北海布伦特原油）期货合约还有轻柴油期货合约；而东京商品交易所也是在推出了汽油和煤油期货合约以后才推出原油期货合约的。

发展多样化的石油市场，有利于进一步完善价格定价机制和改变寡头垄断格局。尽管原油期货是其他石油产品的定价基准，但是推出更多种的产品，能够有效地满足石油生产企业、消费企业、经销商和贸易商对于不同石油产品套期保值的需求，有效实现石油市场定价化。

**4. 完善配套制度和政策法规，建立公平、透明的交易市场**

其实在之前，我国已经推出过石油期货产品。1993年，原上海石油交易所推出了石油期货交易，其中推出的标准期货合约有大庆原油、90 号汽油、0 号柴油、250 号燃料油四种。但是推出之后，交易体系的不完善使得交易主体进行了大量的不规范操作，大户垄断、操纵市场、联手交易、超仓、借仓等违规行为严重。期货市场这种盲目发展，使广大投资者蒙受了巨大损失，最后导致国家石油期货的全面叫停。

历史的经验告诉我们，发展一个健康的原油期货市场需要配套的法律法规和严格的监管体系，同时需要公平、透明的交易环境。这也与他国的经验相吻合。对于新加坡来说，尽管石油期货市场内交易并不成功，但是成熟的金融市场，完善的配套制度和政策法规，以及便利的资本流动，造就了新加坡场外市场吸引的繁荣。对于日本石油期货市场，东京商品交易所能够及时提供国内外石油市场价格变动，采用普氏能源市场资讯报作为基准，从而使得交易环境更加公开和公正，培养了活跃的国内市场。

## 8.2 自贸区金融期货市场构建

相比于繁荣的商品期货市场，国内金融期货市场才刚刚起步。目前国内金融期货交易所——中国金融期货交易所内只有两种金融期货产品：沪深 300 股指期货合约、5 年期国债期货合约。

其中，沪深 300 股指期货合约于 2009 年 9 月 18 日正式上市，作为我国第一只股指期货，沪深 300 股指期货是指以沪深 300 指数作为标的物的金融期货合约，为股票现货市场的投资者提供了转移风险的工具。5 年期国债期货合约于 2013 年 9 月 6 日上市，该合约的标的采用国际上通用的名义标准券设计，即采用现实中并不存在的虚拟券作为交易标的，实际的国债可以用转换因子折算成名义标准债券进行交割，剩余年限在一定范围内的国债都可以进行多券种替代交收；5 年期国债期货合约标的面值为 100 万元人民币、票面利率为 3% 的名义中期国债。

沪深 300 股指期货是我国第一只股指期货指数，从发展初期到现在得到了迅速的发展。2010 年上市当年，年交易量按照单边计算达到 4587 万手，2013 年的年交易量达到 19322 万手，是国内市场交易额最大的期货品种。2014 年 4 月 16 日沪深 300 股指期货上市满 4 周年，截至 2014 年 4 月 1 日，已累计开户 17.58 万户，累计成交 4.37 亿手，累计成交额达 329.17 万亿元，在全球股指期货中成交量排名第五位。

5 年期国债期货合约由于上市时间短，仅仅 11 个月，市场份额不大。2014 年 9 月上市当期，其交易量根据单边计算达到 15 万手，而后有所回落。2014 年以来，每月交易量根据单边计算大约在 3 万—4 万手左右。

### 8.2.1 新加坡金融期货市场发展经验

1984 年，新加坡黄金交易所改名为新加坡国际金融交易所（Singapore International Monetary Exchange Ltd，简称 SIMEX），是亚洲第一家金融期货交易所，且是继芝加哥、纽约、伦敦之后的世界第四个集金融期货、商品期货为一体的综合性期货市场，其交易品种涉及期货和期权合约、利率、货币、股指、能源和黄金等交易。成立之初，SIMEX 推出了亚洲第一个欧洲美元存款利率期货和欧洲日元期权交易。之后新加坡国际金融交易所又先于日本，在 1986 年推出日经 225 指数期货，成为国际金融机构进行日经 225 股指交易的主要场所，开创了以别国股指为期货交易标的物的先例。在国际合作方面，新加坡国际金融交易所与东京国际金融期货交易所、伦敦国际金融期货期权交易所等交易所均建立了合作关系。1984 年 9 月，新加坡国际金融交易所与芝加哥商品交易所的国际金融市场挂钩，建立了相互对销制度，从而设立了世界上第一个可供 24 小时交易的金融期货市场。据统计，新加坡国际金融交易所 80% 的交易客户来自美国、欧洲、日本和其他国家。从产品和业务范围的角度看，它已涵盖北美及欧洲市场。

新加坡证券交易所（SES）和新加坡国际金融交易所（SIMEX）在创建之初是作为独立的合法组织进行运营，是亚太地区首家集证券及金融衍生产品交易于一体的企业股份制交易所。1999 年 12 月，新加坡政府将两所合并后成立了新加坡交易所（SGX）正式揭牌。两个交易所合并的好处在于将现货和期货交易的策略更加紧密，这样有利于研发具有国际吸引力的互补性产品。交易所合并也使得新的交易所与未来战略合作伙伴相比更具谈判能力，对于建立前端交易平台和后端处理系统的投资更具融资能力。此外，交易所合并能够形成一个强大的管理团队，以便于加强对于新投资者和新交易的管理能力。

1998 年 11 月，新加坡总理李显龙（Lee Hsien Long）在新加坡股票交易所成立 25 周年庆祝晚宴上宣布，为了促进新加坡发展成为全球的证券交易中心，新加坡将会完全开放交易所的进入门槛。2000 年 6 月，新的会员可以开放进入门槛意味着只要能够满足资金和能力基本要求的机构均可以在交易所进行交易，不再区分内外资机构，而是实行统一的交易准证制度。

### 8.2.2 自贸区金融期货市场发展建议

**1. 开发多种产品，同时增加境外股票市场的股指期货产品**

沪深 300 指数期货于 2005 年 4 月 8 日正式上市；在后来的三年里，它是我国金融期货市场唯一的交易品种，由此可见我国金融期货产品推广速度缓慢。目前我国金融期货市场的交易品种仅限于沪深 300 指数期货和 5 年国债期货。其中沪深 300 指数期货 3 年多来累计成交量在全球股指期货中排名第五位。尽管单一品种运行取得不错的成绩，但是由于金融期货市场的产品匮乏，导致就整个金融期货市场而言，规模仍远不及成熟市场。此外，沪深 300 指数期货在上市几天后，其成交金额就已经超过了沪深 300 成分股成交金额，这说明我国对于金融期货市场的产品需求量很大。

金融期货市场相比于股票市场，其交易制度的高杠杆性决定了高风险性。目前我国迟迟不推出新的金融期货产品也是为了防范危及国内金融稳定性的风险。而自贸区作为一个独立的区域，由于其自贸区账户在资本投资方面的限定有效地隔离了风险，自贸区可以设立一个区别于境内区外的金融期货交易平台，进行各种金融期货产品或金融衍生品的研发，同时积累监管机构对于各种衍生品的监管经验。

此外，境外股票市场比国内股票市场更加健康，增加境外股票市场的股指期货能够丰富股指期货产品。其实许多国外金融期货交易所已经有过这样的先河，例如新加坡交易所就在1986年，抢在日本之前推出日经225指数期货，后来成为国际金融机构进行日经225股指交易的主要场所。而随着我国资本项目的开放，越来越多的投资者会在境外股票市场进行投资，增加境外股票市场的股指期货能够给我国参与境外投资的个人和机构提供一个保值的工具。

**2. 不区分内外资机构，而是实行统一的交易准证制度**

一个市场的成功与其投资者的参与密不可分。目前我国境内金融期货市场产品种类少，交易规模小，国内的个人和机构并不是特别成熟的金融期货投资者。然而国外的金融期货市场已经发展成熟，大量的境外投资者对于金融期货的需求和熟悉程度都要远远大于国内投资者。

自从2002年合格境外机构投资者制度QFII实施以来，各国机构纷纷申请投资额度。截至2014年7月底，共有252家机构获得批准，批准总额度为578.98亿美元。在我国的A股市场，QFII是除社保基金、公募基金外的第三大机构投资者，并获得了翻番的收益水平。这说明境外投资者对于国内市场也是十分向往的。

自贸区自由贸易账户的设立使得境外投资者的资金与其境外账户之间能够自由划转，这极大地方便了境外投资者在自贸区内进行投资。建立一个公平的投资环境能够吸引具有长期投资经验和投资需求的境外投资者参与到自贸区金融期货交易中。

**3. 与其他国际金融期货交易所合作**

国内的金融期货市场还处于初级阶段，但是国内的金融衍生品需求旺盛。与国外其他成熟的金融期货交易所合作，可以通过他们吸引更多的投资者，同时学习他们先进的产品设计研发和完善的管理制度，为下一步在国内发展更多的金融衍生品做准备。

目前很多交易所都推出了基于中国公司的股指期货产品。芝加哥期权交易所于2004年10月率先推出以16只股票按照等值美元加权平均计算而成的中国指数期货，这些股票仅限于在纽约证券交易所、纳斯达克证券交易所或美国证券交易所交易，均为海外上市的中国公司。2006年9月新加坡交易所推出了新华富时A50指数期货，该指数是国际投资机构唯一可以在海外直接投资以中国股票为标的的指数。新华富时A50指数包含了中国A股市场市值最大的50家龙头股构成的股票指数，股票总市值占中国A股市场的35%左右，极具代表性。2007年5月，芝加哥商业交易所又推出了新华富时中国25指数期货，参照新华富时A50指数，新华富时中国25指数包含了25家在香港交易所上市的市值最大的中国公司。这些股指期货产品为自贸区金融期货交易所与国际其他大型金融期货交易所的合作提供了渠道。

## 8.3 自贸区黄金国际板建设

我国是黄金矿产资源比较丰富的国家，据推测，我国蕴藏的黄金资源量为3万至5万吨，目前世界上已知的金矿类型在我国都有发现。在过去的30多年，我国的黄金工业以平均10%左右的年增率高速发展着。我国的黄金产量在1978年仅为19.67吨，而2007年我国的黄金产量首次超过南非，达到270.5吨，至此我国一直蝉联着全球第一产金大国。

目前我国所有的黄金交易都必须在上海黄金交易所（Shanghai Gold Exchange，简称SGE）进行。自2008年1月起到2014年6月，上海黄金交易所平均每季度的黄金交易量从362吨增加到了1059吨，年交易量从4464吨增加到11614吨，现货黄金交易量全球第一（见图8－5）。

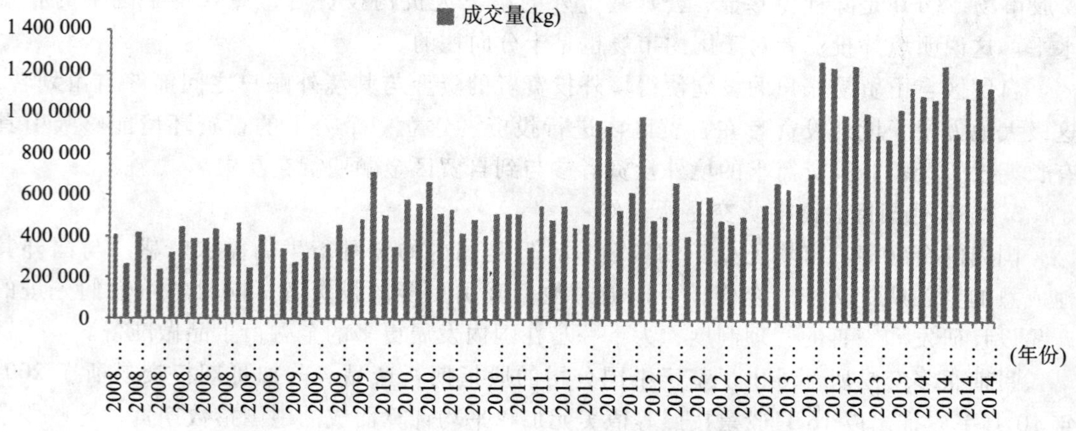


图8－5 上海黄金交易所月度黄金交易量

### 8.3.1 国外黄金市场发展经验

**1. 新加坡**

新加坡建国以来对于黄金的进口和买卖有着严格的管制，并没有黄金交易市场。1969年4月，新加坡财政部批准9家机构进行黄金交易，期中包括6家商业银行，2家黄金饰品制造商和1家贸易公司，从而建立黄金市场。但是这些机构只能用美元、德国马克、瑞士法郎和境外账户中的新加坡元与非新加坡居民和非英联邦国家居民交易。而且事先需要得到政府的许可，每月最多可进口500盎司的黄金，每盎司交3美元进口关税。1973年，为促进黄金市场的发展，新加坡政府取消了对黄金交易的一切限制，允许居民、非居民和公司自有买卖黄金；同时取消对黄金的进口和转让的限制。在此之后的很短时间，新加坡黄金进口量迅速增加，与黄金相关联的企业蓬勃发展，黄金交易市场也得到扩张。

1978年，为了促进黄金的现货和期货交易，新加坡设立了黄金交易所，挂牌黄金期货交易。黄金交易所是亚太区第一个黄金期货市场。1981年，新加坡为了扩大黄金交易范围，允许交易所的任何会员进行套汇交易。为了提高自身的竞争能力，黄金加工厂商与伦敦黄金市场和香港等黄金交易中心紧密联系。厂商的自主行为使得新加坡黄金市场的交易和价格逐步与世界黄金市场的供求挂钩。新加坡黄金市场因此也发展成为当今世界特别是亚太地区著名的黄金市场。

值得注意的是，黄金交易所发展初期，新加坡的黄金市场绝大部分交易不在黄金交易所内进行。场外黄金交易量约为场内黄金交易量的10多倍。这些场外交易主要通过以下两个渠道：（1）由金饰店和银行经营。由于金饰店的经营方式比较灵活，交易单位从千克到克，投资者可以根据不同需求购买。而新加坡大华和华联银行可以办理黄金存折业务，在银行购买的黄金可以存在银行内，仅收取少量保管费。（2）注册公司经营。这些公司都不是黄金交易所会员，交易对象是个人。采取的经营模式主要是挨家挨户进行销售。

场外的期货交易没有相关条例约束，也不受官方监管，在1982年黄金价格大幅涨跌中，投资者损失惨重，黄金交易市场动荡不安。对此，新加坡政府出面整顿混乱的交易市场。国家司法部下令对场外非法交易进行调查。在黄金交易所改组为新加坡国际金融交易所之后，新加坡政府宣布所有场外交易都属于非法，从而有效地抑制了场外交易，规范了交易市场。

新加坡国际金融交易所成立初期，由于多家国际知名金商充当做市商，市场交易一度变得活跃，但是场外期货依然保持主导地位。到1994年，新加坡黄金现货市场一度达到600多家商业银行和厂商参与。但是1994年新加坡对黄金开征消费税，导致新加坡黄金市场日渐萎缩，到1996年黄金期货完全停止交易。近年来，虽然新加坡重新推出黄金期货，但是交易始终不够活跃。

由于新加坡自身缺乏黄金矿业生产、首饰加工制造和消费的急促，不具备完整的精炼、鉴定、加工、仓储运输体系，所以黄金市场缺乏广泛的市场参与者，其主要交易者是本国商业银行。由黄金市场的交易规模来看，东京、香港、上海和孟买均遥遥领先。

**2. 香港**

1910年，香港黄金市场开始形成，直到1974年才开始真正迅速发展。1974年，港英当局取消《禁止黄金进出口条例》，进一步放开了香港黄金交易市场，此后的几十年香港黄金市场发展非常迅速。目前香港黄金市场是仅次于伦敦和苏黎世的第三大世界黄金市场。

香港的黄金市场由三个主要市场组成：传统的香港金银贸易市场、当地伦敦金市场、黄金期货市场。这三个市场表面上各自独立，但在本质上是跨市买卖，是动态有机联结在一起的。

香港金银贸易市场以华人资金商为主，有固定买卖场所。香港金银贸易市场主要经营现货，兼营期货。其中主要交易的黄金规格为99标准金条，交易方式是公开喊价，现货交易。市场上交易的黄金成色与众不同且计量单位不是盎司而是司马两，以港币非美元计价。

香港的地理位置使得香港黄金市场在时差上刚好填补了纽约、芝加哥市场收市和伦敦开市前的空档，可以连贯亚、欧、美，形成完整的世界黄金市场。由于这一地理优势，伦敦五大金商、瑞士三大银行等纷纷来港设立分公司。他们将在伦敦交收的黄金买卖活动带到香港，逐渐形成了一个无形的当地“伦敦金市场”，促使香港成为世界主要的黄金市场之一。香港的当地伦敦金市场是无形市场，没有固定的开市、收市时间，一切交易都是通过通讯、网络等设备完成的，其交收都在伦敦进行。

香港黄金期货市场，是一个正规的市场，其性质与美国的纽约和芝加哥的商品期货交易所的黄金期货性质是一样的，交投方式正规，制度也比较健全，可弥补金银贸易场的不足。黄金期货市场与现货市场一样场内叫价，且实行严格的合约交易。香港黄金市场形成与发展已有 90 多年的历史，其形成主要是以香港金银贸易场的成立为标志。

2011 年 10 月，为了给大量涌入的离岸人民币存款提供多样投资渠道，香港金银业贸易场率先推出以人民币计价黄金现货交易产品，全球首个离岸人民币计价黄金现货交易市场得以在香港形成。交易所首批指定了 27 家参与商作为“人民币公斤条黄金”代理商，首个交易日成交额即突破 1 亿元人民币。交易的最终结算方法有人民币黄金合约和实金交割两种方式，投资者可以通过在市场进行离岸人民币计价黄金现货交易来对冲价格波动的风险。

### 8.3.2 自贸区黄金国际板建设建议

**1. 在上海黄金交易所的“黄金国际板”发展的同时发展黄金期货交易，逐步建立黄金衍生品交易所**

纵观全球的黄金市场，一般黄金现货与黄金期货并存。例如新加坡的黄金市场，1978 年设立的黄金交易所就是可以进行黄金的现货和期货交易。而香港的三大黄金市场中就有黄金期货市场。国际上的黄金交易量中衍生品交易占 95% 以上，而黄金衍生品交易中黄金期货是最直接的交易模式。因此，在设立上海黄金交易所的“黄金国际版”的同时应该积极发展国际版黄金期货。黄金期货市场大发展能够加强中国在世界黄金市场的影响、争夺黄金定价权，对于主导亚洲地区黄金市场具有意义重大。

目前我国的黄金现货交易量位居世界首位，黄金的产量和需求量巨大，而黄金衍生品市场明显落后。国内黄金衍生品市场仅有黄金 Au（T+D）、黄金期货两个品种，至于其他相关的黄金远期、黄金掉期、黄金期权等基础性黄金衍生品并没有形成。此外，同业黄金拆借（租赁）（Gold Leasing）和黄金租赁率（GLR，Gold Leasing Rate）作为支撑这些基础性衍生品市场的重要交易产品也并没有被提出。各类金融衍生产品的缺失，直接影响我国黄金境内市场的完整性，也成为国内人民币标价的黄金业务发展的瓶颈。由于黄金衍生品交易的风险性大于黄金现货交易，在国内市场盲目的推行多样性的黄金衍生品不够现实。而自贸区的“黄金国际版”的推出为黄金衍生品交易的进一步发展提供了有力渠道。

对于黄金衍生品交易的发展，首先应该推出同业黄金拆借（租赁）和黄金租赁率等市场支撑的基础型产品。目前我国的商业银行具有良好的财资，而券商也发展良好。这些机构都可以作为这些基础性黄金衍生产品的交易商，利用黄金衍生产品进行套期保值和投资，也可以对这些基础性产品进行组合，搭建更加复杂的套保和投资平台，满足更加广泛的客户需求。

**2. 与香港离岸人民币黄金市场联动**

香港金银业贸易场于2011年10月已推出了以人民币计价黄金现货交易产品，成为全球首个离岸人民币计价黄金现货交易市场。而此前上海金交所也曾表示，黄金国际板以人民币计价现金交割，交易品种包括上海金交所现有的黄金合约以及迷你黄金合约，并将引入境外投资者。在“黄金国际版”的境外会员将利用自由贸易账户以使用离岸人民币进行交易，而自由贸易账户的设定使得其内部资金可以与境外账户资金自由划转。与香港离岸人民币黄金市场的对接不存在资金账户上的阻碍。

此外，香港黄金市场和自贸区黄金市场在一个地理位置上，不存在时差的限制。两个市场的对接可以方便投资者自由交易，从而提升两个市场的竞争力。

**3. 主要吸引国际金商和商业银行参与，鼓励国内商业银行加入**

老牌的国际贵金属商业银行凭借着数百年的业务沉淀形成了深厚的黄金库存，确立了其做市商的地位，成为贵金属市场的重要参与者。一个市场的蓬勃发展需要有投资者的积极参与；根据新加坡和香港的发展经验，黄金市场的发展离不开国际大型金商和商业银行的参与。尽管国内的黄金市场交易量位居世界首位，但是自贸区账户的特点以及我国对于黄金进出口的管制使得境内区外的黄金交易不能直接流向自贸区“黄金国际版”，而“黄金国际版”的发展初衷是为了大量引入的国际投资者，大大提高了黄金“上海价格”的国际影响力。所以，我国在发展自贸区黄金市场的初期，需要给与国际大型金商和商业银行适度的优惠和服务措施，以吸引他们来自贸区黄金市场交易。

相比于国际老牌的贵金属商业银行，我国主要商业银行并不是黄金市场的主要交易方，拥有的黄金库存基础小。而我国又缺乏黄金衍生品交易市场，在市场出现流动性不足的时候，国内的黄金交易商难在境内市场进行业务对冲和套保，只能选择在境外市场进行交易。未来，在吸引境外大型金商和商业银行加入自贸区黄金市场的基础上，还需要通过多种途径支持我国商业银行在黄金业务方面的拓展，从而壮大我国主要贵金属商业银行的做市能力，培育我国黄金业务的做市商银行。

# 第9章
# 自贸区金融基础设施建设

根据我们上述分析，金融自由化改革的目标是要建立自由、高效、稳定、一体化的金融体系，然而金融自由化与金融效率和金融稳定之间的关系并不是完全一致的，尤其是关于金融自由化与金融稳定的关系理论界尚无定论。金融基础设施建设在2008年金融危机后受到国际经济、金融组织和各国经济金融管理层的密切关注。金融基础设施建设是金融市场稳定运行的重要保障，也是防范金融风险的“臭氧层”。依据国际清算银行（Bank for International Settlements，简称BIS）所述①，金融基础设施的发展程度关系到金融稳定和金融效率，发达的金融基础设施将有效降低系统性金融风险、促进金融透明和金融稳定。一般来说，设计不佳、执行不力的金融基础设施会引致或加重系统性风险，且一旦系统性风险得不到有效管理，造成的金融冲击将从一个参与者传染到其他参与者，或从一个系统传染到另一个系统，影响到国内和国际金融市场的稳定，以及全球经济的发展。相反，健全的金融基础设施则是金融市场力量的源泉，即使在危机爆发的时期，市场参与者也能够按时履行协议义务。

自贸区作为国家金融改革的试验区，在金融改革先试先行的同时，也将面临比区外更集中的金融风险，因此，自贸区的金融基础设施建设是自贸区金融稳定发展的重要前提。根据国际清算银行的定义，金融基础设施是指覆盖所有金融机构和金融参与者、用于记录、清算、支付结算、证券、衍生品或其他金融交易的各种硬件设施和制度安排，主要包括支付体系、法律环境、公司治理、会计准则、信用环境、反洗钱以及金融监管②。法律基础设施、支付结算基础设施、监管基础设施是金融基础设施的三要素，以下关于自贸区金融基础设施的政策建议将围绕这三要素展开。

## 9.1 法律基础设施建设

法律基础设施作为规范金融活动、调整金融关系的准则，在维护金融活动高效有序、

① See BIS - IOSCO Principles for Financial Market Infrastructures.

② See BIS - IOSCO Principles for Financial Market Infrastructures.

防范金融风险、保障国家经济金融安全等方面发挥着不可取代的作用。在推进上海国际金融中心建设的进程中，许小年教授就提出过：“上海想追上香港作为国际金融中心，是一个美好的梦想。但这个美好梦想的实现，首先要改革法律体系，要改革监管体系。要改革所有不适于国际金融操作的这些规章制度等。”张五常教授也认为：“从司法的整体看，香港远胜内地，而内地急起直追也要很长时日。问题是从金融本身的法治看，范围小很多，我有理由相信上海可以做得好。上海搞金融中心会有很大的政策及金融法例的自主权。”

从自贸区空前的开放程度来看，良好的法治环境是国际金融资本流入的基本条件。首先，金融资本的流入流出必须具有安全保障，这是所有金融活动开展的前提，金融法律制度须在安全性、及时性、全面性、有效性等多方面保障资金流动的平稳性。其次，金融行为需要法律制度来规范。现代金融市场的规模越来越大、产品越来越丰富，金融交易越来越复杂、越来越频繁，金融创新的花样越来越多，由此必须制定一定的交易规则和法律制度来规范金融市场及金融交易行为，防范金融风险的发生。再次，金融争端的解决需要金融法制的司法和仲裁。金融争端在金融市场中不可避免，为市场主体提供快捷、高效的司法仲裁服务，将大大降低市场主体的交易成本，提高金融交易的效率。

### 9.1.1 基本内容及面临的困难

我们认为，自贸区金融法律基础设施建设的主要内容应包含以下几方面：（1）构建完善的金融法律法规体系。自贸区金融改革面临更开放的环境、更丰富的创新、更加激烈的竞争、更为广泛的参与者，构建与金融改革和金融安全要求相适应的金融法律法规体系，是自贸区金融法律基础设施建设的第一步。（2）完善公平公正、高效灵活的金融争议仲裁机制。金融改革给金融业的发展带来前所未有的机遇，同时也带来风险和纠纷，所面临的纠纷类型更为多样，金融争议的外延不断扩张。金融仲裁作为不公开审理、能够最大限度维护金融机构商业信誉的处理金融纠纷的有效方式，公平、高效、快捷。(3)提升国际化的金融法律服务水平。专业的金融法律服务是社会专业化分工的产物，有助于提升金融市场和金融活动的效率，金融法律服务的水平则关系到金融业务的发展，完善的法律服务对于推动金融交易和金融创新均有重要作用。（4）培育良好的金融法律意识。金融基础设施建设不仅需要完善的金融法律法规体系、高效的金融法律服务水平，更需要金融消费者增强法律意识，按照法律法规进行交易，并自主维护合法权益。

那么，自贸区金融法律基础设施的建设面临哪些困难呢？

第一，自贸区的金融法制环境建设仅是国家金融法制建设内的一部分，在当前的国情下，自贸区法律基础设施建设较大程度上受制于全国金融法制环境的改善。目前，国内金融监管处于转型阶段，金融法制建设存在公正、公平等问题，金融法治环境仍待改善。第二，从大环境上看，社会主义法律体系在不断地改善过程中，具体来说，我国的金融立法较多地借鉴了英美法系，民事立法较多地借鉴大陆法系，对权利的保障又具有中国特色。第三，公民法律意识有待提高。除了制度建设外，法治意识的提高也是个缓慢的过程，目前国内法律至上的法律意识尚未形成，执法不力、有法不依的问题严重而突出。

### 9.1.2 法律基础设施建设建议

上海自贸区建设是国家战略，如何利用有限的时间，建设良好的法律基础设施，是自贸区建设的重点任务之一。自贸区的金融法制环境建设是国家金融法制建设的一部分，地方政府应当在现有的中央和地方立法权限划分、金融行政监管体制、司法体制下，争取国家层面的支持，加强金融法治建设。

**1. 完善我国金融立法**

首先，根据自贸区金融改革的需要，梳理我国金融法律法规的空白及不完善的地方，如存款保险制度、金融消费者保护、金融控股公司、对中外金融机构适用两套不同的法律等。其次，加快金融法律法规的修改频率。金融创新层出不穷，金融业务发展迅速，金融环境瞬息万变，因此金融法律的修改速度需要加快，跟上市场变化的节奏。相比于发达国家金融立法修改的高频率，我国在这方面的立法原则需要改善，虽然各监管部门常出台各类规定，但其法律效用低，且存在适用性问题。

**2. 授权上海在金融领域一定的立法权，赋予驻沪金融监管部门更大的监管权**

各地区金融发展水平差异较大，在全国范围内适用的金融法律法规，可能导致金融较发达地区金融制度的供给与需求之间存在不匹配的现象，尤其对于在金融改革方面先试先行的自贸区而言，这样的问题更为严重。因此，在金融立法上应明确中央和地方金融立法权限的划分，赋予上海在金融领域一定的立法权。同样地，也有必要下放金融监管权。自贸区加快金融改革的同时，金融风险同样集聚，对金融监管提出巨大挑战。金融监管权的下放，将提高监管效率，在金融风险的防范和控制上能够及时有效。

**3. 政府身份的双重性要求其严守权力边界**

在金融领域，政府兼具双重身份，一是公共服务的提供者；二是国有金融机构的股东。前者要求政府这只“看得见的手”尊重市场的决定性作用，在市场失灵的时候发挥政府干预的正面作用。作为后者，政府在履行其股东职能时，不应左右法律要求及法律的执行，严格遵守适用于各类市场主体的法律法规。

**4. 对于上海地方层面的要求**

首先，在立法层面。根据《中华人民共和国立法法》，金融基本制度的立法权在中央，但这并不意味着上海在金融立法方面无可作为。除了金融基本制度，上海在法律基础设施方面可以就自贸区金融改革推进工作进行规制，为金融改革提供强有力的法制保障。

其次，在行政层面。(1) 应做好金融稳定工作，防范自贸区区域性金融风险及金融风险的扩大。协调与配合是上海政府做好金融稳定工作的落脚点，建立高效的金融稳定协调机制，做好各金融监管部门之间的润滑剂。(2) 应做好金融法律人才的培养和吸纳工作。金融法律人才需要是精通金融、法律、英语的高端人才，而当前毕业生专业模式单一，人才供给与市场需求不一致，因此，上海本地高校需在培养应用型金融法律人才方面着力，同时政府需要通过有力的条件吸引异地人才从事自贸区金融法律服务工作。

(3) 提高政府行政效率。优化行政审批程序，从事前行政审批向事中、事后关系转型，为各类金融要素市场、金融中介机构、金融服务机构提供透明、专业的公共服务。

## 9.2 支付结算基础设施建设

支付结算基础设施是金融基础设施的重要组成部分，支付结算设施的运行效率与安全性，直接影响了公众对于货币及其转移机制的信心，并对中央银行货币政策的执行效率、金融体系的稳定性至关重要。当前我国支付结算体系，包括大额支付系统（HVPS）和小额批量支付系统（HEPS）两大应用系统，银行内部建成行内综合业务系统，以及运用于非现金支付工具清算的票据及银行卡支付清算系统。

自贸区支付结算基础设施建设与当前境内环境有较大的不同。第一，跨境资金规模增大，在外汇清算和结算、人民币结算方面需提高效率、保证安全性；第二，产品复杂度提高，需要注重规避结算风险，完善支付结算体系监管；第三，未来自贸区资本项目开放后，支付结算系统需要更有效地与货币市场、债券市场、股票市场有机连接，降低支付风险。

### 9.2.1 国际支付结算体系新动态

支付结算基础设施的建设是一个持续动态的过程，多方面因素综合影响支付结算体系的更新速度，如金融市场的发展、科技进步的速度、法律制度的改进、市场竞争的倒逼等等。其中，金融市场发展和金融创新加快对结算支付效率和安全性的需求，始终推动着支付结算基础设施的革新与进步。目前，国际上支付结算基础设施建设呈现出一些新的发展动态，值得关注。

**1. 系统设计要求降低金融机构结算成本、节约系统流动性**

在支付结算体系的安排设计上，既要控制运营风险、金融风险和法律风险，又要为参与者提供高效低成本的基础设施服务，这就要求支付结算体系的设计上能够降低结算成本，提供更好的流动性节约机制。这具体体现在当前世界各国逐渐从单一的全额实时结算系统，向全额实时结算系统与净额结算系统相结合的混合系统发展。

**2. 电子支付工具对支付结算基础设施提出更高的兼容性和应变能力**

科学技术的进步，尤其是计算机网络和电子通信系统的发展，给支付工具和支付流程均带来了巨大的变革。互联网支付、移动支付，均打破了由传统银行业提供支付服务的垄断，众多第三方支付机构涌现，支付方式变得简单便利。由此，这些变革为类金融消费品提供了多样化的消费形式，也对支付结算体系提出了更高的兼容性和应变能力要求。

**3. 要求支付服务的提供和定价体系更加高效、稳定和具有组织性**

在涉及市场组织、行为以及主要利益相关者之间协商与合作机制的法律、法规框架和相关服务的设计、定价方面的规则、惯例等市场安排方面，在鼓励市场创新的同时，也要为市场创造公平竞争和健康发展的有利环境。

### 9.2.2 支付结算体系发展对策

既然支付结算体系的发展是一个持续动态的过程，因此在关注国际发展动态、跟踪新的科学技术的同时，需根据我国金融发展环境的变化、自贸区金融改革的步伐，对自贸区支付结算体系的发展提出针对性的政策建议。

（1）加强支付结算体系法律法规建设，建立全面、透明、稳健的法律框架。伴随着支付结算体系的发展，现有的支付结算法律体系不尽完善。比如，市场参与者在破产情况下其支付的效力、有关支付系统结算的最终性等问题都需要法律确认；《票据法》、《支付结算办法》等法规制度需要进一步修订与完善，以适应经济发展的新形势；一些市场创新产品需要用法律加以规范，否则面临巨大的风险。

（2）自贸区爆发式的跨境金融活动对支付结算体系的运行和监管提出更高要求。自贸区金融改革的任务之一是便利跨境贸易和投资，这意味着跨境金融活动的日益频繁。目前，国际上随着跨境支付需求逐渐增大，传统的支付系统随之演化，从以提供本地金融机构间的结算服务向跨境服务转变，如香港本地外汇（美元、欧元）支付的结算安排、持续连接结算系统（CLS）的多币种外汇交易结算服务、欧洲跨境支付系统（TARGET）等。其中，香港外汇支付系统在通过商业银行账户时实现最终结算、而不以央行货币结算，这对我国具有借鉴意义。

（3）协调发展央行支付结算系统与证券结算系统。目前，中央债券综合业务系统（CBGS）已实现与大额支付系统的对接，而证券交易结算的证券结算系统仍未完全接入，仅有个别券商实现接入。实际上，证券结算系统的资金结算可借助大额支付系统，直接有效地实现“券款对付”（Delivery Versus Payment，简称 DVP），防范支付风险；同时，大额支付系统通常根据参与者的质押品为其提供流动性支持，这也需要证券系统的支持，以降低流动性风险。

因此，可借鉴香港经验，完善境内的本币支付结算系统，大力建设外汇清算和结算体系，为资本市场和外汇市场提供支付服务。央行可以联合各监管部门和金融机构，成立支付结算体系发展委员会，共同推进支付结算体系的完善与发展。

## 9.3 监管基础设施建设

“央行 30 条”规定：“区内实施金融宏观审慎管理……并做好与其他金融监管部门审慎管理要求的衔接。”这明确了宏观审慎管理是自贸试验区内的监管模式；央行是实施宏观审慎管理的部门（之一）；其他金融监管部门或非金融监管部门是否参与宏观审慎监管尚不明确。

### 9.3.1 明确金融监管的目标

金融监管目标的明确是金融监管基础设施建设的有力指引，也是具体监管措施制定和实施的基本依据。不同的经济体在金融发展的不同时期，其金融监管确立的目标也不相同。目前，我国对金融监管目标尚未系统明确，在众多法律法规中，对于金融监管的目标主要提及这几个方面：保障国家货币政策和宏观调控措施的有效实施，注重防范金融风险、保护金融消费者权利。多重目标的相互融合，制约了金融监管施行的效率。从当前自贸区金融改革的发展重点看，金融监管的目标首先以维护金融稳定、防范金融风险为主，同时兼顾提高金融效率、保护金融消费者。

（1）维护金融安全、防范金融风险是当前自贸区金融监管的首要目标。自贸区面临种种可能的金融风险，利率市场化使得银行依靠传统存贷利差的经营模式面临挑战，表外业务将带来更大的经营风险，结构化的金融创新将提高杠杆、增加市场间的关联度，提高风险传染的可能性；资本项目可兑换将会加大国际资本对国内市场的冲击程度；资本市场的跨境交易将增加风险跨市传染的可能性。围绕这一目标，加强金融危机处理能力、建立危机预警系统是金融监管机构的首要任务。危机预警系统能够为金融监管机构的日常监管提供及时而有效的信息，如区内资金流动方向、金融机构的财务状况、各经济主体的经济活动。

（2）提高金融效率是金融监管的直接目标，金融稳定只有在金融效率提升的基础上才具有实际意义。这一目标要求自贸区金融监管尊重市场的决定性作用，在市场失灵时纠正金融效率的损失。因此，监管者需要恰当把握监管的力度，根据金融风险状况适时调整监管指标，实施动态的、具有弹性的金融监管。同时，金融监管也需提升监管效率，一方面降低监管成本，利用现代技术方式进行监管设计；另一方面，对金融市场、金融机构实施全面监管，避免出现监管真空。

保护金融消费者的利益也是金融监管的目标之一。该目标是发达金融市场金融监管的首要目标，而当前我国对金融消费者利益的保护措施较为薄弱，自贸区作为金融改革的试验田，在金融监管方面也需要有先行先试的理念。首先在金融消费环节，需强化消费者保护理念，对于金融交易，金融机构具有诚信、告知和保密的义务，防止在金融创新过程中造成对消费者权益的侵害。其次在金融消费后端，金融监管部门应强化金融机构和监管部门的投诉处理机制，推动仲裁制度的形成。

### 9.3.2 宽进严管，加强事中事后监管

国务院总理李克强在2013年5月13日国务院机构职能转变动员电话会议上明确指出，政府管理要由事前审批更多地转为事中、事后监管，实行“宽进严管”。而在国务院发布的上海自贸区总体方案中，“加快政府职能转变”、“改革创新政府管理方式”是自贸区改革的主要任务。可见，在全国政府职能转变的大潮中，自贸区承担了先行先试的重要职责。从金融改革的角度出发，监管转型也是自贸区金融改革的重要内容：宽进严管，扩大开放、降低准入门槛、鼓励多样化的参与形式、鼓励自由竞争，加强事中、事后监

管，建立和完善数据导入系统和信息共享平台，提升监管资源的使用效率。

提倡监管信息化、共享化。加大信息技术投入，将各类实体经济主体、金融主体的信息从注册端开始，到经营数据、动态数据进行全方位覆盖，制定各类主体的信息导入机制，明确导入类别、时间、时限等，完善信息的大数据挖掘机制，实现及时、有效、动态地跟踪、检测、评估和风险处理。

### 9.3.3 加强监管协调机制

随着金融改革和金融创新步伐的加快，银行业、证券业、保险业、信托业之间的界限日益模糊，在当前分业经营、分业监管的模式下，各类业务的渗透以专业子公司的形式出现。在“一行三会”的监管架构下，如何加强协调机制，提高监管效率，是自贸区宏观审慎监管的重要内容。

建议由央行上海总部主导、与各专业监管机构及上海自贸区管委会、上海市政府联合，形成自贸区金融监管协调联席会议制度，强化地区与央行、与各专业监管机构的协调合作。宏观审慎监管模式在于控制整个金融系统中的系统性风险，由于金融行业之间联系愈加紧密，跨市场、跨行业的风险更受关注。由此，需确定央行在宏观审慎监管中的指导作用，并要求银行、证券、保险领域的各专业监管部门与之配合，加强信息共享，关注金融体系内的不稳定因素，防止金融风险的积累及对经济建设的溢出效应。

其次，加强货币政策与金融监管政策的配合。在货币政策不改变其总量调节基础的情况下，宏观审慎监管与货币政策之间拥有不同的政策目标和政策工具，因此两者难以互相替代，加强两者之间的配合极其必要。在制度设计上，监管者与货币当局应及早建立联席会议制度，加强信息共享，及时制定政策方向，防止金融机构的违规操作。同时，要提高金融监管和货币政策的透明度，定期公布运行情况，防止或减缓金融市场对金融政策预期产生的震动，保持金融市场的稳健运行。

### 9.3.4 加强国际合作监管

随着全球金融一体化趋势的加强，各国金融体系之间的联系越来越紧密，各国在享受金融业全球化经营、金融资本跨国流动所带来的收益的同时，金融风险在各国各市场之间相互转移、相互传染，金融监管面临全球化的问题，任何一国均无力独立抵抗全球化的金融风险。自贸区就像中国的一个敞口，更开放的环境、更自由的政策，意味着更为集聚的风险，因此，加强与国际监管机构和各国监管部门的合作势在必行，这也是未来我国金融监管发展的重要方向，积极参与区域性、国际性层面的合作监管，将有力提高我国金融监管能力，促进金融一体化的发展。

首先，在国际层面，我国是众多国际金融监管组织的成员，应严格遵守国际清算银行、巴塞尔委员会、国际会计准则委员会等组织的一系列标准，及时掌握国际金融监管的动态和规则的更新，加强与他国的交流和合作。其次，在区域层面，应积极加强与东亚各国、东盟组织等的监管合作，防止区域性金融风险的爆发。另外，在双边层面，应加强对跨国金融机构和金融资本的监管，建立国家间的信息共享机制和风险预警体系。

# 第10章
# 结论与政策建议

2013年9月29日，中国（上海）自由贸易试验区正式挂牌，成为目前境内唯一获得国务院批准设立的区域性自由贸易试验田。自由贸易区最基本的功能在于最小化货物或商品流通障碍，建立符合国际化和法治化要求的跨境投资和贸易规则体系。任何贸易的形成均是物流、货币、资金共同参与的，货币或资金的流通与物流相互作用。从根本上说，自由贸易区的发展产生了金融自由化需求，而金融自由与金融开放反之也推动了自贸区的壮大与发展。在自由贸易的环境中，价格的形成需要市场，对市场参与者提供必要的金融服务是自由贸易开展的重要前提。因此，自贸区必须建立完善的金融体系，提供全面的金融服务，建立必要的生产要素交易市场，通过安全高效的支付结算，在风险可控的范围内实现货物和商品流通的高效率。这也是本书研究意义所在。

## 10.1 结　论

### 10.1.1 自贸区金融相关概念界定

本书“自由贸易区”、“自贸区”是指在一个国家或地区内部设立的置于海关管辖之外的特殊经济区域，该区域内货物的运输、储存、包装及加工制造等活动可自由经营，无须缴纳关税和其他相关税收，并豁免海关及其他出入境程序。自贸区金融则是涉及自贸区内企业和个人的货币、信用的所有经济关系和交易行为的集合，并由五个要素构成：货币制度规范的货币流通、金融机构、金融市场、金融工具、金融制度和调控机制。自贸区金融改革同样涉及在岸金融与离岸金融，且基于服务实体经济、便利跨境投资，构成金融改革试验田，自贸区金融发展改革以在岸金融为主，但离岸市场与在岸市场之间存在互补关系和依赖关系，离岸金融的发展也不可忽视。

根据金融功能的演进及深化过程，我们认为金融体系由三大子体系构成：一是在金融体系萌芽时期，即体现简单服务功能和资金功能、并在金融体系发展过程中不断复杂化的资金市场，该市场包括货币市场、外汇市场和资本市场，共同调节经济实体间对于货币、资本的供给与需求；二是伴随资源配置功能需求诞生的中介服务市场，中介机构的类型包括银行、保险、投资银行、金融租赁机构、期货公司等，在自贸区范围内，他们将面临宽松的管制环境，获得更加灵活的组织结构和业务方式；三是随着风险规避复杂化、风险管理功能显现的风险管理市场，金融衍生产品应贸易需要而出现，衍生品市场也随之而产生。

根据国际清算银行的定义，金融基础设施是指覆盖所有金融机构和金融参与者、用于记录、清算、支付结算、证券、衍生品或其他金融交易的各种硬件设施和制度安排，主要包括支付体系、法律环境、公司治理、会计准则、信用环境、反洗钱以及金融监管。法律基础设施、支付结算基础设施、监管基础设施是金融基础设施的三要素。根据国际清算银行所述，金融基础设施的发展程度关系到金融稳定和金融效率，发达的金融基础设施将有效降低系统性金融风险、促进金融透明和金融稳定。

### 10.1.2 自贸区发展与金融自由理论

金融自由与自由贸易相互制约。从宏观角度来看，商品流通和货币流通是组成一个经济体系运动的两个基本方面，货币流通的基本职责就在于确保商品和服务实体经济的正常运转。一方面，商品流通决定货币流通，前者是后者的基础，后者是前者的产物，货币流通的最初动因和流转都源于商品流通，货币则充当商品流通的中介，两者反向运动；另一方面，货币流通对商品流通又具有反作用，商品价值在货币流通过程中得以实现，货币流通通过价格的方式来对商品流通施加反作用力，尤其是货币以商业信用或银行信用方式来充当支付手段同样能对商品流通时间、费用和价值总量施加影响。

根据麦金农和肖（1973）的研究，金融自由化改革包括这样几方面的内容：（1）放松利率管制。官定利率方式会人为制造资金供求失衡和信贷低效率配给，并滋生出官商勾结、以权谋私等问题，发展中国家在自由化阶段均采取手段逐步减少对利率的管制。（2）缩小指导性信贷实施范围。与利率管制放松匹配，自由化改革还要求发展中国家相应地缩小信贷配给的实施范围，在20世纪70年代中期，大多数发展中国家均不同程度缩减了指导性信贷计划的范围。（3）减少金融机构审批限制，促进金融行业竞争，优化金融行业结构。通常，发展中国家都面临金融机构数量不足以及不允许自由进入金融行业的情况，金融垄断派生的不合理信贷分配及僵化的利率势必造成金融体系运行的低效率，这也构成发展中国家金融自由化改革的一个主要因素。（4）鼓励直接融资，发展证券市场。在放宽利率管制和行业准入管理的同时，鼓励民间资本进入金融行业，积极培育证券市场，增加可流通的金融工具的发行数量，完善一、二级市场。（5）放宽对汇率和资本流动的管理。相较于利率管制和金融行业准入来讲，发展中国家对于汇率和资本流动改革持有的态度则相对谨慎，这方面的开放和改革都更加缓慢。

### 10.1.3 自贸区实体经济金融服务需求

未来自贸区实体经济发展方向在于：（1）提升产业能级的新兴产业，服务业占主导、新经济含量高、产业能级高，并辐射整个上海市经济的发展和产业升级；（2）服务贸易的扩大；（3）金融实体化，随着政策的放开、越来越多的民间资本将涉足金融业，产业金融将更准确地把握中小企业的脉搏和需求、将过剩的储蓄转化为中小企业的创新动力。

基于以上发展方向，实体经济在本外币清算与支付、本外币融资、本外币投资及风险管理等金融服务方面均有更高层次的需求。其中，本外币融资需求体现为：贸易融资将支付结算、结售汇等链条有机结合，本外币贷款的融资需求主要体现为经营性贷款，借助货币市场和资本市场的融资需求，中小企业各阶段不同的融资需求；本外币投资需求体现为：实体经济“走出去”战略下对境外项目和股权的投资、并购需求，潜在“高净值客户”对资产的保值增值的对外投资需求，证券投资需求，利率和汇率价差的套利投资需求；风险管理需求体现为：利用转口贸易的“时间差”来规避交易风险，减少损失，利用金融衍生工具来进行风险管理。

### 10.1.4 自贸区金融制度供给

上海自贸区成立后，央行、银监会、保监会和证监会相继推出了各自的金融创新的规划方案。2013 年 9 月 29 日，证监会发布《资本市场支持中国（上海）自由贸易试验区若干政策措施》，提出五条纲领性措施；保监会发布了支持中国（上海）自由贸易试验区建设的八条纲领性措施；银监会则发布了《关于中国（上海）自由贸易试验区银行业监管有关问题的通知》，提出八条纲领性措施。2013 年 12 月 2 日，人民银行发布了《关于金融支持中国（上海）自由贸易试验区建设的意见》，推出 30 条纲领性措施。总括起来构成了自贸区的金融创新政策的“51 条”，即“证监会 5 条 + 银监会 8 条 + 保监会 8 条 + 央行 30 条”。2014 年 7 月 25 日，《中国（上海）自由贸易试验区条例》发布并自 2014 年 8 月 1 日起施行，其中第五章“金融服务”中的 7 项具体条款与“51 条”是相通的。这“51 条”和自贸区条例中的“金融服务”条款共同构成了自贸区最基本、最重要的金融制度供给体系。

从目前来看，现行自贸区的金融创新步伐的节奏清晰。第一阶段，证监会、保监会、银监会、央行发布了纲领性金融框架“51 条”。第二阶段，“51 条”实施细则的逐步制定与陆续推出。部分率先创新方案的推出。目前人民银行上海总部正在加紧制定出台有关实施细则，现已发布了部分细则。截至 2014 年 3 月 5 日，已有“第三方支付机构、人民币跨境使用、利率市场化、反洗钱和外汇管理创新”等五方面细则发布。第三阶段，金融创新制度推广、落实及效果试验。2014 年 3 月和 7 月先后发布了金融创新的成功案例等。

上海自贸区的金融创新体现了三大特点：一是要进一步简政放权，探索准入前国民待遇和负面清单的金融管理模式，推动金融市场准入的对内对外平等开放，实现充分竞争；二是“非离岸金融”特征，自贸区金融创新强调可复制、可推广至上海及全国，不仅连接国内外两个市场、还要能“四贯通”，即贯通连接“上海自贸区金融市场—上海国际金融中心—全国金融市场—国际金融市场”；三是金融创新必须为实体经济服务，提高投资、融资和贸易便利化程度。

### 10.1.5 自贸区供需匹配障碍

归纳起来，自贸区金融服务要真正实现供需匹配，存在三大主要障碍。第一，金融体系尚未形成、“负面清单”管理特征不明显。从目前自贸区内金融中介机构的入驻情况来看，仅银行体系开始落实自由贸易账户，业务运作逐渐步入正轨，而证券、保险等机构仅在形式上入驻，在业务上，其经营模式、业务定位尚未明确。第二，资金价格市场化程度不高，金融改革任重道远。定价市场化程度低，一是会加大企业融资的成本，抑制自贸区实体经济规模的发展，二是会导致国际资金套利机会，加大金融风险。第三，金融基础设施建设薄弱，立法滞后、支付清算系统有待完善、协调监管机制尚未达成；金融基础设施的发展程度关系到金融稳定和金融效率，发达的金融基础设施将有效降低系统性金融风险、促进金融透明和金融稳定。

### 10.1.6 自贸区金融改革目标定位

自贸区金融改革不仅是自贸区试验田在金融服务领域“先试先行”，在“得天独厚”的环境下有效隔离风险的重要举措，从服务实体经济的基本原则来看，自贸区金融改革更是适应自贸区实体经济改革开放、促进贸易和投资便利化的需求。因此我们认为，自贸区金融改革的目标在于建立自由、高效、稳定、一体化的金融体系：发挥市场在资源配置中的决定性作用，形成稳定、有序、协调发展并与境内区外和境外市场有效联动的金融体系。其中，金融自由化是金融改革的手段，高效、稳定是金融自由化改革要达到的效果，金融一体化是金融开放和金融扩张的结果。

（1）“自由”，即金融自由化。金融自由化的本质即是放松金融管制：一是金融市场的自由化，放松或取消外汇管制，使得资本的输入和输出趋于自由；二是利率自由化，放松或取消银行存款与贷款的限制；三是金融业务的自由化，放松或取消银行业务与证券业务的交叉限制。

（2）“高效”，即高效的金融效率。经济学中“效率”一词用来衡量在稀缺的资源约束下对资源进行分配和配置的优劣，并以“帕累托最优”描述资源分配达到的理想状态。这里用“金融效率”来衡量金融资源配置达到的状态，金融效率的帕累托最优配置是指包括政府、企业和个人在内的全社会所支配和使用的金融资源的配置趋向帕累托最优。

（3）“稳定”，即金融稳定。金融体系的稳定表现为以下四个方面：①货币流通速度是稳定的，对金融市场提供稳定的资金供给；②金融机构是稳定的，金融机构能够发挥金融功能；③金融市场是稳定的，金融交易是安全的，交易价格能够反映基本因素变化；④金融机构、金融市场、金融工具组成的体系是稳定的，个别市场或个别机构的风险可以有效控制以避免系统金融风险；⑤监管部门对于金融机构的运作和金融市场的运行具有强有力的监管能力。

（4）“一体化”，即金融一体化。金融一体化即是指经济主体之间或经济主体内部各区域间金融资本具有高度流动性，可不受限制进行金融资产交易活动，由此在不同市场上金融产品及金融工具的价格趋于一致，具有高度的替代性。金融一体化产生的最主要的效应之一，就是各经济体的金融市场、金融政策相互影响，逐步融合成一个整体。

### 10.1.7 自贸区金融改革基本原则

在确立了自贸区金融改革目标的基础上，要建立自由、高效、稳定、一体化的金融体系，须遵循以下四项原则：

**1. 服务实体经济、便利跨境投资贸易原则**

自贸区金融改革不应成为“金融飞地”，自贸区金融改革不是以改革为口号，为了金融创新而推进创新，为了金融开放而大力开放，金融自由化改革的措施不是闭门造车，而是根据实体经济的实际需求因地制宜。自贸区试验田不能为投机、寻租、逐利提供便利，自贸区金融仍以发展在岸金融为主，其产品或业务通常在境内已经有所发展，但自贸区内市场化程度更高、开放力度更大、行政管制更少。

**2. 自由、开放原则**

该原则要求坚持自由化、市场化，发挥市场在资源配置中的决定性作用。自由化与市场化是统一的关系，“金融自由化”的本质即是放松管制，让市场在资源配置中发挥主导作用。该原则要求去行政化、加快政府职能转变，改革创新政府管理方式，积极探索建立与国际高标准投资和贸易规则体系相适应的行政管理体系，推进政府管理由注重事先审批转为注重事中、事后监管。

**3. 金融改革风险可控原则**

有序推进试验区相关金融改革，坚持以“风险可控、稳步推进，适时有序组织试点”为原则，对于具体各项改革，成熟一项、推进一项；在风险管理方面积极探索创新管理模式，从宏观审慎角度，制定一系列的风险防范措施。

**4. 金融改革成效可复制、可推广、可辐射原则**

“可复制”的是金融制度的创新及其相关金融监管的改革，“可推广”的是金融服务在产品、工具、管理方式等方面的创新，“可辐射”的是一些与国际金融中心建设相关的无法复制和无法推广，但具有辐射效应的创新。

### 10.1.8 自贸区金融改革路径选择

从自贸区全面改革试验田的定位出发，自贸区金融改革的路径也将遵循从区域性改革到一体化变革，在区域上扩张的基本路线，即“区域性金融改革←→复制、推广、辐射区外←→金融一体化”这样非单向的、循环往复的基本路线，这是与自贸区全面改革的路径相统一的。

**1. 这是改革举措在区域上复制推广的路径过程**

自贸区作为全面改革试验田，其改革内涵丰富，包括但不限于加快政府职能转变、扩大投资领域的开放、推进贸易发展方式转变、深化金融领域的开放创新、完善法制领域的制度保障。可以说，自贸区改革试验田的建设，在总体上深入贯彻了党的十八大精神，顺应了全国经济转型和升级的要求，是新形势下推进改革开放的重大举措，为深化改革、扩大开放探索了新的路径，积累了新的经验。

**2. 这是改革效应在区域上扩张辐射的路径过程**

首先，由改革产生的金融效率的提高、资源配置效应的优化，在传播路径上产生由自贸区向外扩张的过程。如利率市场化进程中放开小额外币存款利率上限，并将该项措施推广到全上海市银行机构；现行外汇管理制度并不限制客户跨省开户，上海以外的外币资金有可能受到市场化利率的吸引，流向上海，由此可能倒逼其他地区外币存款利率的放开。其次，一些不存在普及性但具有辐射效应的功能性创新，其辐射效应也产生由自贸区向外扩张的过程。从自贸区国际原油期货交易平台的辐射效应来看，在设立初期是需要吸引境外投资者的加入，壮大市场规模，立足于亚太区域性的原油市场甚至全球原油市场，构建原油期货的交易平台，并实现原油等大宗商品期货的国际化。但是随着市场的不断发展，如果缺少境内投资者的参与，国际原油期货交易平台也就失去了它的另一个主要目标，因此原油期货市场的辐射效应也将延伸至国内原油市场，倒逼国内石油交易市场的改革，为境内石油期货市场发展提供基础。

**3. 这个路径并不是单向的，而是循环往复的**

面对全方位、多时点的改革，其复制、推广、辐射的方向和路径也不是单一的，并不是说所有的改革试验在自贸区封闭体系内全面推出后，再向区域、全国推广。其一，各类改革试验在自贸区推出后，在自贸区形成的效应以及对境内区外产生的影响是存在差异的，对于试验效果佳、风险效应可控的改革，其复制推广的时间差会缩短，反之则需要多方政策的完善和风险管理的加强。其二，各类改革试验在境内区外推广的土壤、条件是各不相同的，对于在自贸区特殊的土壤环境下能够根植的改革措施，其在区外推广的条件不一定能够同时满足，取决于当前区外相关政策的市场化程度与改革的衔接力度。其三，各种改革政策的推出具有相互制约的关系，其在自贸区的试验即存在先后顺序关系，在区外的推广也同样存在这样的问题。

## 10.2 政策建议

在自贸区建立初期（即建立后两到三年的时间内），“构建改革创新和管理模式先行先试、总体风险可控的区域性金融体系”是金融改革的初步目标。本书根据金融功能的演进及深化过程，衍化出金融体系的三大子体系，即资金体系、中介服务体系和风险管理体系，并全面而具体地剖析了自贸区这三大子体系的构建方案，为自贸区金融改革初期提出针对性政策建议。

### 10.2.1 协调稳步推进资金价格相关的三大改革，有效控制金融风险

在利率市场化改革方面，第一，引入大额可转让存单和货币市场基金等创新产品形成利率发现机制。建设利率市场化体系需要引入不受利率管制的新的金融创新产品，让这些产品在交易中形成利率的市场化定价机制。就目前看，我国应该发展更多类型的大

额可转让存单，例如不同金额、不同期限。此外，作为可以利用自由贸易账户吸引离岸人民币资金的自贸区内金融机构来说，应该根据国际市场制定适合海外投资者的大额可转让存单产品。最后，作为大额可转让存单先行先试的自贸区，应该为大额可转让存单提供一个二级流通交易的市场，只有存单可以自由交易自由流通才能称得上是真正的“可转让”。货币市场基金方面，目前境内的货币市场基金主要以个人投资资金为主，而参考国外经验，企业现金管理需求是未来货币市场基金发展的另一巨大市场。自贸区的金融改革定位于优先服务贸易企业，所以在自贸区应该因地制宜，发展服务于贸易企业现金管理需求的货币市场基金。此外，由于存款利率上限的管制，我国存款利率相较于海外离岸人民币市场的存款利率还处于较低水平，自贸区内的金融机构没有吸引海外离岸人民币资金的优势，大力发展适合海外投资者的货币市场基金有利于增强自贸区内金融机构的吸引力。第二，率先建立存款保险制度、防范利率市场化后中小型金融机构破产风险。利率市场化以后，中小型银行将无法抵挡大银行的竞争，其生存空间会被严重挤压。对于监管宽松、提倡创新的自贸区，区内一定会成立相对于境内区外更多的中小型金融机构。未来一旦利率在全国范围内实现完全的市场化，区内的金融机构破产风险将要比区外更加严峻。所以在自贸区内应率先建立存款保险制度以防范未来可能出现的金融风险。第三，加强区内金融机构信贷分析能力和风险管理能力。利率市场化是为了推动市场调控资金配置的力量，如果执行这一职能的金融机构并不具备根据不同企业的信贷水平制定不同利率的能力，那么利率的市场化只能成为银行之间的恶性竞争，而不能真正发挥市场的调控作用。自贸区作为我国金融改革的试验田，区内的金融机构与海外金融机构的交易更加便捷，吸取海外机构丰富管理经验的途径更多，所以自贸区内的金融机构应该率先对自己的信贷分析能力和风险管理能力进行有意识的培养。第四，发展商业银行的利率风险管理工具。目前，商业银行主要的利率风险管理方法有缺口管理、持续期分析以及 VAR 模型分析等。随着利率实现全面市场化，利率的波动将会加剧，作为利率风险的主要承担者，银行需要积极开发远期利率协议、利率期货、利率互换、利率期权等金融创新产品，以分散经营过程中聚集的利率风险。

在汇率市场化改革方面，汇率制度的改革不是完全独立的，一方面需要其他制度的配合，一方面汇率是重要的经济变量，其形成机制的变革也会对国家经济金融环境产生影响。因此，自贸区汇率形成机制改革的先试先行也需要与其他金融改革措施协调推进。第一，改革汇率浮动幅度管理。在银行间即期外汇市场，针对汇率稳定目标抑制了汇率浮动的灵敏度问题，可以在自贸区试验田内取消非美元货币的日波动幅度，只保留人民币兑美元 2% 的浮动幅度限制，并适时扩大人民币兑美元的浮动限制。在银行零售市场，差幅管理的中间价可以以银行前一工作日闭市后买入价和卖出价为基础而形成，增加市场定价的有效性。第二，降低自贸区企业进入银行间外汇市场的准入门槛，增加外汇市场交易主体。目前，我国外汇市场的交易主体主要包括央行、商业银行、非金融公司主体、外汇经纪人、证券投资者及其他外汇供求者。央行作为外汇交易市场最重要的主体，无论从规模还是权力看，都是最具有影响力的，其他交易者交易规模较小，交易额度有限制。因此，应增加银行间外汇市场交易主体，降低非银行金融机构和非金融公司主体的进入门槛，增加银行间外汇市场需求的多样性，间接推动零售市场上的竞争，使零售市场买卖价差收窄。对于在自贸区经营贸易的微观主体，其外汇交易需求强盛，应放宽自贸区微观主体进入银行间外汇市场的门槛，可鼓励贸易企业盘活资产，更灵活地进行贸易投资。第三，增强外汇产品、交易机制、服务模式创新，提高外汇市场的深度和广度。丰富的交易产品、先进的交易机制和完善的服务模式是提高市场交易效率、扩大市场覆盖面的重要保障。银行间外汇市场将在不断完善交易系统等基础设施的同时，加大产品创新和研发力度，形成较为完整的可交易产品序列，并进一步优化市场交易机制和服务模式。第四，将外汇交易中心发展成为集合交易、信息、监管于一身的全球化的“人民币产品交易平台和定价中心”。在自贸区如火如荼发展及人民币国际化环境下，外汇交易中心需要紧跟自贸区金融改革步伐，为自贸区内相关机构提供以人民币计价结算的金融资产交易服务，同时为境外清算行和参与行进入我国银行间外汇市场提供更好的联结安排，并考虑与商业银行境外分支机构和国际性交易所、交易平台建立联系合作机制。

在资本项目开放方面，有选择的渐进性开放，成熟一项，开放一项；同时应保持必要的弹性，以应对突发性资本流向逆转对经济造成的冲击。在区内进行先行先试需要采取优化的资本账户开放次序，一般原则是“先流出后流入、先长期后短期、先直接后间接、先机构后个人”。具体步骤是“先推行预期收益最大的改革，后推行最具风险的改革；先推进增量改革，渐进推进存量改革”。实际操作要保证成熟一项、开放一项的基本原则。依次开放的顺序是彻底放开区内企业具有真实交易背景的直接投资、有真实贸易背景的商业信贷管制、区内账户境内证券投资的管制。在逐步开放的过程中要做到循序渐进，在一项风险可控的情况下再开放另一项；在开放过程中应保持开放必要的弹性，一旦发生突发性资本流向逆转，应该及时采取临时的管制政策，并综合运用财政、货币、贸易等措施，应对突发性冲击。等到区内机构的资本项目开放趋于成熟，管理部门积累了丰富的监管经验以后，再依次放开个人资本交易、与资本交易无关的金融机构信贷、货币市场工具、集合投资类证券、担保保证等融资便利、衍生工具资本账户子项。

### 10.2.2 “宽进严出”管理金融中介机构，加强税收优惠政策，构建高效中介服务市场

金融中介是金融市场的重要纽带，中介服务市场是资金融通、支付、清算的必经之路，依据“宽进严出、加强事中事后监管”的原则，降低准入门槛、扩大对外开放、鼓励产品业务创新、加强税收优惠。通过“宽进”界定业务监管范围，吸引更多资源进入金融行业、优化市场竞争结构，通过“严管”确保市场公正、有序和防止欺诈，保护金融消费者利益、防范系统性风险。

在银行牌照管理制度方面，第一，建议在自贸区内先行构建全面牌照、有限牌照（批发牌照和零售牌照）、离岸牌照分类管理制度。在业务范围上，“全面牌照”持有者可经营银行法规定的所有银行业务。“有限牌照”中“批发牌照”和“零售牌照”并行，分别对存款、贷款业务设立限制；前者不可以吸收活期存款和一定额度以下的定期存款，不可以发行信用卡，并限制其在自贸区内设立其他分支机构和 ATM 机的数量；后者设立

贷款额度上限，贷款对象主要为中小企业。“离岸牌照”可在自贸区内为区内非居民办理本外币自由贸易账户和相关业务，但不能为区内居民办理本外币自由贸易账户。在市场准入上，逐次降低全面牌照、批发牌照和零售牌照、离岸牌照的准入门槛，包括股东资产规模、注册资本金、总行划拨营运资金等。第二，在市场准入方面不区分本地与外资，对外资银行实行“国民待遇”。在拟申请自贸区全面牌照、批发牌照、零售牌照和离岸牌照各类银行的资格认定上，不区分本土银行与外资银行；在业务准入方面，对各类银行牌照的业务范围、经营方式均按照组织类型、业务性质实行统一标准。第三，建立牌照升降通道，构建存款保险制度在内的破产退出机制。牌照升降通道，即对处于不同发展阶段、持有不同牌照的银行，根据其当下资产规模、治理结构、业务能力、风险防控强弱等多重指标，对应于各类牌照准入门槛，进行牌照的动态转换，可升可降、包括破产退出。存款保险制度构成银行破产退出机制，是保护存款人利益、维护金融系统稳定运行的长效机制。一是建议在全国存款保险制度推行尚无时间表的前提下，在上海先行存款保险制度，建议由央行上海总部主导建立存款保险机构。二是建议申请存款保险初始基金由财政资金、央行和投保机构共同注资，对银行机构采取强制性投保模式，设置依据风险调整的差别保险费率。三是建议采取限额赔付，根据上海人均收入水平、银行机构存款水平、通货膨胀等因素综合确定赔付标准。第四，以税收优惠政策作支撑，促进国际金融中心形成。对于以盈利为目的的商业银行来说，优惠的税收环境是促进银行业进驻自贸区、使金融高效服务于实体经济的催化剂。在自贸区发展之初，关于银行业税收优惠可在以下几方面作出尝试：一是降低所得税税率，由25%降至10%—15%，尤其在自贸区建立初期企业融资需求强烈，降低银行贷款利息所得税率极为必要；二是减免借款合同、大额可转让存单、提货单等印花税；三是在自贸区内试行营业税改征增值税。

在证券经营机构牌照管理制度方面，通过“宽进”明确界定证券监管范围，吸引更多资源进入证券行业，优化市场竞争结构和促进行业盈利模式转型，通过“严管”确保市场公正、有序和防止欺诈，保护投资者利益和防范系统性风险。

第一，在准入要求方面，坚持采用“产品（业务）×客户”的业务牌照定位方式，构建证券交易、证券投资顾问、资产管理、融资服务、其他等五大类牌照管理新方案。对于证券交易牌照，实际上涵盖了现有的证券经纪和自营交易两个板块，类似于美国经纪商与交易商的概念，既对应了交易和投资两大基本功能，也为未来做市商制度推出留下了充分的空间。交易产品则涵盖交易所交易的股票、债券、基金、衍生证券、新三板挂牌股票、区域股权市场交易的各项证券、银行间市场交易的各项证券以及券商、基金、信托和银行发行其他金融产品等。证券投资顾问业务牌照往往申请者众多且市场结构相对分散，需要针对产品和客户类别的差异来对投资顾问牌照进行细分，部分满足特定条件的顾问则可以豁免注册要求。对于资产管理牌照，可以通过客户分类的不同划分来对资产管理业务线进行一次梳理，将现有的基金管理公司、证券公司资产管理部门、证券公司的附属资产管理公司以及证券公司的柜台市场部门等对其他客户发售的资产管理计划均纳入进来，组成一个层次分明的子业务牌照线条。对于融资服务牌照，可以将证券承销、并购顾问和财务顾问独立开来，将其余资本中介业务作为一个子项目处理。

第二，将私募业务纳入统一的牌照管理体系，包括私募证券的发行、承销以及私募基金管理等，不仅要规范私募业务牌照，还要建立并完善多层次非公开发行制度体系。关于私募业务的豁免权也可以采取视情况分类处理的方式，比如对部分私募业务牌照实施完全豁免但要求保存完整业务记录和数据，对部分私募业务则要求备案登记或按照不同频率来报送业务数据、财务报告或合规报告的方式灵活处理。

第三，以信息化手段加强事中事后监管，搭建一整套从注册到监管电子化的监管流程。可以在证券牌照注册甚至监管流程方面通过分工协作来提升效率，比如将部分证券业务牌照的注册审核流程交由证券业协会来负责完成，或通过证券协会的电子信息传输系统填报、传递注册备案、业务数据、财务数据和合规数据报告等。在对监管对象进行检查方面同样可以使用分工协作的方式，提升资源使用效率。

在保险公司方面：（1）以开放政策吸引外资专业保险机构。在开放政策上，可以借鉴新加坡保险市场开放的经验，适时放开自贸区外资进入保险市场的股份限制，以及减少对外资专业保险机构入驻自贸区保险市场的事前审批制度，发挥引入外资保险机构的“鲶鱼效应”。（2）加大保险税收优惠力度，壮大保险市场主体。航运保险方面，首先，要扩大营业税的免税范围，可将船舶建造险、修船人责任险，码头综合保险、码头机械设备保险等港口码头相关综合性险种，无船承运人保证金责任险、船舶抵押权保证保险、国际货物运输代理人责任保险、油污责任保险等均纳入免税险种范围。其次，增加所得税减免项目及所得税税率。健康医疗保险方面，首先可以减轻保险机构的税负，试行通过递延税、税收减免等方式为健康保险机构提供良好的发展环境；其次，可以试行将企业团体投保的保费支出在一定额度内税前列支，同时对个人缴纳的保费和获取的医疗保险金不征收个人所得税。再保险方面，研究制定自贸区引进国际再保险机构的优惠政策，在税收等多方面给予政策支持，吸引国际再保险机构于自贸区设立分支机构、开展再保险业务。（3）构建和完善复合型保险人才的培养与引进机制。航运保险方面，首先，利用建立自贸区的契机，为航运保险人才的引进出台一系列优惠政策；其次，加强本土人才的内生培育机制，联合上海相关高校和研究机构，联合培养具备法律、物流、金融、英语知识的复合型人才。再保险方面，首先，加强教育机构与保险行业需求的对接，从教育机构向社会直接输送具有基本专业知识的对口人才；其次，保险行业协会可组织再保险经纪人考试来筛选再保险人才，为构建再保险经纪人制度、完善再保险市场体系培育再保险人才。另外，以一定的税收优惠政策吸引外来再保险人才入驻自贸区，提高再保险行业的整体素质。

在融资租赁公司方面，首先在自贸区内试点统一牌照管理、改变当前融资租赁牌照三分天下的格局，建议由银监部门统一监管政策和标准、负责监督管理区内所有融资租赁机构，在服务实体经济和防范风险的前提下，放宽市场准入、加强事中和事后监管。其次，进一步扩大融资租赁机构的融资渠道，鼓励直接融资途径发展，在保理融资、证券化融资、信托融资等方面进一步突破，进行政策上的鼓励和法律上的跟进。扩大跨境人民币借款额度及经营用途，一方面借款额度与实缴资本挂钩、其贷款额度必然受到较大的限制；另一方面借入的境外人民币只能用于区内或境外经营、限制了融资租赁公司区外业务的扩展。再者，建立融资租赁保险担保体系，增加对融资租赁公司的监管风险控制。其一，可建立保险与担保政策，政府和相关进出口银行可以对租赁公司提供相关保险和担保，特别是一些具有政策导向的融资租赁行为以及大型设备的融资租赁；其二，建立托拉斯信贷制度，由若干出租人组成托拉斯代理公司、共同向金融机构筹资购买设备后出租给承租人，共同承担风险与收益，以降低单一出租人在出租飞机等大型设备时面临过高的风险；其三，建立对承租人的信用评估体系，将有利于融资租赁公司进行风险控制，降低坏账风险。最后，加大税收政策优惠，进一步扩大进口环节增值税优惠范围，将船舶、医疗器械设备等与飞机一样，纳入进口环节增值税优惠范围，并对融资租赁机构在出口退税方面加大支持力度。

### 10.2.3 建立具有辐射效应的功能性风险管理市场，助力上海国际金融中心建设

利用自贸区金融改革先行优势，根据“可辐射”原则在自贸区建立功能性风险管理市场，这类功能性平台无须在区外进行复制，但其功能可以辐射至区外乃至全球市场，助力上海国际金融中心建设。

构建自贸区原油期货交易平台：第一，吸引境外投资者加入，给予其国民待遇的投资条件，完善投资环境。国际原油期货平台设立在自贸区，可以利用自贸区在资本项目可兑换、人民币跨境使用、外汇管理等诸多金融创新政策，吸引境外投资者的加入，从而弥补境内区外缺乏石油现货市场这一缺陷。立足于亚太区域性的原油市场甚至全球原油市场，构建原油期货的交易平台，并实现原油等大宗商品期货的国际化。第二，放宽其他企业的原油销售限制，壮大国内原油交易参与者。首先，适度地开放其他企业的原油销售限制，鼓励其他企业开拓石油上游交易市场，发展上下游产业链，建立各自独立的石油生产、炼制和进出口体系。其次，打破垄断，使其他石油企业进入石油市场，形成三大石油集团、石油消费企业、各级经销商、石油贸易企业以及期货交易所之间互相竞争的局面，不断壮大国内本土原油交易参与者。第三，逐步丰富交易品种。国际石油市场中除了原油期货，其他石油期货品种还有取暖油、燃料油、汽油、轻柴油等。推出更多种的产品，能够有效地满足石油生产企业、消费企业、经销商和贸易商对于不同石油产品套期保值的需求，有效实现石油市场定价化。第四，完善配套制度和政策法规，建立公平、透明的交易市场。

发展自贸区金融期货市场：第一，开发基于国内市场的金融衍生品，适时增加境外股票市场的股指期货产品。自贸区作为一个独立的区域，由于其自贸区账户在资本投资方面的限定有效地隔离了风险，自贸区可以设立一个区别于境内区外的金融期货交易平台，进行各种金融期货产品或金融衍生品的研发，同时积累监管机构对于各种衍生品的监管经验。第二，不区分内外资机构，实行统一的交易准证制度。自贸区自由贸易账户的设立使得境外投资者的资金与其境外账户之间能够自由划转，这极大地方便了境外投资者在自贸区内进行投资。建立一个公平的投资环境能够吸引具有长期投资经验和投资需求的境外投资者参与到自贸区金融期货交易中。第三，加强与其他国际金融期货交易所的合作，引进更多投资者，借鉴更多研发与管理经验。

设立自贸区黄金国际板：第一，在设立“黄金国际板”的同时发展黄金期货交易，逐步建立黄金衍生品交易所。对于黄金衍生品交易的发展，首先应该推出同业黄金拆借（租赁）和黄金租赁率等市场支撑的基础型产品。目前我国的商业银行具有良好的财资，而券商也发展良好。这些机构都可以作为这些基础性黄金衍生产品的交易商，利用黄金衍生产品进行套期保值和投资，也可以对这些基础性产品进行组合，搭建更加复杂的套保和投资平台，满足更加广泛的客户需求。第二，在发展自贸区黄金市场的初期，需要给予国际大型金商和商业银行适度的优惠和服务措施，以吸引他们来自贸区黄金市场交易。在吸引境外大型金商和商业银行加入自贸区黄金市场的基础上，还需要通过多种途径支持我国商业银行在黄金业务的拓展，从而壮大我国主要贵金属商业银行的做市能力，培育我国黄金业务的做市商银行。第三，加强与香港离岸人民币黄金市场的联动发展。在“黄金国际板”的境外会员将利用自由贸易账户以使用离岸人民币进行交易，而自由贸易账户的设定使得其内部资金可以与境外账户资金自由划转。与香港离岸人民币黄金市场的对接不存在资金账户上的阻碍。此外，香港黄金市场和自贸区黄金市场在一个地理位置上，不存在时差的限制。

#### 10.2.4 完善金融立法，赋予驻沪金融监管部门更大的监管权

自贸区的金融法制环境建设是国家金融法制建设内的一部分，地方政府应当在现有的中央和地方立法权限划分、金融行政监管体制、司法体制下，争取国家层面的支持，加强金融法治建设。

第一，完善金融立法。根据自贸区金融改革的需要，梳理我国金融法律法规的空白及不完善之处，如存款保险制度、金融消费者保护、金融控股公司、对中外金融机构适用两套不同的法律等；加快金融法律法规的修改频率，适应金融创新瞬息万变的节奏。相比于发达国家金融立法修改的高频率，我国在这方面的立法原则需要改善，虽然各监管部门常出台各类规定，但其法律效用低，且存在适用性问题。

第二，授权上海在金融领域一定的立法权，赋予驻沪金融监管部门更大的监管权。金融较发达地区金融制度的供给与需求之间存在着不匹配的现象，可由全国人大授权，赋予上海市人大根据自贸区建设和国际金融中心建设的要求，开展一定权限的立法工作；同样，自贸区金融风险相对集聚，金融监管权的下放将提高监管效率。

第三，政府身份的双重性要求其严守权力边界。作为公共服务的提供者，政府这只“看得见的手”要尊重市场的决定性作用，在市场失灵的时候发挥政府干预的正面作用；作为国有金融机构的股东，政府在履行其股东职能时，不应左右法律要求及法律的执行，应该严格遵守适用于各类市场主体的法律法规。

第四，上海地方层面可就自贸区金融改革推进工作进行规制，为金融改革提供强有力的法制保障。在行政层面，首先要做好金融稳定工作，建立高效的金融稳定协调机制，防范自贸区区域性金融风险及金融风险的扩大；其次要做好金融法律人才的培养和吸纳工作，上海本地高校需在培养应用型金融法律人才方面着力，同时政府需要通过有力的条件吸引异地人才从事自贸区金融法律服务工作；再次，提高政府行政效率，优化行政

审批程序，从事前行政审批向事中、事后关系转型，为各类金融要素市场、金融中介机构、金融服务机构提供透明、专业的公共服务。

### 10.2.5 成立自由贸易账户体系发展委员会，加快人民币跨境支付系统的研发与应用

加强自贸区支付结算基础设施建设，完善境内的本币支付结算系统，同时大力建设外汇清算和结算体系，为资本市场和外汇市场提供支付服务。第一，央行上海总部可以联合各监管部门和金融机构，成立自由贸易账户体系发展委员会，共同监测、跟踪、分析分账核算系统、信息资金检测系统、流动性检测系统和报表系统，完善自由贸易账户体系的发展，发挥自由贸易账户体系在金融创新和金融风险防范方面的积极作用。第二，加快人民币跨境支付系统的研发与应用，处理人民币跨境贸易和投资的清算、境内金融市场的跨境货币资金清算、人民币与其他币种的同步收付等业务，满足自贸区日益强大的人民币跨境支付和结算的需求。

### 10.2.6 构建自贸区金融协调监管机制，建立和完善金融信息共享平台

加强监管基础设施建设。

第一，建议由央行上海总部主导，与各专业监管机构及上海自贸区管委会、上海市政府联合，形成自贸区金融监管协调联席会议制度，强化地区与央行、与各专业监管机构的协调合作。需确定央行在宏观审慎监管中的指导作用，并要求银行、证券、保险领域的各专业监管部门与之配合，加强信息共享，关注金融体系内的不稳定因素，防止金融风险的积累及对经济建设的溢出效应。

第二，加大信息技术投入，建立和完善数据导入系统和信息共享平台，将各类实体经济主体、金融主体的信息从注册端开始，到经营数据、动态数据进行全方位覆盖，制定各类主体的信息导入机制，明确导入类别、时间、时限等；完善信息的大数据挖掘机制，实现及时、有效、动态地跟踪、检测、评估和风险处理，提升监管资源的使用效率和监管效率。

第三，加强国际合作监管，在国际层面，我国是众多国际金融监管组织的成员，应严格遵守国际清算银行、巴塞尔委员会、国际会计准则委员会等组织的一系列标准，及时掌握国际金融监管的动态和规则的更新，加强与他国的交流和合作。在区域层面，积极加强与东亚各国、东盟组织等的监管合作，防止区域性金融风险的爆发。在双边层面，加强对跨国金融机构和金融资本的监管，建立国家间的信息共享机制和风险预警体系。

# 参考文献

［1］Allen, Franklin & Douglas Gale, 2001. Comparative Financial Systems: A Survey. Working Paper.

［2］Andrew K. Rose, Mark M. SPiegel: Offshore financial centers: Parasites or symbionts? NBER working paper No. 12044, February 2006 JEL NO. F23, F36.

［3］Andre Cartapanis and Michel Herland: The reconstruction of the international finaneial architecture: Keynes' Revenge? Review of international political economy, Vol. 9, No. 2 (May, 2002), pp. 257—283.

［4］Boot A W A. Relationship Banking: What Do We Know? ［J］. Journal of Financial Intermediation, 2000, 9 (1).

［5］Edward. J. Kane, How offshore financial competition disciplines exit resistance by incentive - conclicted bank regulators, NBER working paper No. 7I56 June1999.

［6］Fama E F, The behavior of stock market prices 1965 (38).

［7］Fry, Maxwell J, Saving, Investment and Growth, and the Cost of Financial Repression ［J］. World Development, Aug., 1980, pp: 317—327.

［8］Giovanini, Alberto, The Interest Elasticity of Saving in Developing Countries: The Existing Evidence ［J］. World Development, 11 (July 1983), pp: 601—607.

［9］Gourinchas P, Jeanne O. Capital Mobility and Reform ［DB/OL］. http://conium.org/~pog/academic/arcpaperoct 2505. pdf.

［10］King R G. and Levine, R. Finance, Entrepreneurship and Growth: Theory and Evidence ［J］. Journal of Monetary Economics, 1993, 32 (3).

［11］Levine, R. 1997. Financial Development and Economic Growth: Views and Agenda. Journal of Economic Literature. Vol. 35: 688—726.

［12］Lusia Blanco, Are tax hevens good neighbors? A LDC perspective. SSRN working paper, July 10, 2009.

［13］Marcel Cassard, The role of offshore centers in international financial intermediation, IMF working paper, September 1994.

［14］Mattin P, Rey H. Globalization and Emerging Markets: With or Without Crash? ［J］. The American Economic Review, 2006, 96 (5).

[15] McKinnon R I. The Order of Economic Liberalization: Financial Control in the Transition to a Market Economy [M]. Baltimore: The Johns Hopkins University Press, 1993.

[16] Merton, R. C. & Z. Bodie, 1993. "Deposit insurance reform: a functional approach", in A. Meltzer and C. Plosser, ed., Carnegie - Rochester series on Public Policy, 38 (June).

[17] Rajan R G, Zingales L. Financial Dependence and Growth [J]. The American Economic Review, 1998, 88 (3).

[18] Stiglitz J E, Weiss A. Credit Rationing in Markets with Imperfect Information [J]. The American Economic Review, 1981, 71 (3).

[19] Stiglitz J E. Capital Market Liberalization, Economic Growth, and Instability [J]. World Development, 2000, 28 (6).

[20] UN, Free trade zone and port hinterland development, 2005, p5.

[21] Z Bodie, R C Merton. Finance [M], Preliminary Edition, Prentice Hall, Inc, 1998.

[22] 境外证券经营机构牌照管理资料主要来源网站:

SEC 官网: http://www.sec.gov/

CFTC 官网: http://www.fca.org.uk/

FRB 官网: http://www.federalreserve.gov/

FINRA 官网: http://www.finra.org/

NFA 官网: http://www.nfa.futures.org/

SIFMA 官网: http://www.sifma.org/

NASAA 官网: http://www.nasaa.org/

ICI 官网: http://www.ici.org/

SFC 官网: http://www.sfc.hk/web/EN/

MAS 官网: http://www.mas.gov.sg/

FCA 官网: http://www.fca.org.uk/

ASIC 官网: http://www.asic.gov.au/

APRA 官网: http://www.apra.gov.au/

BaFin 官网: http://www.bafin.de/EN

IOSCO 官网: http://www.iosco.org/

[23] 巴曙松、牛播坤:"中国货币市场基金发展与利率市场化:基于美国的经验",《湖北经济学院学报》2014 年第 3 期。

[24] 成思危主编:《从保税区到自由贸易区:中国保税区的改革与发展》,经济科学出版社 2003 年版。

[25] 成思危:《人民币国际化之路》,中信出版社 2014 年版。

[26] 陈雨露主编:《国际金融(第 4 版)》,中国人民大学出版社 2011 年版。

[27] 陈辛:"中国资本项目开放的理论与实践研究",武汉大学 2005 年。

[28] 弗里德里希·吴、李玉新："新加坡成为国际金融中心的历程及其因素分析"，《中共中央党校学报》1993年（Z1）。

[29] 顾益民："自由贸易区离岸金融市场模式选择、制度障碍和实现路径"，《上海海关学院学报》2013年第5期。

[30] 郭信昌："关于我国保税区建设与发展的若干思考"，《南开经济研究》2000年第1期，第7—11页。

[31] 何德功："日本石油期货市场起步晚发展快"，《经济参考报》2012年7月12日。

[32] 胡新智、袁江："渐进式改革：中国利率市场化的理性选择——利率市场化的国际经验及其对中国的启示"，《国际经济评论》2011年第6期。

[33] 黄达：《货币银行学》，中国人民大学出版社1999年版。

[34] 黄继炜："印度资本账户开放与银行业改革"，《金融经济》2009年第22期。

[35] 黄继炜："日本资本项目开放与汇率政策研究"，《现代日本经济》2010年第2期。

[36] 黄继炜："日本资本项目开放：背景、内容与经验"，《金融经济》2010年第16期。

[37] 李辉华："我国商品流通与货币流通关系的实证分析"，《山西财经大学学报》2006年第3期。

[38] 李豫："借鉴新加坡经验，尽快将上海建成国际金融中心"，《金融研究》2001年第8期。

[39] 林汉川、高海乡："我国保税区的功能定位"，《中南财经大学学报》2000年第2期，第82—91页。

[40] 刘克固、王刚、李颖："中国保税区发展的总体设想与税收政策的选择"，《财政研究》1998年第10期，第29—34页。

[41] 刘士余：《美国金融监管改革概论：〈多德弗兰克华尔街改革与消费者保护法案〉导读》，中国金融出版社2011年版。

[42] 市场经济百科全书编辑委员会编：《市场经济百科全书（上卷）》，四川人民出版社1993年版。

[43] 裴平："新加坡的黄金市场"，《国际金融》1994年第12期。

[44] 孙涛："国际金融监管的新进展"，《世界经济》2002年第4期。

[45] 王卫东："我国融资租赁公司的融资问题研究"，西南财经大学2012年。

[46] 吴毅、叶志钧："三大石油期货市场套期保值功能的比较研究"，《统计与决策》2006年第2期。

[47] 武为群："新加坡黄金市场"，《东南亚研究资料》1984年第4期。

[48] 武为群："香港证券市场的发展"，《经贸世界》1996年第6期。

[49] 武为群："新加坡的金融机构及其金融体制的特点"，《东南亚研究资料》1983年第3期。

[50] 武为群："新加坡黄金市场"，《东南亚研究资料》1984 年第 4 期。

[51] 武为群："新加坡股票市场"，《东南亚研究资料》1985 年第 2 期。

[52] 武为群："新加坡国际金融中心"，《中国金融》1985 年第 5 期。

[53] 徐英："上海自贸区发展离岸再保险市场机遇和挑战"，《上海金融学院学报》2013 年第 5 期。

[54] 徐子福："资本项目管制与开放研究"，浙江大学 2007 年。

[55] 张世坤："保税区向自由贸易区转型中建立离岸金融市场的研究：以大连保税区为例"，《管理世界》2004 年第 12 期。

[56] 张世坤："保税区向自由贸易区转型的机理和对策研究"，《管理世界》2005 年第 10 期。

[57] 中国人民银行调查统计司课题组："我国加快资本账户开放的条件基本成熟"，2012 年 2 月。

[58] 中国人民银行调查统计司课题组："协调推进利率、汇率改革和资本账户开放"，2012 年 4 月。

[59] 褚菁菁："基于新医改背景下商业医疗保险与上海基本医疗保险兼容性研究"，2012 年。

[60] [美] 爱德华、肖：邵伏军译，《经济发展中的金融深化》，上海三联书店 1998 年版。

[61] [美] 辛克尔曼主编：王真等译，《美国商务：与美国通商的百科全书》，经济科学出版社 2000 年版。

# 后　记

本书是上海金融学院国购·自贸区金融研究院在关注中国（上海）自由贸易试验区建设发展过程中，集中研究自贸区金融服务于实体经济和跨境投资需要，探究自贸区金融改革初期金融体系构建问题而形成的研究报告。

本研究从自贸区实体经济发展的特征出发，从自贸区金融服务需求与制度供给之间的匹配障碍着手，提出自贸区金融改革的目标在于建立自由、高效、稳定、一体化的金融体系，需遵循如下四条原则：服务实体经济且便利跨境投资贸易原则；发挥市场在资源配置中决定性作用的自由开放原则；金融改革风险可控原则；金融改革成效可复制、可推广、可辐射原则，并据此提出六项政策建议：第一，协调稳步推进资金价格相关的三大改革，有效控制金融风险；第二，“宽进严出”管理金融中介机构，加强税收优惠政策，构建高效中介服务体系；第三，建立具有辐射效应的功能性风险管理市场，助力上海国际金融中心建设；第四，完善金融立法，赋予驻沪金融监管部门更大的监管权；第五，成立自由贸易账户体系发展委员会，加快人民币跨境支付系统的研发与应用；第六，构建自贸区金融协调监管机制，建立和完善金融信息共享平台。

本课题经公开招标后由海通证券首席经济学家、副总裁李迅雷先生承接，他带领课题组成员李明亮、朱蕾、陈久红、吴一萍、周洪荣、宋潇等共同完成了研究报告，经国购·自贸区金融研究院王莹、殷林森、武望舒进行框架结构调整、格式编排和文字修正后付诸出版。

全书的完成得到了上海金融学院校长王洪卫、副校长吴大器的大力支持与悉心点拨；中国（上海）自由贸易试验区管委会及相关部门给予了调研支持；上海市人民政府发展研究中心提出了修改建议；中国财政经济出版社赵力、吕小军进行了细致的编辑工作，在此一并致谢！

自贸金融创新与改革的研究尚是新生事物，我们期待每位读者的真知灼见和慧语箴言，从而让此项研究更深入、更持久。

**国购·自贸区金融研究院**

2015年1月6日